INSTRUCTOR'S RESOURCE MANUAL

VENTANAS

Curso intermedio de lengua española

Blanco • Dellinger • García • Yáñez

VISTA
HIGHER LEARNING

Boston, Massachusetts

Printed in the United States of America.

ISBN 1-59334-035-4

2 3 4 5 6 7 8 9 B 07 06 05

Table of Contents

Introduction   vii

LAB AUDIO PROGRAM TAPESCRIPT

Lección 1   1
Lección 2   5
Lección 3   9
Lección 4   13
Lección 5   17
Lección 6   21
Lección 7   25
Lección 8   29
Lección 9   33
Lección 10   37
Lección 11   41
Lección 12   45

VENTANAS: LENGUA SITCOM VIDEOSCRIPT

Lección 1   49
Lección 2   51
Lección 3   53
Lección 4   55
Lección 5   57
Lección 6   59
Lección 7   61
Lección 8   63
Lección 9   65
Lección 10   67
Lección 11   69
Lección 12   71

VENTANAS: **LECTURAS** FILM COLLECTION SCRIPTS

Lección 1: *Momentos de estación*   73

Lección 3: *Adiós mamá*   74

Lección 5: *La hora de comer*   75

Lección 7: *Correo celestial*   76

Lección 9: *El milagro*   77

Lección 11: *Lluvia*   79

TRANSLATIONS OF THE **FOTONOVELAS** in **VENTANAS: LENGUA**

Lección 1   83

Lección 2   84

Lección 3   85

Lección 4   86

Lección 5   87

Lección 6   88

Lección 7   89

Lección 8   90

Lección 9   91

Lección 10   92

Lección 11   93

Lección 12   94

ADDITIONAL TEACHING SUGGESTIONS FOR **LENGUA** AND **LECTURAS**

Lección 1   95

Lección 2   96

Lección 3   97

Lección 4   98

Lección 5   99

Lección 6   100

Lección 7   101

Lección 8   102

Lección 9   103

Lección 10   104

Lección 11   105

Lección 12   106

ADDITIONAL ACTIVITIES FOR **VENTANAS: LENGUA**

Lección 1   107

Lección 2   112

Lección 3   117

Lección 4   122

Lección 5   127

Lección 6   132

Lección 7   137

Lección 8   142

Lección 9   147

Lección 10   152

Lección 11   157

Lección 12   161

ANSWERS TO THE ADDITIONAL ACTIVITIES FOR **VENTANAS: LENGUA**

Lección 1   165

Lección 2   166

Lección 3   167

Lección 4   168

Lección 5   169

Lección 6   170

Lección 7   171

Lección 8   172

Lección 9   173

Lección 10   174

Lección 11   175

Lección 12   176

Introduction

In a single volume, the **VENTANAS** Instructor's Resource Manual combines seven teaching resources related to **VENTANAS: Lengua** and/or **VENTANAS: Lecturas:** the tapescript of the Lab Audio Program that accompanies **Lengua,** the videoscript of the **Lengua Sitcom Video,** the transcripts of the films featured in **Lecturas,** English translations of the **Fotonovela** conversations in **Lengua,** additional teaching suggestions for **Lengua** and **Lecturas,** additional **Práctica** and **Comunicación** activities for **Lengua,** including answer key.

Lab Audio Program Tapescript

This is the complete transcript of the recordings on the **VENTANAS** Lab CDs or Lab MP3 Files Audio CD-ROM which are designed to be used in conjunction with the laboratory activities in the Lab Manual portion of the **VENTANAS: Lengua** Student Activities Manual (SAM). The recordings focus on building students' listening comprehension, speaking, and pronunciation skills in Spanish, as they reinforce and recycle the vocabulary and grammar of the corresponding and previous textbook lessons. Among the wide range of activities included are listening-and-repeating exercises, listening-and-speaking practice, listening-and-writing activities, illustration-based work, and dictations. Students also hear a broad variety of language types, for example, statements, exclamations, questions, mini-dialogues, conversations, monologues, narrations, commercials, news broadcasts, speeches, etc., all recorded by native Spanish speakers.

For each lesson, the recordings are organized as follows:

Contextos: This section practices the active vocabulary taught in the corresponding textbook lesson. All exercises and activities are unique to the Lab Manual and the Lab CDs/MP3 Files Audio CD-ROM.

Estructura: This section provides exercises and activities to practice the grammar points of the corresponding textbook lesson; none duplicates those in the student textbook.

Pronunciación: In **Lecciones 3, 6, 9** and **12,** this additional section provides explanations and practice for four groups of sounds that Spanish learners typically find troublesome to produce.

For maximum flexibility, students may work with laboratory activities in the Lab Manual and on the Lab CDs/MP3 Files Audio CD-ROM after each section is covered in class, when an entire lesson has been completed, or even as each grammar point in the corresponding lesson's **Estructura** section is being covered. Annotations in the Instructor's Annotated Edition let you and your students know when portions of the laboratory activities and Lab CDs/MP3 Files Audio CD-ROM are available for use.

VENTANAS: Lengua Sitcom Videoscript

The complete written transcript of the **VENTANAS: Lengua** Sitcom Video Program is provided so you can conveniently preview the video episodes in preparation for using the video in class or for assigning it for outside work. In it, each of the episodes of the **VENTANAS** Video Program is structured after contemporary popular sitcoms, complete with a "teaser" scene that introduces the show and a funny "tag" scene that ends the episode with a joke. The video episodes are always expanded versions of the ones featured in the **Fotonovela** sections of the **Lengua** student textbook. Each episode emphasizes the grammar and vocabulary of the corresponding textbook lesson within the context of the episode's key events.

VENTANAS: Lecturas Film Collection Scripts

This section provides the transcripts to the six short films featured in the **Videoteca** sections of the odd-numbered lessons in **Lecturas:** *Momentos de estación, Adiós mamá, La hora de comer, Correo celestial, El milagro,* and *Lluvia.*

Translations of the Fotonovelas in VENTANAS: Lengua

This consists of English translations of the video-based conversations in the **FOTONOVELA** sections of the student textbook. The translations are provided in the event you wish to make them available to your students.

Additional Teaching Suggestions for Lengua and Lecturas

These additional teaching suggestions support each **Exploración** section in **Lengua** with follow-up comprehension questions. There are also teaching suggestions for working with the fine art pieces and quotations featured in the opening pages of every **Literatura** and **Cultura** section of **Lecturas.**

Additional Activities for VENTANAS: Lengua

Paralleling the structure in **Lengua,** this section contains two additional exercises for every **Práctica** and two additional activities for every **Comunicación** of every **Contextos** and **Estructura** section in **Lengua,** for a total of 20 additional exercises to supplement every lesson (16 for **Lecciones 11** and **12,** given that they contain three grammar points instead of four).

Answers to the Additional Activities for VENTANAS: Lengua

This section provides the answers or suggested answers for the additional **Lengua** activities.

In addition, we would like to acknowledge the contributions of Isabel Álvarez, of the University of Wisconsin Oshkosh, who wrote the Additional Lengua Activities in this IRM.

*The **VENTANAS** authors and the Vista Higher Learning editorial staff*

CONTEXTOS

1 Identificación Marta te va a dar una breve descripción de Amanda, su compañera de apartamento. Elige los adjetivos que escuches en su descripción.

¡Qué cansada estoy de vivir con esta mujer! ¡Este apartamento está siempre muy sucio! ¿Creen que no tengo razón? Les voy a describir a Amanda, mi compañera de apartamento. A ver, ¿por dónde empiezo...? Físicamente Amanda es muy alta. Mide casi dos metros. No es ni guapa ni fea, bastante normal... En cuanto a su personalidad, bueno, ése es el problema de Amanda. Es la chica más antipática que conozco. Los primeros días ella parecía muy simpática, pero después comprendí que no era así. Además de antipática es una irresponsable. Siempre llega tarde a clase y nunca se preocupa por limpiar el apartamento. Amanda viene de una familia bastante tradicional, pero ella es bastante moderna. Le gusta vestir muy bien, pero no le gusta gastar dinero. La verdad es que es muy, pero que muy tacaña. Probablemente, ésa es la razón por la que no tiene amigos, porque no es muy sociable y siempre quiere que los demás paguen por todo, el cine, las comidas, las facturas... ¡como si nosotros no tuviéramos bastantes problemas!

2 Una carta muy especial Rosa, una psicóloga, tiene un programa de radio en el que aconseja sobre problemas sentimentales. Escucha mientras Rosa lee una carta. Después, completa las oraciones con la opción correcta.

...Y ya estamos de vuelta otra vez con nuestros queridos amigos. La próxima carta que voy a leer la envía Antonio, un chico de Austin, Texas, de 22 años. Dice lo siguiente: "Querida Rosa: Le escribo porque tengo un problema enorme y no sé a quién pedirle ayuda, ya que es un problema sentimental y mis amigos no tienen experiencia con esos temas. Mi novia y yo llevamos dos años juntos y siempre hemos tenido una buena relación. Mi problema es el siguiente: hace unos días que tengo la sospecha de que mi novia está coqueteando con mi mejor amigo, Juan Carlos. Yo tengo demasiado orgullo para preguntarle a Juan Carlos si él siente algo por mi novia; además, no quiero admitir mis celos. No quiero discutir con mi novia pero no puedo seguir viviendo así. Yo aprecio mucho a Juan Carlos y tampoco quiero discutir con él a causa de mi novia. Necesito que me aconseje lo antes posible, por favor. No puedo vivir así. Un saludo de alguien que la admira muchísimo.

3 El resumen Imagina que trabajas como ayudante de Rosa. Ella recibe muchas cartas todos los días y no tiene tiempo de leerlas. Vuelve a oír la carta de la **Actividad 2** y escribe un resumen para Rosa de dos o tres frases explicando el problema de Antonio.

ESTRUCTURA

1.1 Nouns, articles, and adjectives

1 Las interferencias Rosa está entrevistando a un candidato para un puesto en su programa de radio. El candidato habla desde un teléfono celular y hay muchas interferencias. Escucha la conversación y ayuda a Rosa completando los artículos que faltan.

ROSA ¿Aló? ¿Es usted el señor García Montoya?

CARLOS Sí, yo soy Carlos García Montoya.

ROSA Señor Montoya, le habla Rosa Cádiz, del programa de radio. ¿Tiene unos minutos para hablar sobre su solicitud de trabajo?

CARLOS Sí, sí, Rosa. Ahora es *<interference>* buen momento. No tengo que estar en *<interference>* trabajo hasta *<interference>* nueve en punto.

ROSA Estupendo. Mire, yo quería hacerle *<interference>* preguntas sobre su experiencia en *<interference>* radio.

CARLOS ¿Creo que dijo que quiere saber sobre mi experiencia en *<interference>* radio? Pues verá, yo trabajé en *<interference>* programa de charlas nocturnas con WPCL.

ROSA ¿Esa emisora forma parte de *<interference>* grupo de emisoras hispanas de Estados Unidos?

CARLOS Sí, sí, es *<interference>* de las más conocidas. Allí trabajé durante dos años.

ROSA ¿Le gustó *<interference>* trabajo? ¿Se siente cómodo trabajando en *<interference>* radio?

CARLOS Sí, me gustó mucho, por eso estaba mirando *<interference>* anuncios clasificados para encontrar un puesto similar.

ROSA Mire, *<interference>* verdad es que es muy difícil hablar por teléfono con tantas interferencias. ¿Por qué no viene y así nos conocemos en persona?

CARLOS Me parece *<interference>* idea estupenda. Puedo estar ahí a *<interference>* cuatro, después del trabajo. ¿Le parece bien?

ROSA Sí, a *<interference>* cuatro estoy libre. Le espero aquí en mi oficina, entonces. ¡Que pase un buen día!

CARLOS Gracias, usted también. ¡Hasta esta tarde!

2 Esa tarde Son las tres y media de la tarde y Rosa te ha pedido que prepares una lista de preguntas para el candidato. Escucha atentamente y elige los adjetivos que oyes.

...Vamos a ver... yo sé que dejé mis notas por aquí... ¡Ah! Aquí están. Mira, éstos son los puntos que más me interesan sobre el candidato. Anótalos y prepara unas preguntas, por favor. ... A ver... primero, quiero saber qué estudios tiene. También quiero saber si tiene experiencia internacional. Necesito un ayudante que sea muy dedicado y trabajador, por eso debemos preguntarle sobre su actitud frente al trabajo. Quiero saber si se lleva bien con otras personas, porque el trabajo en equipo es fundamental. Quiero contratar a una persona sociable y talentosa. Debemos hacerle preguntas sobre su carácter para saber si él es la persona ideal para el puesto. Y... bueno, sí, también necesito saber si es ambicioso y tiene aspiraciones profesionales, porque esto no es simplemente un trabajo, es una profesión, y el candidato debe tener ganas de aprender y de superarse a sí mismo. Bueno, creo que eso es todo de momento... Si tienes alguna idea sobre otras preguntas, dímelo, por favor. Gracias.

1.2 Present tense of regular and irregular verbs

1 En busca de apartamento Carlos, el candidato al puesto de radio, consiguió el puesto. Ahora quiere alquilar un apartamento cerca del trabajo. El señor Arroyo, dueño del edificio, quiere que Carlos le hable sobre su estilo de vida antes de alquilarle el apartamento. Escucha a Carlos para determinar si las oraciones de abajo son **ciertas** o **falsas.**

SEÑOR ARROYO Bueno, Carlos, antes de alquilarle el apartamento hábleme de su estilo de vida. Quiero saber qué tipo de inquilino es usted y qué estilo de vida lleva. ¿Me puede dar una descripción breve, por favor?

CARLOS Mire, señor Arroyo, yo soy una persona muy responsable y creo que usted debe alquilarme el apartamento. Mi vida es un poco monótona, porque normalmente no hago nada especial. Me levanto, desayuno, salgo para el trabajo y después regreso a casa a eso de las cinco de la tarde. Dos tardes a la semana conduzco un autobús de niños para ganar un poco más de dinero. El resto de las tardes enseño guitarra en mi casa. Mis amigos dicen que trabajo demasiado, pero yo no estoy de acuerdo. Yo creo que todos debemos esforzarnos por ser productivos. No me gusta pasar los días mirando la televisión. A veces, veo películas los fines de semana pero, en general, me gusta escoger los programas que veo. Simplemente, no me gusta sentarme delante de la televisión por muchas horas.

Bueno, señor Arroyo, si necesita más información, estoy a sus órdenes.

2 Tú preguntas Imagina que tú eres el/la dueño/a del edificio. Vuelve a oír la conversación de la **Actividad 1** y escribe cinco preguntas que le haces a Carlos para saber si quieres alquilarle el apartamento.

1.3 Stem-changing verbs

1 El compañero de apartamento ideal ¿Recuerdas a Marta y Amanda, las compañeras de apartamento que eran tan opuestas? Amanda ya no vive allí y Marta está buscando una nueva compañera de apartamento. Dos personas han dejado mensajes en la contestadora de Marta. Escucha los mensajes y relaciona cada cualidad con la persona adecuada, para ayudarla a decidir quién es la mejor compañera.

MARTA Hola. Soy Marta. No estoy en casa. Déjame un mensaje, por favor.

(sound of an answering machine beep)

ANDREA Sí, hola, Marta, te llamo por el anuncio de que necesitas un compañero de apartamento. No me acuerdo exactamente de la información que quieres saber sobre mí. Yo me llamo Andrea y juego en el equipo de fútbol de la universidad, ¿te acuerdas de mí? Creo que soy la estudiante más activa de todo el campus. Mira, yo no te conozco personalmente pero creo que debemos encontrarnos en persona para hablar. Ahora mismo necesito resolver unos asuntos personales, pero siempre almuerzo en la cafetería, así que si quieres puedes pasar por allí como a las doce, yo te invito a almorzar. Si no vienes, puedo llamarte otra vez esta noche. Ya ves que soy una persona muy flexible y adaptable, ¿no? Bueno, te dejo. Mi teléfono es cinco- cinco-cinco dos-tres-cinco-cuatro. Chao.

MARTA Hola. Soy Marta. No estoy en casa. Déjame un mensaje, por favor.

(sound of an answering machine beep)

YOLANDA Hola, Marta. Te habla Yolanda Marín. Llamo por lo del apartamento. Mira, yo necesito una compañera de apartamento seria y responsable, porque yo soy muy estudiosa y me gusta la calma y la tranquilidad. Si te interesa, creo que no vas a encontrar una compañera más organizada y seria que yo. Bueno, si me quieres llamar, mi número es cinco-cinco-cinco dos-dos-cero-ocho. Hasta luego.

2 Identificar Contesta las preguntas según la información de los mensajes telefónicos que dejaron para Marta. Escucha otra vez los mensajes para recordar mejor los detalles.

1. ¿A qué deporte juega Andrea?
2. ¿Qué cree Andrea que deben hacer?
3. ¿Dónde almuerza normalmente Andrea?
4. ¿Qué tipo de compañera de apartamento prefiere la segunda candidata?
5. ¿Con quién crees que Marta prefiere compartir el apartamento?

3 Para conocernos mejor Marta y Yolanda han decidido salir juntas el viernes por la tarde para conocerse mejor y determinar si deben ser compañeras de apartamento. Ahora están decidiendo qué hacer esa tarde. Escucha su conversación y después responde a las preguntas.

MARTA Yolanda, aquí tengo varias opciones para el viernes. Debemos mirarlas y elegir la que más nos guste.

YOLANDA Ah, ¡qué bien! Déjame ver ese papel... ¿Dónde encontraste todas estas ideas?

MARTA Aquí, en el periódico de la universidad. Siempre incluyen información sobre actos culturales y esas cosas. Yo lo leo para seguir los resultados de mi equipo favorito y para saber qué actividades puedo hacer por aquí los fines de semana.

YOLANDA Mira, hay una obra de teatro interesante... Yo quiero verla... ¿Quieres ir? Aunque los boletos pueden ser muy caros...

MARTA A lo mejor no lo son. Mi amigo Raúl trabaja en el restaurante que está junto al teatro y dice que puede conseguir boletos baratos. ¿Qué piensas?

YOLANDA Fabuloso, pero... no quiero influir en tu decisión. Yo quiero ir al teatro pero no sé si a ti te gusta ese tipo de actividad para un viernes por la noche...

MARTA Yolanda, ¡claro que me gusta! Así que no te preocupes por nada. ¡Ya está decidido, vamos a cenar al restaurante de Raúl y después al teatro!

YOLANDA De acuerdo... pero la próxima vez eliges tú a dónde vamos, ¿vale?

MARTA Estoy segura de que nos vamos a llevar muy bien... ¿Crees que debo darte ya las llaves del apartamento?

YOLANDA Tú sabes que no vas a encontrar mejor compañera de apartamento...

1.4 Ser and estar

1 Un noviazgo singular Pedro y su novia Leticia se quieren mucho, aunque *(although)* existen muchas diferencias de personalidad entre ellos. Mira el dibujo y elige **cierto** o **falso** para cada oración que oyes. Si es **falsa,** corrígela escribiendo una oración con **ser** o **estar.**

1. Pedro y Leticia están de vacaciones.
2. Pedro está bebiendo.
3. Es la una de la mañana.
4. El día está nublado.
5. Leticia está relajada.
6. Las gafas de sol son de Pedro.

2 Aprendiendo español Andrés, un amigo de Yolanda, está estudiando español este semestre. El problema es que Andrés no sabe cuándo debe usar **ser** y cuándo debe usar **estar.** Escucha a Andrés mientras lee las frases que ha escrito para su composición y completa cada una con el verbo correcto después de escucharla.

1. *<beep>* un estudiante de español de primer año.
2. En este momento *<beep>* en la cafetería de la universidad.
3. Mis amigos y yo normalmente *<beep>* en clase hasta las dos de la tarde.
4. Ahora *<beep>* las tres en punto y *<beep>* cansado de estudiar toda la mañana.
5. A las tres y media, mi amiga Yolanda y yo tenemos que *<beep>* en el gimnasio.
6. Yolanda *<beep>* en buena forma física pero yo necesito hacer más ejercicio.
7. Mi profesor de educación física dice que correr *<beep>* bueno para los músculos.
8. Nosotros *<beep>* muy activos, por eso corremos, nadamos y levantamos pesas.

3 Andrés y su vida estudiantil Escucha las oraciones y decide si las frases incompletas a continuación se completan con **ser** o **estar.** Elige el infinitivo apropiado y completa la frase con la forma correcta de **ser** o **estar.**

1. Andrés trabaja mucho.
2. Andrés vive en California.
3. Andrés necesita ir al médico.
4. Andrés desayuna.
5. Andrés y sus amigos estudian en la universidad.
6. Andrés y su novia no se hablan.
7. La novia de Andrés sabe todas las respuestas de biología.
8. El profesor de Andrés cambió de oficina.

Tapescript

CONTEXTOS

1 Identificación Escucha lo que dicen Alicia, Manolo y Pilar y después elige qué planes tiene cada uno para el fin de semana.

Hola, soy Alicia, una estudiante de medicina de tercer año. Medicina es muy difícil y la verdad es que no tengo mucho tiempo libre, pero este fin de semana es mi cumpleaños y ¡no voy a tocar los libros! Todos necesitamos descansar de vez en cuando, ¿no? El viernes por la noche voy a salir a bailar con mis amigos de la universidad. El sábado por la noche tengo entradas para el concierto de U2. ¡Qué emocionante! ¡Voy a ver a Bono en persona! En fin, el domingo creo que voy a quedarme en casa, porque probablemente voy a tener otra dura semana de trabajo.

¿Qué tal? Yo soy Manolo, un estudiante de guitarra clásica. Mis estudios me apasionan, porque no hay nada más bello que la música de una guitarra... bueno, según el día, pero normalmente mis amigos dicen que toco muy bien... En fin, el fin de semana no es muy diferente para mí del resto de la semana, pero este sábado voy a hacer algo muy especial, voy a llevar a mi novia a comer al restaurante más caro y bonito de la ciudad. Ella está enojada conmigo porque olvidé nuestro aniversario, así que espero que con la cena hagamos las paces. Después de la cena creo que vamos a ir a ver la última película de Tom Cruise. A mi novia le encanta Tom Cruise. A mí no, pero en fin, lo importante es que ella esté contenta... ¡Ay, qué tarde se me ha hecho! ¡Tengo que irme! ¡Chao!

...de acuerdo, paso por ti a las once entonces... ¡Hasta luego! ... ¡Ah, hola! Pensaba que estaba sola... lo siento, es que llevo un día.... a ver, yo iba a decir algo.. ah, sí, mis planes para el fin de semana. Bueno, antes de nada presentarme, soy Pilar Ramos, una estudiante de educación física. Vamos a ver, mañana voy con mi mejor amiga a jugar un torneo de tenis de la universidad, por eso debo acostarme temprano esta noche, porque si no mañana... Después del torneo vamos a salir a comer a un café muy agradable que está cerca de allí, y me imagino que por la noche vamos a ir a bailar, como todos los sábados... Yo quiero ir al concierto de U2 pero ya no quedan entradas. ¡Qué lástima!

2 Preguntas Ahora vuelve a escuchar los planes que tienen Alicia, Manolo y Pilar en la **Actividad 1** y responde a las preguntas.

3 Alicia y Pilar Alicia y Pilar, de la **Actividad 2,** están hablando por teléfono. Escucha su conversación y, después, determina si las oraciones que siguen son **ciertas** o **falsas.** Después, corrige las falsas y escríbelas correctamente en el espacio indicado.

¡Ese teléfono otra vez! ¡Así no hay forma de trabajar! ¡Estoy cansada de tanta llamadita! A ver... dónde está el teléfono... ah, ya lo veo... ¿Aló? ¿Quién es? ¿Qué quiere?

PILAR Alicia, ¡qué enojada suenas! ¿Qué te pasa? ¿Por qué contestas así?

ALICIA ¿Quién es?

PILAR Soy Pilar, tonta, ¿es que ya no me conoces? ¡Si somos amigas desde el primer grado!

ALICIA Ay, Pilar, discúlpame. Llevo una mañana horrible. Necesito terminar un trabajo para mi clase de literatura antes del fin de semana, y el teléfono no hace más que sonar y sonar...

PILAR ¿No puedes dejar el trabajo para el fin de semana?

ALICIA No, es imposible retrasarlo. Además, ¿no te acuerdas? ¡El sábado es mi cumpleaños!

PILAR Ay, Alicia, lo olvidé por completo. Uff, esto si que es un problema...

ALICIA No es problema, no necesitas regalarme nada, no te preocupes...

PILAR No, no me refiero al regalo... El sábado tengo un torneo de tenis en la universidad y me toca jugar a la hora de comer.

ALICIA Bueno, pues nos encontramos por la tarde, mujer, la situación no es tan grave, ¿no crees?

PILAR Sí y no... es que esa tarde iba a salir a tomar unas copas con Ricardo, el chico del que te hablé...

ALICIA No me digas, ¿por fin se animó a invitarte a salir? Ya era hora... Mira, pero incluso así no hay problema. ¿Por qué no invitas a Ricardo a mi celebración? ¡Cuantas más personas, mejor!

PILAR Sí, ésa es una posibilidad...

ALICIA Además, si Ricardo va contigo, seguro que Bono sólo me va a mirar a mí.

PILAR ¿Bono? ¿Quién es Bono?... Ay, Alicia, no me digas esas cosas, ¿no estás hablando del Bono de U2, verdad?

ALICIA Pues es la única persona que conozco con ese nombre...

PILAR ¿Tienes entradas para el concierto? No te creo, estás bromeando... ¿tienes entradas o no? Dímelo, dímelo que me muero de curiosidad...

ALICIA Pues tengo 10 entradas y estas dos son para ti y para Ricardo... ¡¡Ahora ya ves qué amiga tan maravillosa tienes!!

PILAR Ay, Alicia, ¡qué alegría tan grande! ¡Espera a que se lo cuente a Ricardo! ¡Qué emoción!

ALICIA Sí, sí, lo sé, soy maravillosa. Oye, tengo que terminar mi trabajo. ¿Te llamo esta noche y hablamos más?

PILAR Ah, sí, perdona, olvidé lo de tu trabajo... Hasta luego, entonces. ¡Y un millón de gracias!

ALICIA Chao, Pilar. Luego hablamos.

ESTRUCTURA

2.1 Progressive forms

1 La ex-novia de Jorge Gonzalo y Jorge están descansando en su apartamento antes de vestirse para ir a una fiesta de cumpleaños. Son las cuatro de la tarde y Gonzalo está mirando por la ventana cuando de repente ve a la ex-novia de Jorge paseando por la calle. Escucha la conversación entre Gonzalo y Jorge y después completa las oraciones según la información que escuchaste.

GONZALO Aún faltan tres horas para la fiesta de Alicia. ¡Qué aburrimiento!...

JORGE ¿Qué estás haciendo ahora? ¿No puedes estar sin hacer nada? Estoy intentando descansar...

GONZALO Jorge, tú sólo piensas en descansar. Siempre que te miro estás descansando, o estás durmiendo o estás mirando la tele en ese sofá... Necesitas más actividad en tu vida, hombre...

JORGE Pero bueno... ¿qué estás haciendo en la ventana?

GONZALO Estoy tratando de abrirla...

JORGE Yo siempre estoy descansando pero tú siempre estás mirando por la ventana... ¿a quién estás buscando?

GONZALO No, no estoy buscando a nadie... ¡No te vas a creer a quién estoy viendo pasear por la calle en este momento!...

JORGE Mmm... ¡ya lo sé, estás viendo a Jennifer López! Invítala a subir al apartamento, hombre...

GONZALO No te rías que esto es serio... ¡Es Susana, tu ex-novia! Está caminando hacia aquí.

JORGE Que no estoy para bromas, Gonzalo, no es divertido...

GONZALO No estoy mintiendo, Jorge, ¡mírala!

JORGE ¡Ay, mi madre! Está mirando a la ventana, me está sonriendo... Está saludándome. ¿Qué hago? ¡Tengo que hacer algo! ¡noooooo!

GONZALO Mira, la estoy saludando con la mano... Oye, me está hablando... ¿Qué está diciendo? Viene hacia la puerta... Jorge, corre, que viene...

JORGE Seguro que quiere recoger los discos que ella me regaló. Están en el armario. Tíralos por la ventana...

GONZALO Ah, no, mira... está hablando con el vecino del tercer piso, el chico argentino...

JORGE No me sorprende, ese chico siempre estaba coqueteando con Susana cuando ella salía conmigo... Uff, creo que tengo que tomar algo para calmarme.

2 ¿Qué está pasando? Vuelve a oír el diálogo entre Gonzalo y Jorge en la **Actividad 1** y escribe un resumen de lo que pasa. Utiliza el verbo **estar** con el gerundio.

3 El final Ahora, imagina un final para la historia de Gonzalo y Jorge y dibuja una breve representación de la conversación en estos recuadros *(boxes)*. Después, lleva tu historia a clase y explícale a todos qué está ocurriendo en cada escena. ¡Sé creativo!

2.2 Object pronouns

1 Antes del concierto Faltan dos horas para el concierto de U2 y Gonzalo está mirando los regalos de cumpleaños que le van a dar a Alicia. Escucha las preguntas de Gonzalo y responde según las pistas (*clues*) que se indican.

Modelo   *Tú escuchas:* ¿Quién le va a regalar este disco?
              Tú lees: Julia
              Tú escribes: Se lo va a regalar Julia.

1. ¿Quién le da este ajedrez?
2. ¿Quién le regala el dominó?
3. ¿Quién le va a dar estas entradas para el circo?
4. ¿Quién le va a regalar unos patines?
5. ¿Quién le va a comprar los boletos para el parque de atracciones?
6. ¿Quién le compra la colección de discos que quiere?

2 Y ahora… Alicia Escucha otra vez las preguntas de Gonzalo y respóndelas en primera persona, como si fueras Alicia.

Modelo   *Tú escuchas:* ¿Quién le va a regalar este disco?
              Tú lees: Julia
              Tú escribes: Me lo va a regalar Julia.

3 La curiosidad de Jorge Jorge, que es muy curioso, está mirando las cosas que hay en el escritorio de su amiga Pilar. Escucha las preguntas de Jorge y explícale para qué usa Pilar cada cosa. ¡Intenta ser creativo en tus respuestas!

Modelo   *Tú escuchas:* ¿Qué hace Pilar con estos auriculares?
              Tú contestas: Se los pone para escuchar música cuando trabaja. o
              Los usa para sujetar papeles en su escritorio. o
              No los usa, los tiene ahí sólo para decorar el escritorio.

1. ¿Qué hace Alicia con estas revistas tan viejas?
2. ¿Para qué usan Alicia y su compañera todos estos boletos de lotería?
3. ¿Qué hace Alicia con esta guitarra eléctrica?
4. ¿Para qué tiene Alicia esta lista de animales del zoológico?
5. ¿Qué hace la compañera de Alicia con estas fotografías de futbolistas famosos?
6. ¿Por qué tiene Alicia esta foto de Gonzalo en su habitación?

2.3 Reflexive verbs

1 ¡Qué diferentes! Roberto y Jorge, dos amigos de Alicia, son muy diferentes entre sí. Oye lo que dice Alicia sobre ellos, mira las ilustraciones y luego indica si lo que dice es **cierto** o **falso**.

1. A Jorge le gusta mucho arreglarse.
2. Roberto siempre se viste elegantemente.
3. A Jorge le preocupa estar en forma.
4. Ah, y Jorge nunca hace su cama cuando se levanta.
5. Roberto se afeita todos los días.

2 Mientras tanto... Marta, la compañera de Alicia, está preparando una composición sobre la rutina diaria de su familia para una de sus clases. Escucha a Marta mientras lee su composición y conecta la(s) persona(s) de la columna A con la actividad correspondiente en la columna B.

...Aquí está, ¡qué susto! Casi pierdo mi composición para la clase de español... A ver, voy a leerla en voz alta para ver cómo quedó.

La rutina de mi familia es bastante normal. Mi hermano Andrés se levanta muy temprano, como a las cinco de la mañana. Y, ¿saben para qué? Para arreglarse. Necesita una hora entera antes de salir para el trabajo... Mi hermana Rosa es menos coqueta. Ella se ducha y se viste en quince minutos, desayuna y sale para el trabajo. Mi papá siempre se queja de que sólo tenemos un baño y resulta difícil encontrarlo libre. Mi mamá se viste muy elegantemente todas las mañanas. Ella trabaja de directora en un canal de televisión y siempre va muy arreglada. Mi hermano pequeño, Alberto, nunca se da cuenta de nada, porque sólo tiene cinco años. Desde que empezó a ir a la escuela, él se quita la ropa sin ayuda de mi mamá, y también se viste solo para ir a la escuela. ¡Es tan independiente! Finalmente, está el abuelo. Él siempre se queja de que todos hablamos muy bajito en casa... El problema es que él es muy mayor y no oye bien... Además, tiene problemas de memoria y algunos días no nos reconoce y no se acuerda de que nosotros somos su familia. En fin, ya ven que tengo una familia muy normal.

3 Más información Ahora, usando la información de la **Actividad 2,** escribe una frase sobre un aspecto de la rutina diaria de cada uno de los miembros de la familia de Marta. Si quieres, puedes añadir información adicional para cada personaje.

2.4 Gustar and similar verbs

1 ¡Qué aburrido! Escucha esta breve conversación entre Roberto y Rosa y contesta las preguntas.

ROSA ¿Vas a ir al concierto? Todo el mundo va, y además es el cumpleaños de Alicia.

ROBERTO A mí no me gustan las fiestas de cumpleaños. Siempre me aburren muchísimo.

ROSA Sólo te tienes que preocupar por comprar un boleto para el concierto y seguro que a Alicia no le importa si no le compras ningún regalo.

ROBERTO Ya lo sé y además Alicia me cae muy bien. Lo que pasa es que tampoco me gustan los conciertos. Me molestan los sitios donde hay mucha gente.

ROSA Por favor, Roberto, nunca te interesa nada. Tienes que ser más alegre.

ROBERTO Si quieres que sea feliz, tienes que venir conmigo al cine esta noche.

ROSA No, no insistas. Tengo que ir a la fiesta de cumpleaños, pero quizás podemos vernos otro día.

2 Adivina, adivinanza Mientras esperan la hora de ir al concierto de U2, todos están jugando a las adivinanzas ¿Te gustaría participar? Escucha la información sobre cada personaje para adivinar a qué persona se está describiendo. Después, escribe el número de la descripción junto al personaje correspondiente.

Descripción uno: A esta mujer le gusta mucho la política. No le molestan las críticas del público y le encanta decir lo que piensa públicamente. ¿Sabes quién es?

Descripción dos: A este hombre le fascina la música. Le gusta escribir canciones de rock y tiene mucho talento para hacerlo. No le preocupa su edad y se siente tan joven y atractivo como cuando escribió *Satisfaction*, una de sus canciones más conocidas. ¿Sabes quién es?

Descripción tres: Esta chica tiene una voz maravillosa. A ella le interesan muchos tipos de música diferentes. Por eso, canta desde canciones de Disney hasta melodías modernas, como la canción de *Genie in a bottle*. ¿Sabes quién es?

Descripción cuatro: A este hombre le apasiona el deporte. Cuando juega, está tan concentrado en la pelota que no le duele nada, a pesar de los golpes que recibe. Tampoco le molesta perder algunos partidos, porque al final, su equipo siempre gana. Muchos dicen que él es el jugador más grande, físicamente, de toda la liga nacional. ¿Sabes quién es?

Descripción cinco: A este chico no le importa nada más que su deporte favorito. Se dedica a mejorar su juego día tras día. Por eso, es uno de los jugadores más jóvenes del mundo que ha conseguido ganar todos los torneos importantes en alguna ocasión. ¿Sabes quién es él?

Descripción seis: Esta chica es de Madrid. A ella le interesa mucho el cine pero le disgustan los comentarios de la prensa sobre su vida personal. También le fascinan los actores de Hollywood y, de hecho, uno de ellos es su novio. ¿Sabes quién es ella?

3 Te toca a ti Ya es hora de hablar un poco sobre ti, ¿no crees? Escucha las preguntas y contesta cada una según tu opinión o tus preferencias personales. Escribe tus respuestas y, después, escucha otra vez las preguntas y contéstalas oralmente para practicar un poco tu pronunciación.

1. ¿Cuáles son las actividades que más te gusta hacer en tu tiempo libre?

2. ¿Quién es un actor o un cantante que te fascina? ¿Por qué?

3. ¿Qué es lo que más te molesta de tu mejor amigo o de tu mejor amiga?

4. ¿Qué es lo que más te preocupa sobre tu futuro? ¿Por qué?

5. ¿Cuál de todas tus clases te aburre más?

6. ¿Quién es la persona que te cae mejor de todos tus compañeros?

7. ¿Qué te falta en la vida para ser completamente feliz?

8. ¿Qué es lo que más te interesa aprender este año? ¿Por qué?

CONTEXTOS

1 Identificación El esposo de Amparo perdió su trabajo y ahora va a ocuparse de la casa mientras Amparo va a trabajar en una oficina. Escucha las instrucciones de Amparo y ayuda a su esposo a poner estas notas en orden. Escribe el número correspondiente junto a cada tarea según la información que escuches.

Mateo, escúchame con atención y toma nota de todas mis instrucciones porque después no vas a recordar lo que te dije Mira, antes de nada, en cuanto termines de desayunar, apaga la cafetera, por favor, que siempre se te olvida. Antes de ir al supermercado, debes sacar la carne congelada del refrigerador para que esté lista para la comida. Tienes que ir al supermercado antes de las tres. Debes comprar todo lo que está en la lista y elegir productos baratos...¡y nada de comprar cerveza otra vez! ¿me oyes? Bueno, al volver del supermercado, pasa por la tienda de la esquina para recoger unos dulces. Después, mientras se cocina la comida, barre las escaleras, pasa la aspiradora en los cuartos de los niños y quítale el polvo a los muebles del salón. Ah, y antes de sentarte a mirar la telenovela no te olvides de cambiar el foco de la lámpara de la cocina. Bueno, me voy que ya es tarde. Hasta luego.

2 ¡Que no se me olvide! Escucha otra vez las instrucciones que Amparo le da a su marido en la **Actividad 1** y después imagina lo que él va pensando. Sigue el modelo.

Modelo   *Tú escuchas:* Tienes que ir al supermercado
           Tú escribes: Tengo que ir al supermercado.

3 Ocho horas después... Son las cinco de la tarde y Amparo ya ha regresado del trabajo. Escucha la conversación que tiene con Mateo, su esposo, y después, elige la opción más adecuada para completar las oraciones.

AMPARO Hola Mateo, ya estoy en casa... ¿Mateo? ¿Estás aquí?

MATEO Sí, sí, estoy aquí limpiando las ventanas...

AMPARO ¿No las limpiaste ayer?

MATEO Sí... bueno, no... verás, estuve muy ocupado con otras cosas ayer...

AMPARO ¿Sí? ¿Con qué estuviste tan ocupado? ¿Hablando con la vecina o mirando la televisión?

MATEO Pues... hablé un rato con la vecina... es muy simpática... y después ya era muy tarde para ponerme a limpiar...

AMPARO Esa mujer necesita trabajar más y pasar menos tiempo hablando. En fin, qué más da. El caso es que yo no la soporto, pero obviamente no tenemos la misma opinión. ¿Recogiste los dulces?

MATEO Sí, pero probé los pasteles y no me gustan nada... ¡Odio esos pasteles de chocolate, creo que voy a quejarme al dueño de la tienda!

AMPARO ¿Te comiste los pastelitos de chocolate? No me gusta esa costumbre tuya de probar toda la comida que hay en la cocina. ¿No piensas nunca en los demás?

MATEO Tranquila, Amparo, tranquila... sólo me comí la mitad...

AMPARO Es asombroso que puedas vivir tu vida sin ponerte nervioso por nada... ¿Por casualidad no sabes dónde está el foco viejo de la lámpara? Lo necesito para un proyecto...

MATEO No, pero puedo buscarlo... sólo necesito unos minutos para terminar de limpiar y enseguida lo busco...

AMPARO No te molestes... Ya lo puedo buscar yo...

ESTRUCTURA

3.1 The preterite tense

1 Para eso están los amigos Mateo llamó a dos amigos para que lo ayudaran a limpiar la casa mientras Amparo, su esposa, trabajaba. Amparo acaba de regresar y está un poco confundida al ver todo tan limpio. Escucha mientras Mateo le explica quién hizo cada cosa y marca las casillas correspondientes según lo que escuches.

Amparo, ¡ya estás en casa! ¿Qué te parece? ¿Está todo bien? ¿Te parece que todo está bastante limpio? No... no digas nada, ya veo tu asombro... Deja que te explique... Mira, esta mañana llamé a un par de amigos, Paco y José Luis. ¿Los recuerdas? Los conociste en mi última fiesta... Son aquéllos que llegaron muy tarde por el tráfico. Bueno, eso no tiene importancia... Permíteme explicarte lo que hicimos. José Luis fue al supermercado y compró todas las cosas que me pediste. Cuando Paco llegó, inmediatamente se puso a limpiar la cocina. Y no sólo eso, sino que además puso toda la comida en el refrigerador. Después, yo separé los ingredientes para la comida y José Luis hirvió las papas y los huevos para la cena. Estos amigos son tan maravillosos que Paco incluso trajo productos de limpieza de su casa, por si nosotros no teníamos suficientes productos aquí. Bueno, ya puedes hablar... ¿Amparo? ¿Por qué no hablas? ¿Te quedaste tan sorprendida que no puedes hablar?

2 Preguntas Vuelve a oír lo que Mateo le cuenta a Amparo en la **Actividad 1** y después contesta las preguntas.

3 ¿Y tú? ¿Recuerdas qué hiciste la última vez que tuviste todo el apartamento para ti solo/a *(alone)*? Contesta las preguntas que escuches explicando con detalle qué hiciste en cada situación. Primero, escribe tus respuestas en el espacio indicado. Después, escucha las preguntas otra vez y responde oralmente para practicar tu pronunciación.

1. ¿Cuántos días estuviste en el apartamento?

2. ¿Qué fue la primera cosa que hiciste el primer día?

3. ¿Qué cocinaste para la cena de la primera noche?

4. ¿Leíste algún libro o alguna revista interesante?

5. ¿Cuántas horas dormiste la primera noche?

6. ¿Tuviste miedo en algún momento?

7. ¿Viste alguna película de vídeo o escuchaste alguno de tus discos favoritos?

8. En general, ¿fue una buena experiencia o no? ¿Por qué?

3.2 The imperfect tense

1 Cuando era soltero... Mateo está pensando en cómo era su vida antes de conocer a Amparo. Escucha lo que dice y después contesta las preguntas.

A veces es difícil vivir con otra persona, pero soy mucho más feliz ahora que cuando era soltero.

Yo siempre llegaba tarde al trabajo, porque salía todas las noches con los amigos. Claro, nunca limpiaba mi apartamento. Y siempre pagaba todo con tarjetas de crédito. Tenía tantas deudas... En cuanto a las chicas... cada semana estaba enamorado de una chica diferente, pero como era muy tímido siempre lo pasaba fatal...

2 El gran cambio de Amparo Amparo, la esposa de Mateo, por fin se dio cuenta de que era un poco antipática con los demás, y decidió cambiar su actitud frente a la vida. Escucha lo que dice sobre las diferencias entre la Amparo de antes y la Amparo de ahora. Después, escribe la acción correspondiente bajo una de las dos columnas.

Modelo *Tú escuchas:* Antes gritaba mucho pero ahora hablo con mucha calma.

Tú escribes:

Antes	Ahora
Gritaba mucho.	Habla con mucha calma.

Verán, yo antes era una persona bastante agresiva, pero ahora soy diferente. Antes siempre le gritaba a mi esposo por cualquier razón. Ahora, le hablo con mucha calma. Antes era bastante impaciente, pero ahora, desde que empecé mis visitas al psicólogo, siempre me tomo las cosas con tranquilidad. Además, antes me preocupaba por los detalles más pequeños. Ahora, sin embargo, sólo me preocupo por las cosas que son realmente importantes. En el pasado siempre me levantaba muy temprano los fines de semana y ahora, como ya no soy la misma, me quedo en la cama hasta las diez o las once, y la verdad es que disfruto mucho al hacerlo. En fin, la verdad es que antes yo era un poco antipática y, ahora, soy la persona más simpática que conozco.

3 ¿Cómo eras tú antes? A medida que nos hacemos mayores, nuestra personalidad va cambiando poco a poco, casi sin que nos demos cuenta. Piensa en cómo eras tú cuando estabas en la escuela primaria. ¿Tenías la misma personalidad que ahora? Contesta estas preguntas en el espacio indicado.

1. ¿Cuáles eran tus actividades favoritas mientras estabas en la escuela primaria?

2. ¿Qué es lo que más te gustaba de ser un niño o una niña? ¿Y lo que más te disgustaba?

3. ¿Qué cualidades eran más importantes para ti en tus amigos y amigas?

4. En general, ¿crees que eras más feliz entonces que ahora? ¿Por qué?

5. ¿Qué diferencias había en tu rutina diaria comparada con tu rutina actual?

6. ¿Cuál creías entonces que iba a ser tu futuro profesional?

3.3 The preterite and the imperfect

1 ¡Qué susto! Esta mañana, al levantarse, Mateo descubrió que había un cristal roto en una ventana y que faltaban varias cosas en la casa. La policía está investigando lo que ocurrió. Escucha la conversación y después determina si las oraciones de abajo son **ciertas** o **falsas**.

POLICÍA Señor Rosas, necesito hacerle unas preguntas sobre lo que ocurrió anoche.

MATEO Sí, sí, ¿qué desea saber?

POLICÍA Su esposa dice que escuchó unas voces mientras usted estaba en la cama. ¿Oyó usted algo?

MATEO Pues..., es que... mire, señor policía, yo sí escuché algo, pero tenía miedo de bajar a ver qué era... por eso le dije a mi esposa que no oí nada... pero no le diga eso a mi esposa, por favor...

POLICÍA Ya, ya veo... entonces sí que escuchó las voces... Y, ¿sabe usted qué hora era, más o menos?

MATEO Creo que eran las doce o la una, porque ya no se oía la tele de la vecina y ella siempre está levantada hasta esa hora, más o menos...

POLICÍA Muy bien. ¿Qué es lo primero que notó al bajar a la cocina esta mañana?

MATEO Pues vi que el dinero que estaba encima del refrigerador ya no estaba allí... Después, fui al salón y me di cuenta de que el televisor tampoco estaba en su sitio... Y el estéreo, no pude encontrarlo por ninguna parte...

POLICÍA Entonces vio que faltaban el dinero, la televisión y el estéreo... Ya veo... Muy bien, pues esa es toda la información que necesito de momento.

MATEO ¿No van a hacer una investigación?

POLICÍA Sí, pero primero tenemos que buscar pistas que nos ayuden a identificar al ladrón o a la ladrona... Estaremos en contacto, muchas gracias.

MATEO Adiós... pero... ¿qué voy a hacer yo sin mi televisión?

2 Buscando pistas Imagina que eres un(a) detective. Vuelve a oír la conversación de la **Actividad 1** entre el policía y Mateo e inventa cinco preguntas para Mateo sobre lo que ocurrió esa noche.

3 Las notas del detective Escucha la conversación de Amparo, la mujer de Mateo, con el detective y, después, haz una descripción del lugar y de las personas en el momento en que se cometió el crimen. Por ejemplo, anota qué se veía en la calle, quién estaba allí, qué ruidos se escuchaban, etc. antes de que ocurriera el robo.

DETECTIVE Sra. Rosas, necesito preparar un esquema de la historia y me hace falta su ayuda. ¿Por qué no me describe lo que se veía cuando miró por primera vez a través de la ventana?

AMPARO Sí, claro... A ver... la calle estaba muy tranquila, no había coches circulando, sólo dos o tres vehículos estacionados... Hacía bastante viento y los árboles se estaban moviendo bastante... Las luces de la calle estaban todas encendidas... Ah, también había un chico paseando a un perro... El perro era pequeñito, creo que era un chihuahua...

DETECTIVE ¿Había alguien más? ¿Qué aspecto tenía ese chico?

AMPARO No... bueno sí, había dos personas hablando en la esquina, pero no podía verlas bien. Desde mi ventana parecían dos estudiantes, bastante altos, pero no puedo describirlos... Creo que tenían unos libros en la mano... El chico del perro era bajito, muy delgado, con pelo largo... Llevaba unos pantalones azules y una camisa de cuadros...

DETECTIVE ¿Cuándo escuchó el ruido?

AMPARO Pues cuando miraba por la ventana... oí un ruido y miré en la dirección opuesta... Vi a un chico subiendo a un coche, pero no sé quién era. En ese mismo momento, el chico y el perro entraron en el edificio de la derecha, y los dos estudiantes se abrazaron... no sé por qué...

DETECTIVE Muy bien señora Rosas. Si recuerda algún detalle más, llame a este número a cualquier hora. Es mi línea privada.

AMPARO Muchas gracias, detective... aunque ahora que le miro de cerca... ¿no es usted el chico que paseaba al chihuahua anoche?

4 Las notas del detective 2 Ahora, vuelve a oír la conversación entre Amparo y el detective de la **Actividad 3** y luego haz una lista con todas las acciones de esa noche, en el orden en que ocurrieron.

3.4 Adverbs

1 Resolviendo el crimen Para completar la investigación sobre el robo, la policía está haciéndole preguntas a una vecina de los Rosas. Escucha la conversación y después elige la respuesta adecuada para cada una de estas preguntas, según la información que escuches.

VECINA ... Creo que alguien está tocando el timbre... ya voy... qué insistente... <Sound of door opening up>

Ay, por Dios, la policía... ¿Qué quiere usted? Yo no he cometido ningún crimen

POLICÍA No se asuste, señora. Anoche hubo un robo y sólo quiero hacerle unas preguntas.

VECINA Bueno, pues pregunte rápidamente porque yo tengo que irme a trabajar...

POLICÍA Sí, señora. Dígame, ¿con qué frecuencia habla usted con sus vecinos, los Rosas?

VECINA Pues... diariamente, nos vemos todas las mañanas.

POLICÍA Muy bien. Cuando vio usted a la Sra. Rosas ayer por la mañana, ¿notó algo extraño?

VECINA ¿Ayer? No, la verdad es que salí muy rápidamente porque tenía un poco de prisa...

POLICÍA Ya veo... tiene usted unas decoraciones muy bonitas colgadas en la ventana... ¿no se las mueve el viento?

VECINA Sí, el viento las mueve constantemente pero a mí no me importa... Ayer las arreglé todas cuidadosamente y ahora se ven preciosas, ¿verdad?

POLICÍA Sí, se ven muy bonitas... y ¿dice usted que las arregló cuidadosamente ayer?

VECINA Sí, antes de irme a trabajar... bueno, creo que ayer no las arreglé...

POLICÍA Señora, necesito que me acompañe a la estación de policía inmediatamente.

VECINA ¿Yo? ¿Por qué? Yo no sé nada de nada... Y ustedes, los policías, cometen errores frecuentemente... no tiene pruebas de nada...

POLICÍA Señora, podemos hacer esto tan lenta o tan rápidamente como usted quiera...

2 **¿Qué pasó?** Vuelve a oír la conversación de la **Actividad 1** entre la vecina y el policía y después inventa una breve historia sobre lo que tú crees que pasó la noche del crimen. Usa el pasado y adverbios en tu narración.

3 **Cada uno, a su manera** Piensa en tus amigos y en otras personas que conoces. ¿Hacen todos las mismas actividades de la misma manera? Probablemente no. Ten en cuenta esa información y úsala para responder a las preguntas que escuches. Después, escucha otra vez las preguntas y responde oralmente para practicar tu pronunciación.

1. De todos tus amigos y amigas, ¿quién hace todas sus tareas más rápidamente?

2. ¿Tienes algún amigo o amiga que llegue consistentemente tarde a todas partes?

3. ¿A cuál de todos ellos ves más frecuentemente?

4. ¿Qué miembro de tu familia toma todas las decisiones lentamente?

5. ¿A cuál de tus profesores le gusta asignar pruebas repentinamente?

6. ¿Hay algunas actividades que te guste realizar silenciosamente? ¿Cuáles?

PRONUNCIACIÓN

The sounds of r and rr

As you might recall, Spanish has two **r** sounds, neither of which resembles the English **r**.

The sound of the single r

When it occurs between vowels or at the end of a syllable, the sound of a single **r** in Spanish is produced with a single tap of the tip of the tongue on the ridge behind the upper front teeth. This sound is equivalent to the sound spelled *t*, *tt*, *d*, and *dd* in standard American English in words like *eating*, *butter*, *leading*, and *caddy*. Focus on the position of your tongue and teeth as you listen to the speaker and repeat each word.

coro	**cero**	**pero**	**loro**	**moro**
María	**mero**	**mira**	**mural**	**saber**

The sound of the double rr

In words spelled with a double **rr**, as well as in those spelled with a single **r** occurring at the beginning of the word, the sound is pronounced as a trilled **rr**. The trill sound is produced by rapidly moving the tip of the tongue against the ridge behind the upper front teeth. This trill is also the case when the **r** sound appears after the letters **l** or **n**. Listen to the speaker and repeat each word, paying attention to the position of your tongue and teeth.

curro	**carrito**	**correo**	**párrafo**	**marrón**
alrededor	**burro**	**morro**	**churro**	**enroscar**

Many words in Spanish differ from each other only through the **r** and **rr** sounds. It is important that you practice the right sound for each one to avoid being misunderstood. Listen to the speaker and repeat each one of these pairs.

coro/corro	**moro/morro**	**poro/porro**
pero/perro	**perito/perrito**	

CONTEXTOS

1 Identificación Escucha el siguiente anuncio de la radio y después completa estas frases usando la información que escuchaste en el anuncio.

... ¿Necesita usted un descanso pero no tiene dinero? ¿Quiere olvidarse de su rutina diaria pero no tiene tiempo para salir? Si respondió que sí a estas preguntas, tenemos la solución perfecta para usted. En *Escape* nos dedicamos exclusivamente a preparar paquetes de mini-vacaciones para profesionales tan ocupados y estresados como usted. Y lo mejor de todo es que esta semana, tenemos no uno, ni dos, sino tres paquetes de oferta para ayudarle a relajarse y a disfrutar de esas mini-vacaciones que tanto desea. El primer paquete incluye dos días y una noche en Playa Dorada, nuestra isla privada en el Caribe. Por sólo 100 dólares le ofrecemos la estancia en una cabaña en la playa, incluyendo tres comidas diarias y todas las propinas, además de todas las bebidas que desee. También puede practicar deportes acuáticos por una pequeña tarifa adicional. ¿Le suena interesante? Pues ésa es sólo una de nuestras ofertas...

También tenemos una excursión de montaña en el bello estado de Carolina del Norte. Esta excursión incluye dos días y una noche en uno de los hoteles más rústicos y llenos de encanto de todo el estado. Durante el día, puede montar a caballo, caminar, pescar en los muchos ríos que hay en la zona, o simplemente disfrutar del paisaje y del aire puro de la montaña. Todos estos placeres pueden ser suyos por la módica cantidad de 99 dólares por persona. Increíble, ¿no es cierto?

Pues aún tenemos una oferta más, nuestro Viaje al Museo de Arte Moderno de Nueva York. Este museo, conocido mundialmente por las maravillosas obras que contiene en su colección, estará abierto exclusivamente para los clientes de *Escape* durante los días 21 y 22 de este mes. Si le interesa, el viaje incluye el servicio de un guía turístico bilingüe para cada grupo, desplazamientos en transporte público, todas las comidas y una noche de estancia en el hotel privado del museo, que se encuentra a sólo dos cuadras, e incluye servicio de habitación las 24 horas. ¿Se siente ya mejor sabiendo todas las opciones que tiene para escapar de todo ese trabajo sin gastarse una fortuna? Entonces, no pierda ni un minuto más. Llame ahora mismo para reservar su viaje al 1-800-444-3024. Nuestros agentes están disponibles para responder a sus preguntas durante el horario normal de oficina, de 8 de la mañana a 5 de la tarde. Si desea participar en la excursión a Playa Dorada debe tener su pasaporte al día para presentarlo en la frontera. ¡No lo piense más, llame ya y empiece a disfrutar de la vida hoy mismo!

2 Los detalles Ahora vuelve a escuchar el anuncio de la **Actividad 1** y escribe por los menos tres detalles específicos sobre cada una de las excursiones.

3 A mí me interesa Para terminar, escribe un párrafo breve explicando cuál de las tres opciones te interesa más e incluye las razones de tu interés.

ESTRUCTURA

4.1 Past participles and the present and past perfect tenses

1 Desde aquel momento... María, una estudiante de turismo, está hablando con una amiga sobre los cambios que María ha hecho en su vida desde su última visita a Costa Rica. Escucha su conversación y, después, elige la respuesta apropiada para completar estas oraciones.

AMIGA María, qué gusto verte. No sabía que ya habías regresado de tu viaje... ¿Cómo va todo?

MARÍA Hola, qué alegría me da verte... He estado pensando mucho en ti estos últimos días pero no he tenido la oportunidad de ir a verte...

AMIGA Bueno, pues cuéntame... ¿Te gustó Costa Rica? ¿Has decidido si quieres volver?

MARÍA Ay, he decidido tantas cosas desde que regresé... Verás, para mí este viaje fue mucho más que un viaje de investigación... Aprendí muchas cosas sobre la vida, y sobre mí misma, y he hecho muchos cambios personales desde entonces...

AMIGA ¡No me digas! O sea que ésta fue una experiencia radical para ti, ¿no? ¿Y qué cambios son ésos de los que me hablas? ¿Has decidido mudarte a otro país o algo así?

MARÍA No, no... por lo menos todavía no he llegado a ese punto, pero... Verás, estando allí yo he tenido mucho tiempo para pensar y para observar a las personas de mi alrededor...

AMIGA ¿Y...? Explica, mujer, que la curiosidad me está matando...

MARÍA Pues he visto que me he pasado los últimos cinco años trabajando y trabajando, corriendo de un lugar a otro, estresadísima... y no le he dedicado tiempo a mi familia, ni a mi novio, ni a mis intereses personales...

AMIGA ¿Qué tiene todo eso que ver con Costa Rica?

MARÍA Pues estando allí, he tenido la oportunidad de conocer a muchas personas, ¿sabes? Y he aprendido muchas cosas de ellos. Por ejemplo, para ellos la amistad, la familia y la paz personal son mucho más importantes que el dinero o los bienes materiales...

AMIGA Ay, María, eso es lo que dicen todos, pero después, todo el mundo quiere ganar más dinero... ¡Sin dinero no se puede vivir, María, no te olvides de eso!

MARÍA Mira, yo he calculado que para vivir una vida tranquila y tener el tiempo suficiente para hacer las cosas que me gustan y pasar más tiempo con mi familia, no necesito tanto dinero. He determinado que dentro de un año, cuando termine los estudios, voy a mudarme a un apartamento más económico. Ya he ahorrado algo de dinero y todavía no he decidido qué tipo de trabajo va a ser el mejor para mí, pero no puede ser un trabajo muy estresante. He llegado a la conclusión de que mi felicidad es más importante que tener un gran cargo o ganar mucho dinero.

AMIGA Pues María, si estás decidida, ¡adelante! Creo que no he visto nunca a nadie tan dedicado ni tan determinado como tú. Si hay alguien que pueda cambiar su vida, tú puedes.

MARÍA Gracias... Ay, se me ha hecho tarde... tengo que ir a clase. ¿Nos vemos para comer este fin de semana?

AMIGA Sí, yo te llamo. ¡Hasta luego!

2 **¿Qué piensas?** Escucha otra vez la conversación de la **Actividad 1** entre María y su amiga y después contesta las preguntas.

3 **¿Qué habías hecho?** Todos tenemos momentos en la vida que son más importantes que otros. Escucha las preguntas y responde si ya habías hecho esas cosas en el año indicado.

Modelo   *Tú lees:* En 1970

    Tú escuchas: ¿Ya habías nacido?

    Tú escribes: Sí, yo ya había nacido en 1970.

1. ¿Ya habías empezado la escuela primaria?
2. ¿Ya habías estudiado alguna lengua extranjera?
3. ¿Ya habías aprendido a manejar un carro?
4. ¿Ya habías escrito algún mensaje electrónico?
5. ¿Ya habías conocido a tu mejor amigo o amiga?
6. ¿Ya habías decidido qué especialidad querías estudiar?

4.2 **Por** and **para**

1 **¿Qué hacemos?** María y su amigo Steve están de vacaciones en México. Escucha su conversación y complétala con **por** o **para**.

MARÍA Debemos comprar los regalos <beep> la familia.

STEVE No pienses ahora en los regalos, no es <beep> tanto.

MARÍA Eso ya lo sé, pero <beep> aquí les podemos comprar algunas cosas muy bonitas <beep> poco dinero.

STEVE Mira, yo creo que es mejor comprarlos mañana <beep> la mañana. Así, podemos dejarlos en el hotel y pasar <beep> ellos antes de ir a la estación de tren a las cinco de la tarde.

MARÍA No es buena idea ir <beep> la estación tan tarde. ¿No crees que es mejor que vayamos a las cuatro <beep> lo menos?

STEVE <beep> mí, las cuatro es demasiado temprano, pero vamos a la estación cuando tú quieras.

2 **Sus planes** Ahora, vuelve a oír la conversación de la **Actividad 1** y escribe un resumen de los planes de María y Steve.

3 **Ahora le toca a Steve** Después de varias horas de viaje, Steve ya no sabe qué hacer. Está aburridísimo, así que ha decidido jugar a completar oraciones con María... ¡No hay muchas actividades que hacer en un tren! Escucha cómo Steve empieza una frase y determina cuál de estas opciones es la mejor para completar la frase lógicamente. Anota el número correspondiente junto a cada frase.

¿Empezamos? A ver... aquí está la primera frase...

1   ... Mientras viajábamos en este tren, hemos pasado...
2   ... Nosotros estamos en este tren porque vamos...
3   ... Al llegar a México vamos a tomar el metro...
4   ... Es importante que el tren sea puntual...
5   ... Al llegar al hotel, tengo que llamar a mi madre...
6   ... Y después de cenar, te voy a dar una sorpresa que tengo preparada...

4.3 Comparatives and superlatives

1 Cuántos recuerdos Steve y María por fin llegaron a su destino. Después de cenar, los dos amigos están dando un paseo por Chilapas, el pueblecito donde se hospedan. Escucha la conversación y, después, indica si cada una de estas afirmaciones es **cierta** o **falsa.**

STEVE María, ¿no te recuerdan estas calles a esos pueblecitos que se ven en las películas?

MARÍA Sí, sí, estaba pensando en eso precisamente. Este pueblecito me recuerda la última vez que visité España.

STEVE ¿Sí? ¿Dónde estuviste en España?

MARÍA Estuve en un pueblecito muy rústico de la provincia de Aragón, en Albarracín. Aunque creo que Albarracín es más grande que este pueblo.

STEVE ¿Más grande que Chilapas? Pues para ser un pueblo, debe ser de los más grandes... ¿Allí las casas también tienen tantas flores en los balcones como aquí?

MARÍA Sí, hay tantas flores como aquí, pero también hay más parques y las calles no son tan anchas como aquí, son un poco más estrechas...

STEVE Y la gente... ¿es tan simpática como la gente de este pueblo?

MARÍA Sí, pero allí tienen otro acento, es más o menos como éste pero con un tono diferente...

STEVE Siempre me da envidia pensar que tienes más oportunidades de viajar que yo...

MARÍA Eso no es cierto, Steve, tú tienes las mismas oportunidades que yo para visitar otros sitios, lo que pasa es que no te decides...

STEVE Bueno... es por las vacaciones, ¿sabes? Siempre tengo que trabajar durante los veranos.

MARÍA Pero también puedes viajar en otras épocas del año... ¿Cuál es el problema?

STEVE El problema es que yo no soy tan valiente como tú. No me gusta viajar solo.

MARÍA La verdad es que yo también prefiero viajar con amigos, pero viajar sola tiene sus ventajas. Es una buena forma de conocer a la gente del país.

2 Mi viaje Ahora, escucha las preguntas que siguen para hablar un poco sobre tu último viaje a algún lugar turístico. Primero, escribe las respuestas en el lugar indicado y después, responde oralmente a cada pregunta para practicar tu pronunciación.

Piensa en la ciudad donde vives y en el último lugar turístico al que viajaste.

1. ¿Cuál de los dos lugares es más interesante? ¿Por qué?
2. ¿Tienes tantos amigos en tu ciudad como en ese lugar?
3. ¿Cuál de los dos lugares preferirías para vivir? ¿Por qué?
4. ¿En cuál de los dos sitios crees que los habitantes son más felices? ¿Por qué?
5. ¿Crees que hay tantas oportunidades profesionales en un sitio como en el otro?
6. ¿En cuál de los dos lugares resulta más económico vivir? ¿A qué se debe esto?

3 Comparar Compara las dos casas de la ilustración y después contesta las preguntas.

1. ¿Cuál de las dos casas te gusta más? ¿Por qué?
2. ¿Cuál de las dos tiene menos ventanas?
3. ¿Cuál tiene las ventanas más pequeñas?
4. ¿Cuál tiene más árboles?
5. ¿Cuál de los dos jardines es peor? ¿Por qué?

4.4 Present subjunctive

1 Mi primer viaje internacional Sue, la hermana menor de Steve, va a ir de vacaciones a Argentina este verano. Es su primer viaje internacional y Steve le está dando consejos para el viaje. Escucha dos veces lo que le dice Steve a su hermana y, después, completa las frases.

Sue, antes de salir para Argentina me gustaría darte algunos consejos para que realmente disfrutes de tu primer viaje internacional. Mira, es imposible que toda la gente que conozcas allí hable inglés, así que debes esforzarte por practicar tu español tanto como puedas. Es importante que tengas mucho cuidado cuando camines sola por lugares que no conozcas. ¡No quiero que te pase nada! También es necesario que llames a mamá como mínimo una vez por semana, porque ya sabes cuánto se preocupa ella. No te gastes todo el dinero la primera semana, ¿me oyes? Es mejor que calcules cuánto puedes gastar cada semana para tener suficiente dinero para todo el verano. Bueno, ya no te voy a dar más consejos... aunque hay una cosa que no quiero que olvides: lo más importante de este viaje es que disfrutes. No te preocupes por nada y envíame una tarjeta postal si tienes tiempo. Es una lástima que yo no pueda acompañarte, pero estoy seguro de que lo vas a pasar de maravilla. Ojalá te guste tanto como me gustó a mí.

2 Consejos Vuelve a escuchar los consejos de Steve de la **Actividad 1** y, después, contesta las preguntas.

3 Es tu turno Diego, un chico hondureño, va a pasar tres meses como estudiante de intercambio en tu casa. El problema es que Diego no sabe nada sobre tu ciudad y necesita que contestes sus preguntas para prepararse para el viaje. Escucha sus preguntas y contéstalas con la información apropiada. Incluye todos los detalles que puedas para que Diego tenga una idea más clara de cómo es la vida en tu ciudad.

Hola, soy Diego, el estudiante hondureño que va a visitar tu ciudad este verano. Mira, tengo unas dudas que tal vez tú me puedas aclarar... A ver... aquí las he numerado para que te sea más fácil responder.

1. ¿Es importante que lleve mucha ropa de invierno? Lo pregunto porque aquí en Honduras no hace frío y no tengo muchos abrigos...

2. ¿Es cierto que tu ciudad es la más bella de todo Estados Unidos? ¿Está cerca de otras ciudades importantes?

3. ¿Es necesario que traiga mi cédula de identidad o es suficiente con llevar el pasaporte?

4. ¿Es mejor que intente hablar inglés con todo el mundo o debo esperar que la gente me hable en español?

5. ¿Es peligroso caminar solo por tu ciudad después de las diez de la noche?

6. ¿Es verdad que almuerzan siempre a la misma hora?

7. ¿Es interesante vivir en tu ciudad o te parece un poco aburrida?

8. ¿Es necesario pedir una visa para entrar al país, además del pasaporte?

CONTEXTOS

1 Identificación Escucha las siguientes definiciones de palabras o expresiones relacionadas con la salud. Después, escribe el número de la descripción correspondiente a cada una de las palabras de la lista.

1. Ésta es la forma de expresar que una persona tiene una temperatura más alta de lo normal.

2. Este término se usa para indicar que una persona tiene un gran exceso de peso.

3. Esto es lo que hacemos cuando queremos calmarnos y dejar de estar nerviosos.

4. Ésta es la persona que hace las operaciones en un hospital.

5. Este verbo significa que una persona ha perdido la conciencia, y no sabe lo que pasa.

6. Esta palabra es la opuesta de la que usamos para decir que estamos enfermos.

7. Este líquido es bastante denso y muchas veces es de color rojo.

8. Ésta es una enfermedad que suele acompañarse de tristeza y apatía.

9. Esta palabra se refiere a las inmunizaciones que recibimos de pequeños.

10. Ésta es la palabra que usamos para referirnos a la oficina del médico.

2 En el consultorio del médico Escucha la conversación entre el doctor Pérez y Rosaura, una profesora universitaria. Después, indica todos los síntomas que menciona Rosaura en la conversación.

DOCTOR Rosaura, cuánto me alegro de verla... no venía usted por aquí desde...

ROSAURA Desde hace dos años, lo sé, doctor, he descuidado un poco mi salud últimamente...

DOCTOR Pues le iba a preguntar... tiene la cara un poco pálida... ¿Se encuentra bien?

ROSAURA Pues, ni bien ni mal... toso mucho, pero eso es normal...

DOCTOR No, Rosaura, eso no es normal. ¿Ha dejado usted de fumar?

ROSAURA Bueno...

DOCTOR Usted se lo toma a risa pero la salud es un asunto muy serio, Rosaura. Sabe que fumar no es bueno para nadie. Es usted demasiado joven para sentirse así.

ROSAURA Lo sé, doctor, pero en mi opinión es todo culpa del estrés. Eso es lo que me está matando.

DOCTOR ¿Qué cosas le producen estrés? ¿El trabajo, las obligaciones familiares, las cuentas bancarias, su salud?

ROSAURA Todas esas cosas y además, siento mucha ansiedad. Siento que la vida va pasando y que no he hecho nada... No sé qué quiero hacer con mi futuro, pero no puedo continuar así... La verdad es que me siento un poco deprimida...

DOCTOR Rosaura, ya sabe que en su familia hay historia de depresión y que es importante que usted esté alerta a cualquier síntoma... ¿Por qué no contesta este formulario mientras yo hago una llamada?

ROSAURA Bueno, pero estos formularios están llenos de tonterías... Yo no creo que sirvan para nada... pero usted es el médico... así que lo voy a contestar...

DOCTOR Muchas gracias, Manuela. Ahora mismo te mando a la paciente para que evalúes su estado. Llámame después para charlar sobre esto, por favor. Gracias

DOCTOR Rosaura, he hablado con una psiquiatra estupenda, Manuela del Campo, y ella está disponible para verla en media hora. ¿Por qué no va a su consulta y habla un poco con Manuela? Creo que esa visita puede serle muy útil...

ROSAURA Doctor, no me gustan los psiquiatras, y además me tratan como si fuera tonta... ¿Está lejos ese sitio? No voy a tener tiempo... Con la de cosas que tengo que hacer...

DOCTOR Rosaura, como su médico le ordeno que vaya a ver a la psiquiatra Manuela del Campo ahora mismo. Hágalo por usted misma, por favor. Sólo tiene que ir a una visita, y si piensa que está perdiendo el tiempo, pues buscamos otra alternativa. ¿Qué le parece?

ROSAURA Está bien... pero sólo una visita... Lo llamaré esta tarde para contarle cómo fue todo. Gracias por todo, doctor.

DOCTOR Hasta pronto, Rosaura, y no se olvide, la salud es lo primero.

3 ¿Cómo estás? Ahora, el doctor Pérez quiere hacerte unas preguntas sobre tu forma física y tu salud general. Escucha sus preguntas y responde en el espacio indicado. Después, vuelve a escuchar las preguntas y responde oralmente para practicar tu pronunciación.

1. ¿Tienes muchos hábitos que sean malos para la salud? ¿Cuáles son?

2. En general, ¿tienes problemas para relajarte o eres una persona tranquila?

3. ¿Cuáles crees que son las tres cosas que más estrés te producen?

4. ¿Has tenido alguna enfermedad grave desde que empezaste tus estudios universitarios?

5. ¿Con qué frecuencia visitas la consulta del médico?

6. ¿Recibiste todas las vacunas necesarias cuando eras niño/a?

7. ¿Qué crees que es lo más importante para mantener una buena salud?

8. ¿Te han operado alguna vez de algo?

ESTRUCTURA

5.1 The subjunctive in noun clauses

1 **¡Demasiados enfermos!** Claudia, una estudiante de medicina, está pasando el fin de semana en casa de sus padres. Toda la familia está enferma menos Claudia, por eso ella tiene que ocuparse de sus padres, sus abuelos y sus hermanitos. Escucha las instrucciones que ella le da a cada persona enferma y, después, conecta las instrucciones de la columna B con la persona correspondiente en la columna A.

Papá, no paras de toser... ¿y qué es eso que tienes en la mano? ¿un cigarrillo? Pero bueno, ¿tú crees que fumando de esa manera te vas a poner mejor? Quiero que dejes de fumar inmediatamente, por lo menos hasta que se te pase la tos... Mamá, ya sé que no te gusta tomar medicamentos pero el médico ha dicho que es necesario que tomes aspirinas para los dolores de cabeza, porque si no, te vas a sentir peor... Tómate estas dos aspirinas con agua ahora mismo. ¿Dónde está Carmen? ¿Carmen...? Escúchame con atención, tienes que ponerte este termómetro en la boca y tomarte la temperatura cada dos horas. Si sube, me llamas, por favor. ¡Abuela, ya estás otra vez preparando café! Sabes que es importante que no tomes cafeína porque después no puedes dormir. ¡Ay Dios, qué familia me ha tocado! Jorge, tú ni te muevas de la mesa hasta comerte toda esa sopa caliente, ¿me oyes? Luis, es una lástima que no puedas ir a la fiesta de tu amiguito, pero él entenderá que estás malito, así que métete en la cama ya mismo. Abuelo, ya sé que te estamos volviendo loco entre todos... mira, aquí te voy a anotar el número del médico. Es necesario que llames al médico si te sientes peor, ¿de acuerdo? Aquí tienes mi número del celular también, por si acaso... Bueno, salgo a comprar algo de comida. Espero que estén todos vivos cuando regrese...

2 **Yo te recomiendo...** Imagina que la familia de Claudia es tu familia. Escucha otra vez lo que dice Claudia en la **Actividad 1** y escribe tus propios (own) consejos para tus familiares.

3 **Otros consejos útiles** Estás escuchando un programa de salud. La doctora está dando consejos para mantenerse en forma, pero hay muchos ruidos y tú sólo puedes oír el principio de cada frase. Presta atención a lo que oyes y completa las oraciones lógicamente. Después, escribe la oración completa en el espacio indicado.

1. Para mantenerse en forma, es importante que...
2. Si usted es una persona muy nerviosa, es necesario que...
3. Si trabaja más de cuarenta horas por semana, es aconsejable que...
4. Le recomiendo que duerma...
5. Si usted siente mareos o náuseas por la mañana, es urgente que...
6. Cuando sufra dolores fuertes de cabeza, le propongo que...
7. Si tiene usted exceso de peso, es necesario que...
8. Si su peso es demasiado bajo, es recomendable que...

5.2 The subjunctive in adjective clauses

1 **La mamá de Claudia** La mamá de Claudia quiere cambiar de médico y le deja un mensaje a Marta, su compañera de trabajo, para pedirle que le recomiende uno. Escucha el mensaje y luego complétalo con las partes que faltan.

Hola Marta, no sé si vas a poder ayudarme, o si conoces a alguien que pueda ayudarme, pero quiero cambiar de médico y pensé que quizás tú conocías alguno. Busco un médico que sea especialista en la garganta, y necesito que tenga mucha paciencia. También quiero ir a un consultorio que esté cerca de mi trabajo, pues cerca de casa no hay ningún médico que me guste. Mi suegro me recomendó un médico muy simpático, pero su consultorio está cerrado por las noches, y yo necesito uno que esté abierto hasta las ocho de la noche. ¿Conoces algún medico? Muchas gracias.

2 **¡Necesito ayuda!** Claudia necesita un descanso. Por eso ha publicado un anuncio para encontrar una persona que la ayude a cuidar de su familia. Escucha el anuncio y, después, indica si cada una de estas oraciones es **cierta** o **falsa.**

¡Atención, estudiantes de enfermería y medicina! Buscamos urgentemente una persona que pueda ocuparse de una familia de siete personas. Preferimos a alguien que tenga conocimientos generales de medicina. Queremos contratar a alguien que sea muy paciente y que esté dispuesto a trabajar duro por un buen sueldo. Nos interesa una persona que sepa cocinar comidas sencillas, que conduzca, y que viva en la zona del centro. No queremos contratar a nadie que fume, ni a ninguna persona que beba demasiado o que tenga otras costumbres malas para la salud. Finalmente, nos interesa una persona que busque un puesto de trabajo permanente. Si usted está interesado en este trabajo, por favor llame al 344-2041 para obtener más información sobre el puesto.

3 **¿Y tu familia?** Imagina que necesitas contratar una persona para cuidar a tu familia. ¿Qué cualidades debería tener esa persona? Escucha las preguntas y respóndelas según las preferencias de tu familia. Después, vuelve a escuchar las preguntas y responde oralmente para practicar tu pronunciación.

1. ¿Qué tipo de personalidad quieres que tenga esa persona?
2. ¿Qué edad prefieres que tenga esa persona?
3. ¿Qué clase de trabajo esperas que haga?
4. ¿A qué campo profesional quieres que se dedique?
5. Si contratas un estudiante, ¿en qué año de su estudios prefieres que esté?
6. ¿Estás dispuesto a contratar a alguien que fume?
7. ¿Puede tu familia convivir con una persona que sea muy nerviosa?
8. ¿Necesitas a alguien que se lleve bien con tu familia?

5.3 The subjunctive in adverbial clauses

1 Instrucciones útiles Uno de los profesores de la facultad de medicina está dando una charla para los estudiantes de primer año. Escucha lo que les dice y, después, usa esa información para escribir por lo menos seis sugerencias que el profesor ofrece para que los estudiantes tengan éxito en su carrera.

Ehem, ehem... Permítanme darles la bienvenida a la facultad de medicina. Como estudiantes de primer año es importante que presten atención a algunos de los consejos que voy a darles. Van a tener muchas clases diferentes y muchos proyectos cada semestre. Por eso es importante que no esperen hasta que termine el semestre para empezar sus proyectos, porque después no tendrán tiempo. En cuanto sepan quiénes son sus profesores, visítenlos y preséntense. A los profesores nos gusta conocer bien a nuestros estudiantes. No entren en la oficina de un profesor mientras que el profesor no se lo indique, pero siéntanse con confianza, nosotros estamos aquí para ayudarles a tener éxito en sus estudios académicos. Siempre que puedan, visiten el hospital de la universidad y trabajen como voluntarios, porque siempre hace falta ayuda. Tan pronto como reciban las listas de los libros que necesitan, vayan a la biblioteca y busquen otros libros que puedan servirles en sus proyectos. Si esperan al final del semestre, no quedará nada en la biblioteca. Creo que hay un estudiante en la tercera fila que ya se ha dormido escuchándome...

Bueno, tomemos un descanso... continuaremos con esta charla dentro de 5 minutos.

2 Sigamos Después del descanso, el profesor de la **Actividad 1** vuelve a reunir a los estudiantes de primer año para darles un poco de información adicional. El problema es que ya es tarde, el profesor está cansado... y cada vez que empieza una frase se duerme antes de terminarla. Ayuda al profesor y elige la opción más lógica para terminar cada oración.

Como les iba diciendo... ah, sí, ¿por dónde iba? Les decía que en caso de que necesiten libros que no estén en la biblioteca...

Ah, pero no compren ningún libro sin... Recuerden, con tal de que estén decididos a tener éxito como... Aunque a veces la vida del estudiante de medicina es muy difícil... A pesar de que en ocasiones se van a sentir deprimidos... Y como veo que están aburridísimos de escucharme, les voy a dar un último consejo: nunca se duerman mientras...

3 ¿Medicina? Imagina que eres estudiante de medicina. Usa las pistas *(cues)* que se incluyen para contestar las preguntas que escuches. Después, escucha las preguntas otra vez y contesta oralmente para practicar tu pronunciación.

Modelo   *Tú escuchas:* ¿Vas a pagar tus deudas al terminar los estudios?
              Tú lees: en cuanto
              Tú escribes: Sí, voy a pagar mis deudas en cuanto termine los estudios.

1. ¿Vas a dejarte tus estudios de medicina antes de terminar la carrera?

2. ¿Cuándo vas a buscar tu primer trabajo en un hospital?

3. ¿En qué momento vas a elegir qué especialidad es la mejor para ti?

4. ¿Vas a pedirles ayuda a tus padres para que te paguen los estudios?

5. ¿Vas a dedicar algunos años de tu vida a trabajar como médico voluntario?

6. ¿Cómo te puede gustar estudiar medicina, cuando es tan difícil?

5.4 Commands

1 ¡Qué falta de seriedad! A algunos estudiantes de medicina les gusta bromear con los pacientes del hospital. Escucha a César, un estudiante de nutrición, mientras le dice a una paciente lo que debe y no debe hacer para bajar de peso. Después, elige la opción correcta para cada mandato, según sea **lógico** o **ilógico.**

... Señora Marín, escuche mis consejos con atención.

1. No coma ningún alimento que contenga grasas.

2. Beba mucha cerveza todos los días. Eso la ayudará a sentirse mejor.

3. Haga ejercicio tres veces por semana como mínimo.

4. Tenga cuidado con la sal y con el nivel de colesterol.

5. Pase un mínimo de 6 horas al día mirando la televisión.

6. Reduzca la actividad física todo lo posible.

7. Mantenga una dieta equilibrada comiendo un poco de todo.

8. Tómese estas 30 pastillas de una sola vez y así no le dolerá más el estómago.

9. Venga al hospital si no se siente bien.

10. Ante todo, piense mucho en los kilos que quiere perder, así desaparecerán.

2 El que ríe de último, ríe mejor. Mientras César se divertía con la paciente en la **Actividad 1,** el doctor Arenas, su supervisor, vio lo que estaba pasando. Ahora, el doctor Arenas le está dando órdenes a César, para que aprenda a tratar a los pacientes con más respeto. Escucha los mandatos del doctor Arenas y, después, contesta las preguntas.

César, sígame, por favor.

He escuchado su conversación con la Sra. Marín y he decidido darle nuevas responsabilidades, además de las que ya tiene. Anote estas instrucciones, por favor:

Primero, limpie la sala de cirugía y recoja toda la basura.

Después, vaya al restaurante chino de la esquina y compre comida para todos sus compañeros. Ah, por supuesto, pague usted la comida con su propio dinero...

Cuando regrese del restaurante, prepare los informes semanales para la recepcionista y después, cargue todos estos paquetes en el camión del hospital. Descanse durante dos o tres minutos y suba al primer piso para ayudar a las asistentas a limpiar las ventanas... están un poco sucias porque algunos pacientes vomitaron allí, ¿sabe?... Ah, claro, y cuando termine, preséntese en mi oficina para recoger la lista de tareas para mañana. ¡Diviértase mucho, César!

3 Una última lección César, después de pasarlo tan mal con el doctor Arenas, tiene tanto miedo que ni siquiera quiere pedir ayuda. Escucha la lista de mandatos que César necesita darles a sus ayudantes, y modifica cada orden para que suene un poco más suave.

Modelo   *Tú escuchas:* Pongan las vendas en el armario del segundo piso.

   Tú escribes: Quiero que pongan las vendas en el armario del segundo piso. o

   Necesito que pongan las vendas en el armario del segundo piso.

...A ver, voy a repasar la lista para ver si tengo todo anotado para mis ayudantes...

1. Pongan las aspirinas en el cuarto de la derecha.

2. Tómenle la tensión al paciente cada seis horas.

3. Descansen sólo cuando haya otras personas ocupándose de sus pacientes.

4. Llámenme si alguno de mis pacientes tiene fiebre.

5. No se lastimen al llevar los materiales para el consultorio.

6. Miren la herida de la niña en la habitación 316, está un poco inflamada.

7. No se contagien del resfriado de María.

8. Estén tranquilos ante cualquier problema.

CONTEXTOS

1 Identificación Escucha el siguiente segmento de un programa de noticias. Después, indica las palabras de la lista que se mencionan.

...Y pasamos ahora a las noticias del tiempo. Como ya saben, el huracán Andrea se acerca cada vez más a nuestras costas. Nuestro equipo de meteorólogos nos comunica que mañana, a primera hora de la tarde, el huracán se desplazará hacia nuestra región. Habrá fuertes tormentas, acompañadas de truenos y relámpagos durante la mayor parte de la tarde. Debido a las fuertes lluvias que se esperan con la llegada de este huracán, las autoridades han anunciado que los refugios públicos permanecerán abiertos durante el resto de la semana, por si se producen inundaciones en la ciudad. El nivel del río se vigilará continuamente para prevenir cualquier posible desastre. Dentro de dos horas, el Instituto Nacional de Meteorología anunciará su pronóstico para el trayecto del huracán durante los dos próximos días. Les rogamos permanezcan atentos a esta información.

Muchas gracias. Y ahora, pasamos al mundo de los deportes...

2 El medio ambiente La universidad ha organizado un programa para los estudiantes interesados en conservar y proteger el medio ambiente. Escucha las tres opciones que se ofrecen para participar y, después, indica por lo menos dos datos específicos que escuchaste sobre cada programa.

... ¡Atención! A todos los estudiantes que se preocupan por el medio ambiente: ¿Quieren ayudar a proteger la naturaleza y no saben qué hacer? ¿Les gustaría trabajar por una causa importante pero no tienen dinero para hacer contribuciones? Aquí tengo la respuesta que esperaban. Nuestra universidad ha organizado tres programas para que todos podamos participar protegiendo el medio ambiente y la naturaleza, de acuerdo a nuestras preferencias.

El primer programa se llama *Energía limpia*. Este programa se ocupará de organizar equipos de investigación para buscar alternativas a la energía eléctrica, y para educar al público en general sobre la importancia de usar la energía natural siempre que sea posible. La primera reunión tendrá lugar el 22 de enero a las 5 de la tarde en la cafetería del campus. Por favor, sean puntuales.

El segundo programa es para los amantes del mar. El programa se llama *Mar azul* y estará dedicado a la protección y conservación de las especies marinas, y a vigilar la limpieza de nuestras costas y de nuestras playas. Los voluntarios formarán equipos para patrullar las costas y limpiar todos los desechos que encuentren. También visitarán a los empresarios locales para explicarles los peligros de echar materiales tóxicos en nuestras aguas. La primera reunión de *Mar azul* tendrá lugar en la sala D de la biblioteca, el 2 de febrero a las diez de la mañana. Por favor, lleven consigo su identificación para registrarse.

Finalmente, el programa *No a la crueldad* se concentrará en mejorar las condiciones de vida de los animales en general. Se pedirá el apoyo del gobierno y recaudaciones de fondos para proporcionar mejores condiciones para los animales que son víctimas del consumo humano, como las cabras, los cerdos, los pollos y los conejos. Aunque la participación está abierta a todos los estudiantes, les quiero advertir que este programa está dirigido por vegetarianos y que la mayoría de sus colaboradores están en contra del consumo de carne. Los interesados pueden llamar al 234-1021 para obtener más información sobre las actividades y los requisitos de *No a la crueldad*. ¡Anímense, una o dos horas de su tiempo cada semana pueden ayudar muchísimo a crear un mundo mejor para todos! ¡No lo piensen más! ¡Cuidar la Tierra es el deber de todos!

3 ¿Qué? Vuelve a escuchar la información sobre los programas de voluntariado de la **Actividad 2** y después responde a las preguntas.

ESTRUCTURA

6.1 The future tense

1 Un futuro aterrador Rappel es uno de los futurólogos europeos más famosos. Escucha sus predicciones para el futuro del planeta Tierra y, después, escribe por lo menos dos cosas que Rappel predijo *(foresaw)* para cada uno de los temas.

...Miro el futuro... el futuro de la Tierra, de los bosques, de los océanos, de los seres humanos... y no veo esperanza... Es una visión muy negra, muy oscura... En los próximos cien años, el planeta cambiará muchísimo y lo perderemos por nuestra falta de respeto, por nuestra ignorancia, por no saber cuidar el lugar donde vivimos... Los bosques desaparecerán casi por completo. No tendrán animales, ni árboles verdes, ni flores... Serán como un desierto lleno de madera muerta... No habrá pájaros que pongan su nido allí. Los niños ya no irán a jugar al bosque, ni a los parques, porque no quedará nada más que soledad... y silencio... no se escuchará a ningún animal, no se verá ninguna flor... nada. Los océanos se irán convirtiendo poco a poco en una masa de contaminación... No habrá playas limpias para nadar, ni cruceros para ir de vacaciones, porque el agua estará llena de aceites, basuras, y peces muertos. Sólo sobrevivirán las especies marinas que no conocemos, las que viven al fondo, muy al fondo del mar... Las costas parecerán cementerios llenos de ballenas y delfines muertos... Será una visión muy triste... Los seres humanos destruiremos la naturaleza completamente. Llenaremos el aire de gases tóxicos y no podremos caminar por las calles sin llevar máscaras. Los ciudadanos ya no saldrán a pasear ni viajarán a otros lugares para ir de vacaciones, porque no habrá ningún lugar a dónde ir, todo será desolación, tristeza y muerte...

2 ¿Qué harás? Rappel quiere saber si tú estás dispuesto a colaborar para evitar estas catástrofes de las que te ha hablado. Escucha sus preguntas y contesta en el espacio indicado. Después, vuelve a escuchar las preguntas y responde oralmente para practicar tu pronunciación.

1. ¿Qué harás para proteger la vida salvaje en los bosques de tu estado?
2. ¿Cómo ayudarás a mantener las playas limpias y los océanos llenos de peces?
3. ¿Cuánta importancia le darás al medio ambiente en tu vida? ¿Mucha? ¿Poca?
4. ¿Cómo educarás a tus hijos para que respeten la naturaleza?
5. ¿Qué estarás dispuesto a sacrificar para contribuir a la paz mundial?
6. ¿Cuántos años de tu vida dedicarás a mejorar el planeta para todos?

3 El futuro Ahora, escribe un breve párrafo con tus propias predicciones para tu futuro. ¿Será tan malo y tan negro como el futuro que predijo Rappel? ¿Qué grandes cambios ocurrirán en tu vida?

6.2 The conditional

1 Después de la excursión Susana y sus amigos acaban de regresar de una excursión en la montaña. Escucha mientras Susana te explica qué hizo cada persona, y elige la opción que sea más lógica para justificar esa acción.

Modelo   *Tú escuchas:* Emilio se puso unos guantes.

            Tú lees: Tendría frío.   Tendría calor.

            Tú eliges: Tendría frío.

1. Cuando estábamos subiendo la montaña, Rosa sacó su teléfono.
2. Después, llamó a su madre y conversaron un rato.
3. A las tres de la tarde, Manuel y Pepe prepararon la comida.
4. Como a eso de las seis, Alberto sacó un balón de fútbol.
5. Para las siete y media, mis amigos salieron para ver dónde estaba el río.
6. A las nueve, todos le pedimos a Eduardo que tocara la guitarra.
7. A las diez y media, María sacó su almohada y se acostó.
8. A las once, Patricia puso un disco muy movido de Ricky Martin.

2 De excursión Ahora, imagina que te vas de excursión con tus amigos. ¿Qué haría cada uno de ustedes? Escribe un pequeño párrafo describiendo lo que harían, usando el condicional.

3 Un nuevo candidato para el club Tú quieres participar en el club de excursiones de tu universidad, pero los requisitos para la admisión son bastante duros. Hoy tienes una entrevista con uno de los oficiales, quien quiere saber cómo reaccionarías en distintas situaciones. Escucha sus preguntas y escribe las repuestas en el espacio indicado, según tus preferencias. Después, responde oralmente para practicar tu pronunciación.

Modelo   *Tú escuchas:* Imagina que estás de excursión y ves un oso. ¿Qué harías?

            Tú escribes: Me tiraría al suelo y no haría nada.

Veo aquí que estás interesado en participar en nuestro club... Muy bien, primero tengo que hacerte unas preguntas y después te enseñaré el resto del club y te presentaré al resto de los miembros, ¿de acuerdo? Te voy a presentar una serie de situaciones hipotéticas y quiero que me digas cómo reaccionarías tú en cada situación. Responde rápidamente y sé honesto. ¿Empezamos?

1. Imagina que tienes que dirigir una excursión, pero esa mañana, al despertarte, descubres que tienes una fiebre muy alta. ¿Cómo resolverías la situación?
2. Ahora piensa que estás subiendo una montaña con un grupo de excursionistas. Una persona lleva muchas cosas y dice que no puede continuar. ¿Qué le dirías?

3. Imagina que la madre de un miembro del club llama por teléfono y te dice que está muy preocupada por la seguridad de su hijo. Ella no quiere que él continúe en el club. ¿Qué le dirías a la madre?

4. Ahora piensa que te encuentras en la cumbre de una montaña descansando. Oyes un ruido, te das la vuelta y ves a un pájaro herido. ¿Qué harías?

5. Estás de camino a una montaña y llegas a un río muy profundo, pero no sabes cómo pasarlo porque no hay un puente. ¿Cómo solucionarías el problema?

6. Imagina que tienes un accidente y te rompes varios huesos, pero estás solo en la montaña y no tienes teléfono celular. ¿Qué harías para buscar ayuda?

7. Ahora piensa que la persona que está de excursión contigo se ha comido toda la comida del equipo. Tu equipo está en medio del monte y no tiene nada para comer. ¿Qué harías?

8. Y finalmente, imagina que ya has pasado la prueba y que estás admitido en el club de excursiones. ¿Qué reacción tendrías?

6.3 The past subjunctive

1 Los sueños de un ecoturista Después de pasar un mes en Costa Rica haciendo ecoturismo, Pablo está obsesionado con la protección de la naturaleza. El problema es que le faltan recursos para hacer todas las cosas que desearía hacer. Escucha lo que Pablo dice y elige la opción que te parezca más lógica para completar cada una de sus oraciones.

1. Si tuviera dos millones de dólares...
2. Si pudiera dedicar mi vida a trabajar como voluntario...
3. Si estuviera aún en Costa Rica...
4. Si supiera hablar muchos idiomas...
5. Si no necesitara cuidar de mi familia aquí en los Estados Unidos...
6. Si todos contribuyéramos un poco más a cuidar de la naturaleza...
7. Si el gobierno ofreciera su apoyo...
8. Si dejáramos de destruir los bosques...

2 Un pequeño problema Raúl y Jerry, dos estudiantes de ciencias del mar, fueron los responsables de organizar las actividades del Club de Ciencias para el fin de semana pasado. Raúl tenía que estudiar y Jerry se ofreció de voluntario para ocuparse de todo. El problema es que Jerry no siguió bien las instrucciones de Raúl y hubo algunos problemas. Escucha la conversación y después responde a las preguntas.

RAÚL Jerry, no entiendo por qué aún no ha llegado el camión con las plantas marinas... ¿No te dijeron que venían a las nueve de hoy, sábado?

JERRY Bueno, no exactamente... yo sólo les dije que necesitábamos las plantas, pero no mencioné cuándo.

RAÚL Jerry, ¿no te expliqué que era necesario que pidieras que entregaran las plantas hoy sábado por la mañana? No me digas que te olvidaste de nuestra conversación...

JERRY Raúl, tú me pediste que llamara, pero lo demás... bueno, yo no recuerdo haber hablado contigo sobre el día o la hora...

RAÚL Sólo te pedí que hicieras una cosa y ni siquiera puedes hacerla bien. Ya tenía que haberme acostumbrado a tu falta de responsabilidad.

JERRY Eso no es justo, Raúl. Tú me pediste que estuviera aquí antes de las ocho, y a las siete de la mañana yo ya había llegado. Después me sugeriste que comprara unos cafés y unos dulces para los miembros del club, y también los traje hace una hora...

RAÚL ¡Sí, obviamente comprendiste todo lo que te pedí que hicieras, menos lo más importante!

¿Qué hiciste con las fotocopias que te pedí que prepararas para esta tarde? ¿Están listas o no?

JERRY Raúl, tú no me pediste que preparara ningunas fotocopias... No sé de qué estás hablando... creo que debes calmarte un poco...

RAÚL ¡Pero bueno, hasta aquí podemos llegar! ¡Encima me dices que me calme! ¿Que me calme? Si fueras una persona más competente yo no estaría perdiendo el tiempo aquí esperando unas plantas que no van a llegar hasta el mes que viene...

JERRY Raúl, ¿recuerdas cuando yo te pedí no coquetear con Rosa, porque yo ya había decidido invitarla a salir? Pero tú lo hiciste de todas formas... Y ¿recuerdas cuando te pedí que me prestaras dos dólares para poder ir al cine con el resto del club y tú te negaste a prestármelos?

RAÚL Ya hace mucho tiempo que pasaron todas esas cosas... no entiendo por qué estás hablando de algo que pasó hace años...

JERRY Pues te lo explico. Ahora tú vas a saber cómo se siente una persona cuando su mejor amigo no está cuando se le necesita... Que te diviertas mucho esperando el camión... ¡Chao!

RAÚL ¡Jerry! ¡Jerry! ¡Vamos, hombre, que no es para ponerse así! ¡Jerry!

6.4 Si clauses with simple tenses

1 Haciendo las paces Raúl quiere cambiar su comportamiento hacia el resto de sus amigos. Él está hablando solo, escucha el principio de cada oración y termínala de una forma lógica para ayudarlo a mejorar las relaciones con sus amigos. Después, vuelve a escuchar las oraciones y complétalas oralmente para practicar tu pronunciación.

Bueno, aquí está la lista de las decisiones que he tomado... Las voy a leer a ver cómo suenan...

1. Si no estoy de acuerdo con Jerry sobre algo...
2. Si Jerry necesita mi ayuda con alguna cosa...
3. Si Jerry y yo discutimos por algún problema sin importancia...
4. Si mis amigos me dicen que necesitan mis consejos...

5. Si tenemos problemas en el Club de Ciencias...

6. Si estoy muy nervioso cuando estoy con mis amigos...

7. Si necesito que Jerry me ayude...

8. Si alguno de mis amigos no está cuando lo necesito...

2 Haciendo las paces, segunda parte Ahora, Raúl repite sus oraciones, pero usando el imperfecto del subjuntivo. Escucha lo que él dice y termina cada oración de una forma lógica. Después, vuelve a escuchar las oraciones y complétalas oralmente para practicar tu pronunciación.

1. Si no estuviera de acuerdo con Jerry sobre algo...

2. Si Jerry necesitara mi ayuda con alguna cosa...

3. Si Jerry y yo discutiéramos por algún problema sin importancia...

4. Si mis amigos me dijeran que necesitan mis consejos...

5. Si tuviéramos problemas en el Club de Ciencias...

6. Si estuviera muy nervioso estando con mis amigos...

7. Si necesitara que Jerry me ayudara...

8. Si alguno de mis amigos no estuviera cuando lo necesito...

3 ¿Qué harías tú? Escucha las preguntas del narrador y responde explicando qué harías tú en cada una de las situaciones.

1. Si uno de tus amigos estuviera siempre coqueteando con una persona que te gustaba, ¿qué le dirías?

2. Si tus amigos necesitaran tu ayuda el mismo día que tienes una cita muy importante, ¿qué elegirías?

3. Si uno de tus amigos te pidiera que le mintieras a otro de tus amigos, ¿qué harías?

4. Si sospecharas que uno de tus mejores amigos te está mintiendo continuamente, ¿cómo solucionarías la situación?

5. Si tus amigos te dijeran que ya no eres tan buen amigo como antes y que siempre estás de mal humor, ¿cómo crees que reaccionarías?

6. Si tuvieras algún problema personal y uno de tus amigos le hablara a tu madre sobre ese problema, ¿cómo crees que te sentirías?

7. Si un amigo te pidiera 10 dólares para algo importante y tú sólo tuvieras 10 dólares para ir al cine esa tarde, ¿qué harías?

8. Si todos tus amigos dejaran de hablarte de repente, ¿cómo resolverías la situación?

PRONUNCIACIÓN

The sounds of p, t, and k

As you might recall, no consonant in Spanish is accompanied by the puff of air that the sounds of **p, t,** and **k** make in English when they occur at the beginning of a word. Place your hand directly in front of your lips and say the English words *pit*, *top*, and *car*. You should notice a puff of air that is released along with the initial consonant. This puff of air should never occur in Spanish. Instead, in Spanish these sounds should resemble the **p, t,** and **k** following the initial **s** of English *spit*, *stop*, and *scar*. Notice that no puff of air is released in these cases. Place your hand directly in front of your lips again, and compare the difference: *pit, spit; top, stop; car, scar.*

Listen to the speaker pronounce the following Spanish words and repeat them, focusing on the **p** sound.

papa	pera	polo	persona	práctica
pelar	puro	plática	plomo	perseguir

Now listen to the speaker and repeat, focusing on the **t** sound.

terco	tabaco	trabajo	trovador	turista
tendencia	taladro	tirante	tuba	tolerar

Now listen to the speaker and repeat, focusing on the **k** sound. Remember that in Spanish a **c** before a consonant or the vowels **a, o,** and **u** sounds like **k**.

cosa	casa	cura	kilo	cráter
carga	crear	croqueta	crudo	clase

Trabalenguas

Ahora que ya tienes práctica con la pronunciación básica de estos sonidos, es el momento de practicar con materiales más avanzados, como un trabalenguas. Presta atención a la pronunciación del narrador y repite cada trabalenguas tantas veces como sea necesario, hasta leerlo completo sin detenerte.

1. **Poquito a poquito Paquito empaca poquitas copitas en pocos paquetes.**

2. **Qué colosal col colocó en aquel local el loco aquél.**

3. **Treinta tramos de troncos trozaron tres tristes trozadores de troncos y triplicaron su trabajo.**

CONTEXTOS

1 Identificación Escucha las siguientes definiciones y elige la palabra que corresponde a cada una.

1. Esta palabra se usa para indicar que una persona va a recibir más dinero por hacer el mismo trabajo.

2. Esta palabra se refiere al documento que especifica la relación laboral entre un trabajador y el empleador.

3. Esta palabra se usa para indicar que una persona va a perder su trabajo.

4. Esta palabra es un sinónimo de trabajo.

5. Esta palabra se usa para referirse a cosas relacionadas con el mundo del dinero.

6. Esta palabra se refiere a la cantidad de dinero que se va a dedicar a cierto proyecto.

7. Esta palabra indica que una persona de más de 65 años ya no va a trabajar más pero va a seguir cobrando un sueldo.

8. Esta palabra se refiere a las asociaciones de trabajadores.

9. Esta palabra se usa para hablar del documento que contiene información sobre la experiencia profesional de una persona.

10. Esta palabra es un sinónimo de pedir o requerir.

2 ¿Quién lo dijo? Escucha las oraciones y escribe el número al lado de la persona que crees que ha dicho cada una.

1. *<young male voice>* Necesito encontrar un trabajo lo antes posible, no quiero vivir de mis ahorros.

2. *<young female voice>* Verá… he revisado su empresa tiene demasiados gastos. El gerente debe administrar mejor los recursos o tendrán que despedir a algunos empleados.

3. *<female voice>* Ya lo sé. Las acciones han bajado muchísimo. Pero, de todas formas, le recomiendo que no venda. Precisamente ahora es el mejor momento para comprar.

4. *<male voice>* Es duro ganarse la vida trabajando en un restaurante. Tenemos que trabajar cuando todo el mundo descansa. Tengo que decir, sin embargo, que me encanta mi profesión.

5. *<female voice>* Mi profesión es fascinante, pero también es muy difícil a veces. No es un trabajo seguro, ganamos poco dinero, y siempre estamos bajo presión para terminar los reportajes.

6. *<male>* Trabajar para el gobierno ofrece muy buenos beneficios, sin embargo, con el tiempo mi trabajo se ha convertido en algo monótono.

7. *<female>* Me gusta tener mi propio negocio, porque tengo libertad para hacer lo que quiera.

8. *<male>* Me fascina ir a las excavaciones. Trabajo normalmente en equipo y me gusta. Normalmente tengo que viajar mucho.

3 ¿Cuánto sabes sobre el mundo laboral? ¿Estás preparado/a para entrar a formar parte del mundo laboral? ¿Tienes una idea clara de cuáles son tus objetivos? Escucha las preguntas y respóndelas según tu propia experiencia. Después, lee tus respuestas con atención para determinar si hay algunos puntos que necesitas revisar o si ya estás listo/a para empezar tu vida profesional.

1. ¿Qué tipo de información crees que debes incluir en tu currículum?

2. ¿Qué crees que debes hacer para prepararte para una entrevista profesional de trabajo?

3. ¿Te interesa más un trabajo agradable con un sueldo bajo o un trabajo muy estresante con un sueldo altísimo?

4. Si tú fueras el entrevistador de una compañía, ¿contratarías a alguien como tú? ¿Por qué?

5. Si te preguntaran cuáles son tus puntos más fuertes a nivel profesional, ¿qué contestarías?

6. ¿Preferirías trabajar para una empresa grande o para una compañía pequeña? ¿Por qué?

7. ¿Hay otras cosas que te interesan además del sueldo? ¿Cuáles?

8. ¿Crees que tendrás una sola carrera durante tu vida profesional? ¿Por qué?

ESTRUCTURA

7.1 The neuter article **lo**

1 Antes de la entrevista María tiene que prepararse para su primera entrevista de trabajo y está un poco nerviosa. Por eso, ha ido a visitar a su hermana mayor, Ana, que es una profesional con un cargo muy importante. Escucha los consejos que Ana le da a María y, después, indica si lo que dicen las oraciones es **cierto** o **falso.** Si es falso, escríbelo correctamente en el espacio indicado.

...María, lo que no debes hacer es ponerte nerviosa antes de empezar la entrevista. Recuerda que no se trata de caerle simpática a la persona que te entrevista. Lo que importa es que tu educación sea adecuada y que demuestres que eres una persona inteligente y con ganas de trabajar. Mira, María, lo más difícil de cualquier entrevista es que no sabes qué tipo de persona te va a entrevistar. Por eso resulta muy difícil determinar cómo debes actuar para conseguir el trabajo. Lo que yo te aconsejo es que seas tú misma, que te olvides de tratar de causar una buena impresión y que te concentres en obtener la información que tú necesitas. Debes recordar que lo que resulta más complicado durante una entrevista es determinar si realmente éste es un puesto que te interesa. Recuerda que la entrevista tiene dos objetivos: uno, que la persona que hace la entrevista determine si estás calificada para el puesto y si te vas a adaptar bien a la compañía. Lo que tienes que recordar es el segundo objetivo: tú estás allí para estudiar la situación, aprender un poco más sobre la empresa y sobre el trabajo que podrías hacer allí, y sobre todo, decidir si éste es el tipo de gente con el que te gustaría trabajar todos los días... Si enfocas tu entrevista desde esa perspectiva no te pondrás nerviosa en absoluto, ya lo verás, porque tú estarás centrando tu atención en evaluar a la empresa y a la persona que te entrevista, y por lo tanto, no estarás pensando en si le caes bien o mal a esa persona o en si vas a conseguir el puesto o no... Sigue mis consejos, creo que te van a ayudar.

2 Yo creo que... Ahora piensa en tu propia experiencia de trabajo y escucha las oraciones siguientes. Después, complétalas de forma lógica y creativa para ayudar a María a prepararse para su entrevista.

Modelo   *Tú escuchas:* Lo más divertido...
   Tú escribes: Lo más divertido es decidir qué ropa debes llevar a la entrevista.

1. Lo más importante es...
2. Lo que no debes olvidar es...
3. Lo más difícil de todo es...
4. Lo que necesitas hacer...
5. Lo más sencillo es...
6. Lo bueno de la situación...
7. Lo más peligroso de la situación...
8. Lo que más te recomiendo...
9. Lo mejor es que...
10. Lo peor es que...

7.2 Possessive adjectives and pronouns

1 **¡Somos un gran equipo!** Arturo, un amigo tuyo de la infancia, está a punto de empezar un nuevo trabajo en otra ciudad. Como se acaba de graduar, no puede comprar muchas cosas que necesita. Tu grupo de amigos ha decidido ayudarle prestándole o dándole lo que necesite. Escucha las preguntas de Arturo y después, usa las pistas *(cues)* para responder adecuadamente.

Modelo   *Tú escuchas:* No tengo computadora portátil. ¿Alguien me presta la suya?

Tú lees: Carmen

Tú escribes: Sí, Carmen te va a prestar la suya, no te preocupes.

1. Creo que también voy a necesitar una tarjeta de crédito para instalar el servicio de teléfono. ¿Alguien me puede prestar la suya durante unos días?

2. Me hace falta una corbata roja para el traje azul. ¿Tienen alguna ustedes?

3. Necesito un monitor nuevo para mi computadora. ¿Saben dónde puedo encontrar uno?

4. Mis zapatos negros están muy viejos y no puedo comprar otros. ¿Qué puedo hacer?

5. También me va a hacer falta una calculadora. ¿Me la pueden prestar?

6. Voy a necesitar una pluma para firmar el contrato. ¿Tienen alguna para darme?

7. También, necesito una bicicleta. ¿Dónde la consigo?

8. Me hace falta un diccionario de bolsillo. ¿Me lo pueden prestar?

2 **En el aeropuerto** Mientras espera la salida de su avión en el aeropuerto, Arturo está hablando con otro chico que insiste en que todo lo relacionado con él y con su compañía es lo mejor del mundo. Arturo no está dispuesto a tolerar esa arrogancia. Ayuda a Arturo a poner en su sitio a ese chico, según el modelo.

Modelo   *Tú escuchas:* Mi compañía tiene cuatrocientos empleados en los Estados Unidos.

Tú escribes: Pues la mía tiene diez mil empleados en todo el mundo.

1. Las ganancias de mi compañía han aumentado en un 20% este año.

2. Nuestros productos son prácticos y eficaces.

3. Los gerentes de mi compañía son las personas más inteligentes de la industria.

4. La cafetería de mi empresa sirve una comida riquísima todos los días.

5. Mi trabajo es creativo, apasionante y flexible.

6. Mis compañeros de trabajo son inteligentes y simpáticos.

7. Mi familia está muy orgullosa de mí por tener este cargo.

8. Mis amigos tienen envidia de mí porque mi trabajo es mejor que el de ellos.

7.3 Relative pronouns

1 Un compañero poco eficiente Durante su primer día de trabajo, Arturo descubre que su compañero es poco eficiente y siempre dice todo de una manera muy complicada. Escucha lo que dice el compañero de Arturo y ayuda a Arturo a simplificar las notas de su compañero, eligiendo la opción más lógica en cada caso.

1. Los clientes aprobaron el proyecto. El proyecto tiene un presupuesto altísimo.
2. El representante habló con la recepcionista. El representante es de Cuba.
3. La recepcionista ordenó pizza para la secretaria. La secretaria tenía hambre.
4. La entrevistadora llamó al candidato. El candidato vive en Miami.
5. El empleado envió sus datos personales. Sus datos personales incluían su estado civil.
6. La jefa contrató a un nuevo ayudante. El nuevo ayudante está especializado en economía.

2 Un rato de descanso Durante el descanso laboral, Arturo está sentado en la sala mientras dos compañeras se entretienen describiendo lo que está pasando en la oficina. Escucha las descripciones y después contesta las preguntas.

Empezamos...

1. La persona que está a la izquierda de la puerta es la secretaria del director.
2. El gato gris del que te hablé ayer, está encima de la mesa, justo en el centro.
3. La chica de la que oíste hablar, la que sale con Ricardo, está sentada a la derecha de la mesa.
4. Los representantes de ventas, de los cuales no quiero saber nada nunca más, están de pie a la izquierda del gato gris.
5. El abogado de Marta, el que siempre lleva esa camisa amarilla tan horrible, está hablando con la secretaria del director.
6. La directora de ventas de quien te hablaba ayer, está sentada a la derecha de la mesa.
7. La hija del dueño, la niña esa tan tonta que te dije que me caía mal, está escondida debajo de la mesa.
8. Y para terminar... ese chico moreno que tanto te gusta, el que siempre te mira cuando pasas por el pasillo, está apoyado al otro lado de la puerta, y parece que está solo...

7.4 Transitional expressions

1 Pequeños detalles Manuela es un poco olvidadiza *(forgetful)* y a veces en las reuniones de trabajo, toma notas que no tienen mucho sentido. Escucha mientras Manuela lee las notas que tomó en la reunión de esta mañana, y elige la expresión que te parezca más adecuada para completar cada oración. Después, repite oralmente la oración completa para practicar tu pronunciación.

1. Hay dos opciones posibles: el cliente ofrece mucho más dinero si fabricamos el producto que él quiere <beep> el producto que él quiere nos obligaría a contratar a varios empleados más.
2. La compañía necesita reducir los gastos <beep> van a despedir a algunos empleados.
3. La secretaria de dirección ha recibido un aumento de sueldo <beep> no tiene sentido que digan que no tienen suficiente dinero.
4. Nuestra empresa no pagó los impuestos el año pasado <beep> ahora tiene que contratar a un abogado.
5. Los precios de la competencia han bajado <beep> la crisis económica que ha afectado al país.
6. Nuestros precios no han bajado nada, <beep>, han subido en un cinco por ciento.

2 Tiempos difíciles Imagina que llevas sólo un año trabajando para una empresa multinacional, cuando la economía global empieza a decaer y las empresas de todos los países empiezan a reorganizarse internamente. Vas a escuchar algunas situaciones que tu jefe te podría presentar en esas circunstancias. Escucha atentamente y escribe lo que tú responderías en cada situación presentada.

1. Las cosas no van bien para la empresa. Como tú eres el empleado más reciente, tenemos que despedirte a ti. Debes irte hoy mismo.
2. La compañía no puede pagarte un sueldo tan alto. Sin embargo, queremos que sigas trabajando con nosotros. ¿Qué sugieres que hagamos?
3. Debido a la presión de la competencia, tenemos que reorganizar nuestras prioridades en la compañía. Por esta razón, desde hoy, sólo te pagaremos el 50% del sueldo por trabajar las mismas horas.
4. Como resultado de una mala decisión administrativa, no podemos contratar a más personas para tu departamento. Por consiguiente, vas a tener que ocuparte del trabajo de tus compañeros y del tuyo sin tener ayuda.
5. Dado que has trabajado tan duro todo este año y que te has dedicado tanto a tu trabajo, hemos decidido ofrecerte un cupón gratuito para que comas en McDonald's con tu novia.
6. Las cosas van muy bien y yo te aprecio mucho como empleado. Quiero darte un aumento de sueldo, pero vas a tener que trabajar muchos fines de semana. Necesitas tomar una decisión ahora mismo.

CONTEXTOS

1 Identificación Escucha el siguiente resumen de noticias y después marca las palabras de la lista que se mencionan.

... Y en las noticias de última hora, Ramón Pastor, el senador demócrata que presentó el proyecto de ley contra la discriminación la semana pasada, ha visitado hoy un sindicato en Carolina del Norte donde se ha reunido con el líder sindical Mario Rodríguez. En la reunión se ha hablado de la organización de una campaña para luchar por la igualdad de derechos para todos los trabajadores. Las personas que deseen inscribirse para participar en esta campaña, pueden ponerse en contacto con la oficina del senador Pastor para obtener más información. En sus comentarios a la prensa, el senador dijo que el Congreso no puede rechazar ese proyecto de ley porque es un tema de mucha importancia para todos. También declaró que se siente bastante seguro de que la ley se va a aprobar antes de que termine el año. Y eso es todo por el momento. Más noticias a las cinco de la tarde.

2 La noticia Escucha otra vez la noticia de la **Actividad 1** y contesta las preguntas.

3 Los candidatos Hay dos finalistas para el puesto de presidente estudiantil en tu universidad, Rosa Martínez y Eusebio Roma. Escucha sus presentaciones y después responde a las preguntas.

ROSA MARTÍNEZ Queridos compañeros de estudios:

Me llamo Rosa y estoy aquí para presentarme como candidata al cargo de presidenta estudiantil. ¿Por qué deben votar por mí este martes? Pues por una razón muy sencilla: porque quiero conseguir la igualdad y la tolerancia en todos los aspectos de nuestra educación. Yo creo que la mejor forma de conseguir los objetivos es con el diálogo. No quiero luchar contra el sistema universitario, quiero dialogar con las personas responsables. Ya lo saben, si lo que quieren es tener a una presidenta que sea su embajadora, y que trabaje constantemente por ustedes, no tienen que pensarlo más, voten por mí. ¡No les fallaré!

EUSEBIO ROMA Amigos y compañeros,

Mi discurso va a ser muy corto. Si lo que desean es terminar con la discriminación racial que existe en esta universidad, si están realmente comprometidos a luchar para lograr un cambio radical en la política de esta institución, entonces, sólo tienen que hacer una cosa, votar por mí en las elecciones del martes. Yo estoy comprometido a establecer una colaboración entre el gobierno estudiantil y la administración, que proteja los derechos de todos los estudiantes. No voy a permitir que ningún miembro de la administración nos diga lo que tenemos que hacer. Somos todos adultos y podemos decidir por nosotros mismos. No voy a permitir que nos nieguen la libertad de tomar nuestras propias decisiones, simplemente porque somos jóvenes y no tenemos tanta experiencia como los miembros de la administración. Eso es todo. Si desean que las cosas continúen como hasta ahora, entonces, no tienen que hacer nada, pero si lo que quieren es lograr un cambio radical, Eusebio Roma es el nombre que deben seleccionar en su boleta el martes por la mañana. Muchas gracias por su atención.

ESTRUCTURA

8.1 The passive voice

1 Completar Escucha lo que dice el periodista y completa cada oración con el participio adecuado de la lista. Hay un participio que no es necesario para completar la actividad.

1. El controvertido político Juan Ríos ha sido *<beep>* con aplausos.

2. Recordó a todos que él había sido *<beep>* en las últimas elecciones.

3. Su discurso ha sido *<beep>* con mucha atención por todos los presentes.

4. Los miembros de su partido político fueron *<beep>* por no ayudarle cuando lo necesitaba.

5. Al final de los discursos, las puertas del centro de reuniones fueron *<beep>* a la prensa.

2 La campaña Pilar, una estudiante de cuarto año, está preparando un resumen de las presentaciones políticas que tuvieron lugar en la universidad durante la semana pasada. Escucha a Pilar mientras te lee la lista que ha escrito, y vuelve a escribir cada oración usando la forma pasiva.

Modelo   *Tú escuchas:* Los estudiantes escucharon a los candidatos.

           Tú escribes: Los candidatos fueron escuchados por los estudiantes.

1. Los candidatos presidenciales han pronunciado sus discursos.

2. El presidente de la universidad apoyó la candidatura de Rosa Martínez.

3. Eusebio Roma organizó la protesta contra la discriminación racial.

4. Rosa Martínez preparó los panfletos sobre la tolerancia.

5. Los estudiantes recibieron a los senadores en el aeropuerto.

6. La presidenta de la universidad eligió la fecha para las elecciones.

8.2 Constructions with se

1 Una situación complicada Amelia te va a explicar lo que les pasó a dos amigos suyos mientras estaban en la cola esperando para votar durante las últimas elecciones. Escucha su historia y después determina si lo que dicen las siguientes oraciones es **cierto** o **falso,** según la información que escuches.

Bueno, pues como les estaba diciendo... lo que les pasó a mis amigos fue lo siguiente: Ellos llegaron al centro de votaciones y se pusieron en la cola para votar. Cuando llegó su turno, se les pidió que enseñaran su documentación. Ellos mostraron sus cédulas de identidad, pero el director del centro les dijo que no podían votar porque no se les había inscrito en la lista para ese centro. Cinco minutos más tarde se les informó de que no podían votar porque el número de seguridad social de sus tarjetas era diferente del número que aparecía en la pantalla. En ese momento, se les dañaron las computadoras a los responsables del centro. A partir de ese punto, se prohibió la entrada de toda persona al centro, hasta que el problema estuviera solucionado. El periódico local se enteró de la noticia y atacó duramente a los responsables del centro. Se les criticó por su falta de organización y también su actitud frente a los problemas de los votantes. Para entonces, ya era demasiado tarde para mis amigos y se tuvieron que marchar sin votar. ¡Qué complicadas se han vuelto estas cuestiones de las elecciones!

2 Un poco de imaginación Roberto te va a contar lo que le pasó durante la última protesta política en la que participó. Escucha mientras Roberto empieza cada oración y termínala de una forma apropiada, según el contexto.

1. Lo primero que me pasó al llegar al lugar de la protesta fue que se me...

2. Cuando pude solucionar ese problema, me di cuenta de que a mi novia se le...

3. Yo le dije: Marta, se te...

4. Entonces, a nosotros se nos...

5. Mis amigos iban a venir también pero se les...

6. Cuando por fin comenzó la protesta, a mí se me...

8.3 Past participles as adjectives

1 Mirando a la gente Carlos está aburrido y ha llamado por teléfono a Antonio para contarle cómo son las personas que están en la plaza con él y lo que están haciendo. Escucha las descripciones y elige la opción más adecuada.

Modelo   *Tú escuchas:* Hay una niña pequeña, sentada en un banco, que está llorando.
          Tú lees: a) está enojada   b) está sorprendida
          Tú eliges: a) está enojada

1. A la derecha, hay unos niños mirando un animalito muy extraño que está en el muro. Los niños están todos con la boca abierta.

2. Detrás de nosotros hay una pareja. Se están tapando la cabeza con una chaqueta para que no los filmen las cámaras de televisión.

3. Una de las candidatas está dentro de un auto en la calle de al lado. Creo que está lista para empezar...

4. Hay un chico caminando por la plaza y bostezando continuamente.

5. El organizador está muy contento porque la campaña...

6. Su esposa está mirándolo desde la esquina con una gran sonrisa... Creo que le acaba de mandar un beso desde allí.

2 ¿Qué haces? Cada persona reacciona de una forma diferente ante diversas situaciones. Escucha mientras Adela te cuenta cómo reacciona ella en diferentes momentos y responde indicando cómo reaccionas tú en situaciones similares.

Modelo   *Tú escuchas:* Cuando estoy nerviosa, me tomo un té.
          Tú escribes: Cuando estoy nervioso, hago ejercicios de relajación.

1. Cuando estoy muy enojada, siempre doy un paseo para calmarme. Así se me pasa el enojo enseguida.

2. Cuando estoy deprimida, me gusta llamar a mis amigos para que me ayuden a sentirme mejor.

3. Cuando estoy callada, normalmente significa que estoy muy preocupada.

4. Cuando estoy enamorada, no me puedo concentrar en nada y sólo pienso en esa persona.

5. Y si estoy aburrida, pues busco alguna cosa divertida con la que entretenerme, como por ejemplo, leer mi libro de español.

8.4 Pero, sino, sino que, no sólo... sino, tampoco

1 Tus opiniones políticas Vas a escuchar al narrador empezando una serie de oraciones relacionadas con la política. Después, escribe un final apropiado para cada oración, según tu opinión personal y tus preferencias políticas.

Modelo   *Tú escuchas:* El mayor problema del país no es la política, sino...

    Tú escribes: El mayor problema del país no es la política, sino la economía.

1. Los partidos políticos en los Estados Unidos no representan los intereses de toda la población, sino...

2. El presidente de los Estados Unidos no necesita resolver todos los problemas actuales, pero...

3. Los políticos no sólo deben ser inteligentes, sino que...

4. La economía del país no está muy bien, pero tampoco...

5. Los jueces deberían seguir las leyes, sino...

6. Los ciudadanos no sólo deben opinar, sino que...

CONTEXTOS

1 Identificación Escucha las siguientes definiciones y anota el número de la definición correspondiente junto a la palabra que corresponda.

1. Éstas son las personas que trabajan en frente de la cámara en las películas.

2. Éste es un tipo de publicación que se centra en escándalos y cosas que llaman mucho la atención.

3. Éste es el documento que contiene las frases que debe decir cada actor en una película.

4. Ésta es la palabra que usamos para referirnos a la gente que va a ver una película o a escuchar un concierto.

5. Ésta es la persona que nos da las noticias en la televisión.

6. Éste es un tipo de transmisión que no ha sido grabado antes.

7. Esta palabra se refiere a las letras grandes que encabezan los periódicos y las revistas.

8. Éste es un programa que normalmente trata de noticias, del tiempo y un poco sobre deportes.

9. Éste es un tipo de programa con muchos episodios. Normalmente narra una historia amorosa.

10. Esta palabra es un sinónimo de rumores.

2 Programación televisiva Escucha el siguiente anuncio de una cadena de televisión e indica qué programación televisiva le corresponde a cada uno de los días indicados.

...Y hoy lunes, a las ocho de la tarde, vamos a presentar el episodio final de la serie *Tigres*, que tanto éxito ha alcanzado durante la última temporada. Después de *Tigres*, como siempre, les presentaremos los chismes de sociedad con Luz García. El miércoles será el gran día para los aficionados al deporte. Empezaremos la programación con las crónicas deportivas de Raúl González, seguidas de un reportaje fascinante sobre las vidas de los grandes jugadores del fútbol mundial. El viernes, como ya es habitual, presentaremos un documental sobre cultura popular, seguido de nuestra revista semanal *7 días*. Finalmente, el domingo, vamos a tener el estreno de un gran largometraje que ha tenido muchísimo éxito en Europa y acaba de llegar a nuestro país. Podrán ver la película, titulada *Un día cualquiera*, en español a las 7 de la tarde, y volverá a ser presentada en versión original subtitulada en inglés esa misma noche a las 10 en punto. Y eso es todo por el momento. Estén atentos para conocer las nuevas series que podrán ver en este canal durante el próximo otoño.

ESTRUCTURA

9.1 Infinitives

1 Una decisión muy dura Rosana está tratando de decidir si debe continuar en su papel como actriz secundaria en una telenovela muy famosa o si es mejor trabajar como actriz principal en una obra de teatro de calidad pero con poco público. Escucha sus comentarios y, después, indica si las siguientes afirmaciones son **ciertas** o **falsas.**

¡Ay... tengo que tomar una decisión esta tarde y todavía no sé qué hacer! Además tengo que asistir a la audición esta tarde y necesito ensayar mi parte antes de ir... Creo que debo estudiar la situación antes de elegir una cosa u otra... Al quedarme como actriz secundaria en esta telenovela, sé que voy a seguir teniendo éxito y que no me va a faltar trabajo... pero al rechazar la oportunidad de ser la actriz principal en esta maravillosa obra de teatro, quizás estoy echando a perder la mejor ocasión que voy a tener para conseguir ser famosa a nivel profesional... La verdad es que lo mejor sería poder hacer las dos cosas al mismo tiempo. Así evitaría tener que tomar una decisión sin estar segura... Creo que no dice nada en el contrato sobre lo de trabajar para dos sitios diferentes al mismo tiempo... A ver... Ah, sí, aquí lo dice, no se pueden presentar para trabajar en la obra de teatro aquellos candidatos que estén trabajando al mismo tiempo en otro sitio... ¡Qué lástima! Ésa hubiera sido la solución ideal. Y ya son las cuatro... creo que voy a subirme al autobús y no voy a pensarlo más. Voy a dejar esta decisión para el último minuto y, en ese momento, seguro que veré las cosas más claras... O por lo menos eso espero...

2 Yo creo Vuelve a escuchar los razonamientos de Rosana en la **Actividad 1** y responde a las siguientes preguntas según tu propia opinión.

9.2 Present perfect subjunctive

1 Echando una mano Estás trabajando como ayudante para una publicación sensacionalista. A ti no te gusta el trabajo, pero necesitas el dinero. El problema es que tu jefe no deja de inventar historias que tú sabes que no son verdad. Escucha cada titular que menciona tu jefe, y dile lo que piensas en tus propias palabras.

Modelo   *Tú escuchas:* Jon Bon Jovi se ha divorciado después de 10 años de matrimonio.
         Tú escribes: Dudo mucho que Jon Bon Jovi se haya divorciado. o
         Me extraña que Jon Bon Jovi se haya divorciado.

1. Acabo de enterarme de que Madonna ha decidido dejar de ser famosa.
2. ¡No te lo vas a creer, pero he visto a Barbara Walters besando a Matt Damon!
3. ¡Acabo de descubrir que Jennifer López quiere ser presidenta de los EE.UU.!
4. Increíble pero cierto, muchachos, acabo de saber que el presidente se ha reunido con Elvis.
5. Ya sé que van a pensar que estoy loco, pero créanme cuando les digo que me he encontrado con Steven Spielberg en la esquina. ¡Está trabajando como mesero en Starbucks!
6. Éste es el mejor titular del siglo. ¡Por fin se descubrió el fraude! Michael Jordan no es un ser humano. ¡¡Es un robot!!

2 ¡Qué nervios! Imagina que eres el ayudante *(assistant)* de un actor que está nervioso en su primer día de trabajo. Escucha lo que dice el actor e intenta tranquilizarlo. Sigue el modelo.

Modelo   *Tú escuchas:* ¡Qué nervios! Creo que se me ha olvidado el guión.
         Tú escribes: No creo que se te haya olvidado el guión.

1. Pienso que soy muy mayor para el papel.
2. Creo que el público se ha olvidado de mí.
3. Estoy seguro de que los críticos se han olvidado de mí.
4. Es verdad que he hecho muy malas películas.
5. Creo que el director no me ha invitado a su fiesta.
6. Creo que a los espectadores no les ha gustado mi última película.

3 Y tú, ¿qué piensas? Hay personas que son totalmente escépticas y nunca se creen nada de lo que escuchan. También hay personas que son tan ingenuas que piensan que todo lo que ven en la tele o escuchan en la radio es verdad. ¿A qué categoría perteneces tú? Escucha las preguntas y escribe tus respuestas según tu propia opinión. Después, responde oralmente para practicar tu pronunciación.

1. ¿Te molesta que otros se hayan enterado de algo relacionado contigo antes que tú?
2. ¿Te sorprende que haya tanta gente que esté interesada en la vida privada de los demás? ¿Por qué?
3. ¿Crees que los periodistas tienen derecho a publicar cosas sobre otras personas aunque no se haya probado que son ciertas?
4. ¿Te preocupas mucho por lo que hayan dicho tus amigos enfrente de otras personas cuando tú no estabas presente?
5. ¿Piensas que la calidad de los medios de comunicación ha mejorado con los años?

9.3 Prepositions I

1 Los planes de la actriz En su primer trabajo como reportero, Alejandro está siguiendo los pasos de Victoria Abril, una famosa actriz española. Escucha su informe sobre Victoria y, después, selecciona la opción más lógica para completar cada una de las oraciones a continuación.

Victoria Abril, la famosa actriz española, estrella de tantas y tantas películas, ha decidido tomarse un descanso durante el próximo mes. Hacia las tres de la tarde de ayer, Victoria habló con los periodistas en una rueda de prensa y comentó sus planes para este año. Con su sonrisa y belleza habituales, la actriz respondió pacientemente a todas las preguntas de los reporteros. Entre sus planes vacacionales se incluye una visita al Caribe, para pasar unos días junto a su hermana, y una excursión de dos semanas a la Patagonia. Como ya sabemos, esta bella actriz española visita Latinoamérica siempre que tiene unos días de vacaciones. Al terminar la rueda de prensa, Victoria salió a cenar con un caballero desconocido vestido con abrigo negro y sombrero, cuya identidad no hemos podido conocer hasta el momento.

2 ¿Y tus planes? Escucha las preguntas sobre tus planes para las vacaciones y contesta cada pregunta con tantos detalles como puedas. Después, responde oralmente para practicar tu pronunciación.

1. ¿Qué vas a hacer con tu tiempo libre durante las vacaciones de invierno?
2. ¿Crees que es posible que te encuentres a algún personaje famoso durante las vacaciones?
3. ¿A quién te gustaría ver en una playa en el Caribe? ¿Por qué?
4. ¿Te llevarías a alguien contigo a ese lugar? ¿A quién?
5. Si fueras una persona famosa intentando pasar unas vacaciones a solas, ¿cómo crees que resolverías el problema de los reporteros al planear tus vacaciones?

9.4 Expressing choice and negation

1 ¿Te sientes muy negativo? Todos tenemos días en los que todo nos parece mal. Imagínate que estás teniendo uno de esos días, y responde a las preguntas del narrador de forma apropiada.

Modelo   *Tú escuchas:* ¿Quieres comer papas o pollo?
              Tú escribes: No quiero ni papas ni pollo.

1. ¿Prefieres hacer tu tarea antes o después de mirar tu programa favorito en la televisión?
2. ¿Qué tema te interesa más, la vida personal de los famosos o la vida personal de los políticos?
3. ¿Quieres trabajar como ayudante en el programa de Ozzy Osbourne o prefieres trabajar como ayudante en el programa de Jerry Springer?
4. ¿Qué te parece más divertido, estudiar para un examen final o trabajar muchas horas al día por poco dinero?
5. ¿Prefieres tener diez días de vacaciones al año, o cinco días de vacaciones y cinco días de ausencia por enfermedad?

PRONUNCIACIÓN

The sounds of **b, d,** and **g**

In Spanish, the sounds of **b, d,** and **g,** when they occur between two vowels, are quite different from their English counterparts. In this case, they do *not* sound like the **b, d, g** in English *sober, ending,* and *eager.*

Instead, they are produced in the mouth similarly to **f** in *before,* **v** in *oven,* **s** in *boss,* **z** in *razor,* **th** in *think,* **th** in *either,* **sh** in *shoe,* or **s** in *pleasure.* If you pronounce these words aloud in English, paying attention to the sounds represented by the letters in bold, you will find that it is possible to prolong those sounds for as long as you can continue to breathe out. However, if you try to prolong the **b, d, g** in *sober, ending,* and *eager,* you will find that the sounds are stopped abruptly in the mouth until released when your breath is finally forced out. This is *not* the case in Spanish, where **b, d, g** can be prolonged. You will have the opportunity to practice these sounds below.

Furthermore, in Spanish written **b** and **v** are pronounced identically regardless of their position in the word. The **v** sound of English *favor, velvet,* and *victory* does not occur in Spanish.

Practice with Spanish **b/v** between vowels

Listen to the speaker and repeat each word, trying to mimic the pronunciation as closely as you can.

abajo	abanico	hebilla	favor	sabor
robar	saber	Cuba	Sevilla	haber

Practice with **d** between vowels

Listen to the speaker and repeat each word, trying to mimic the pronunciation as closely as you can.

cazado	manada	pelado	sentada	poder
adosado	hedonista	hada	gladiador	cada

Practice with **g** between vowels

Now, listen as the speaker pronounces the sound of **g** followed by **a, o,** or **u** and the sound of **gu** followed by **e** or **i.**

llaga	haga	hago	ruego	seguimiento
sigue	aguijón	hoguera	aguja	llego

The sounds of **b, d, g** in other positions

What happens when Spanish **b, d, g** occur in other positions in the word? In that case, their pronunciation matches that of their English counterparts. (Remember that **b** and **v** are pronounced identically.) For instance, at the beginning of a sentence or after **n** or **m:**

Listen to the speaker and repeat each word, trying to mimic the pronunciation as closely as you can.

¡Buenos días!	**ambas**
Ven conmigo.	**envuelto**
Dime.	**endurecer**
Gustavo vino ayer.	**engordar**

Further practice

Now that you have had the chance to focus on your pronunciation, listen as the speaker says the following sentence and repeat.

¿Cuánta madera roería un roedor si los roedores royeran madera?

CONTEXTOS

1 Identificación Escucha las afirmaciones del narrador para determinar si cada una de ellas es **cierta** o **falsa,** según las ilustraciones.

1. A Paulino le gusta escribir poesía en su computadora.
2. A Graciela le molesta pintar cuando está con gente.
3. Graciela pinta usando pinturas al óleo.
4. Paulino nunca corrige lo que escribe.
5. El estudio en el que trabajan ellos es muy grande.

2 Crítica Escucha la siguiente crítica literaria transmitida en un programa de radio y después contesta las preguntas.

...Como les comentábamos hace unos minutos, la última novela de Carlos García, el conocido y prolífico escritor latinoamericano, llega hoy a las principales librerías de nuestra ciudad. En esta novela, titulada *Una noche fría y oscura*, el escritor se sirve de un narrador que nos cuenta la historia en primera persona. Se piensa que esta novela tendrá tanto éxito, que la casa editorial de García ya está negociando la preparación de un guión con un estudio cinematográfico, para llevar esta obra a la gran pantalla. Con su estilo claro y directo, Carlos García demuestra una vez más su gran talento en esta historia que narra la vida de un individuo perdido en el día a día de su vida, un individuo con el que todos tenemos algo en común. A pesar de que algunos consideran que el estilo directo de García puede resultar de mal gusto, ésta es una novela que tiene que ser leída, no sólo una, sino dos o tres veces... Continuamos ahora con la lista de los libros mejor vendidos...

1. ¿Cuál es el título de la novela?
2. ¿Creen que tendrá éxito?
3. ¿Qué quiere hacer el estudio cinematográfico?
4. ¿Cómo es el estilo del escritor?
5. ¿Qué historia narra la novela?
6. ¿Qué opinión tiene la locutora de la novela?

3 El arte y la literatura ¿Sabes mucho sobre arte? ¿Y sobre literatura? Para medir tus conocimientos, escucha las preguntas del narrador y, después, elige la respuesta que te parezca más lógica y apropiada para cada pregunta.

1. Cuando un artista pinta un cuadro usando naturaleza muerta como fondo, ¿qué significa esto?
2. ¿Para qué usan normalmente los escritores las notas a pie de página?
3. Cuando hablamos de un autor o un artista contemporáneos, nos referimos a alguien que...
4. ¿Cuál es la descripción más básica de un autorretrato?
5. ¿Qué actividades se llevan a cabo normalmente en una subasta de arte?

ESTRUCTURA

10.1 The future perfect and the conditional perfect

1 La galería de arte Manuela es la directora de una galería de arte. Armando, su ayudante, está explicándole los planes que ha preparado después de reunirse con los próximos tres artistas que exhibirán sus obras en la galería. Escucha las notas de Armando y, después, completa las siguientes oraciones, según la información que escuches.

Mira Manuela, te voy a comentar los resultados de mi reunión de hoy, 6 de septiembre, con los tres artistas. Para el martes ya te las habré enviado por correo electrónico. Ramón, el pintor surrealista, habrá terminado los dos últimos cuadros para el mes de octubre, así que todo estará listo para su exposición en noviembre. Lucía, la escultora, habrá completado su última escultura antes de la Navidad. Creo que habrá que esperar hasta diciembre para ver si realmente ha completado la escultura para entonces, pero bueno, no creo que haya problemas con eso. Finalmente, Emilio, el pintor de retratos, piensa que habrá resuelto sus problemas personales para enero o febrero. Y para entonces ya habrá preparado los retratos para la exposición de primavera. Yo creo que esto no es problema para nosotros, porque en esa exposición habrá también obras de varios artistas contemporáneos, así que si Emilio no está listo para presentar su trabajo, nosotros ya habremos conseguido otras obras para incluir en la exposición. En fin, aquí te dejo las notas para que las revises. Avísame si necesitas que te clarifique algo.

2 Cancelada La exposición que organizaba Manuela en la **Actividad 1** se canceló. Escucha sus planes otra vez y vuelve a escribir las oraciones reemplazando el futuro perfecto por el condicional perfecto. Sigue el modelo.

Modelo   *Tú escuchas*: Para el martes, ya te las habré enviado por correo electrónico.

Tú escribes: Para el martes, ya te las habría enviado por correo electrónico.

Mira Manuela, te voy a comentar los resultados de mi reunión de hoy, 6 de septiembre, con los tres artistas. Para el martes ya te las habré enviado por correo electrónico. Ramón, el pintor surrealista, habrá terminado los dos últimos cuadros para el mes de octubre, así que todo estará listo para su exposición en noviembre. Lucía, la escultora, habrá completado su última escultura antes de la Navidad. Creo que habrá que esperar hasta diciembre para ver si realmente ha completado la escultura para entonces, pero bueno, no creo que haya problemas con eso. Finalmente, Emilio, el pintor de retratos, piensa que habrá resuelto sus problemas personales para enero o febrero. Y para entonces ya habrá preparado los retratos para la exposición de primavera. Yo creo que esto no es problema para nosotros, porque en esa exposición habrá también obras de varios artistas contemporáneos, así que si Emilio no está listo para presentar su trabajo, nosotros ya habremos conseguido otras obras para incluir en la exposición. En fin, aquí te dejo las notas para que las revises. Avísame si necesitas que te clarifique algo.

3 Ponte en su lugar. Gabriel, un escritor y pintor inexperto, te va a explicar lo que hizo en varias situaciones profesionales en las que se encontró durante el último año. Escucha lo que hizo Gabriel y, después, indica qué habrías hecho tú, de estar en el lugar de Gabriel.

Modelo   *Tú escuchas*: Me prometieron exhibir mis cuadros en una galería de arte y después de preparar las obras, la directora me dijo que había cambiado de opinión. Yo acepté su decisión y no dije nada.

Tú escribes: Yo habría exigido dinero por mi trabajo.

1. En febrero, envié un manuscrito a una casa editorial y no me contestaron. Después, vi mi historia publicada en una revista, pero no le dije nada a nadie sobre esto.

2. Durante la primavera, preparé unos cuentos para niños para una revista. Ellos dijeron que me pagarían 1000 dólares por cuento, pero después, me dijeron que no les gustaban mis historias y que sólo me pagarían 100 dólares en total. Yo me deprimí mucho.

3. Un amigo mío es cantante y me pidió que escribiera una canción para él. Yo lo hice y la canción alcanzó el número uno, pero mi amigo no quiso reconocer mis derechos. Finalmente, yo decidí no hablar más con él.

4. Después de trabajar durante dos años en una novela, una mañana, estando en casa, abrí la ventana y el viento se llevó mi manuscrito volando por las calles. Yo tuve que volver a escribir toda la historia otra vez.

5. Mi vecina quería que pintara un cuadro de su cara. Yo lo pinté y se lo regalé. Ayer me llegó una carta notificándome de que mi vecina me ha demandado por pintar su cara sin su permiso. Yo fui a hablar con ella pero ella se negó a recibirme.

6. El mes pasado le regalé uno de mis cuadros a un amigo para su cumpleaños. Ayer supe que mi amigo vendió el cuadro por varios miles de dólares el mismo día de su cumpleaños. Yo he decidido no regalarle más cuadros nunca más.

10.2 The past perfect subjunctive

1 Quejas y más quejas ¿Recuerdas a Armando, el ayudante de la galería de arte? Después de la última exposición Armando anotó todos los comentarios negativos de los artistas e invitados para comentárselos a la directora al día siguiente. Escucha las notas de Armando y después escríbelas de forma apropiada para pasárselas a la directora.

Modelo   *Tú escuchas*: A Ramón no le gusta que haya asistido tanta gente a la exposición.

Tú escribes: A Ramón no le gustó que hubiera asistido tanta gente a la exposición.

1. A Emilio le molesta que haya habido tantos problemas con las bebidas.

2. A los señores Ramírez no les parece bien que se haya dedicado tanto espacio a las esculturas.

3. A la recepcionista le molesta que no hayamos contratado a otro ayudante.

4. Los artistas tienen miedo de que sus obras no se hayan asegurado contra posibles robos.

5. Al representante del servicio de comida no le gusta que hayan llegado tantos invitados antes de la hora prevista.

6. A mí no me gusta que haya venido tanta gente con ganas de quejarse por todo.

7. El caricaturista piensa que es una lástima que no se haya aprovechado mejor el espacio en la galería.

8. La modelo tiene miedo de que los invitados hayan sacado fotos suyas sin su permiso.

2 ¿Algo que objetar? Piensa en la última vez que asististe a una exposición. Basándote en esa experiencia, escucha las frases que dice el narrador y complétalas de forma apropiada.

Modelo   *Tú escuchas*: Cuando llegué allí, me molestó que no...

Tú escribes: Cuando llegué allí, me molestó que no hubiera nada de comer. o

Cuando llegué allí, me molestó que no hubiera llegado nadie.

1. Lo que más me gustó de esa exposición fue que...

2. Lo que más me irritó ese día fue que...

3. Me sorprendió mucho que en la exposición...

4. Me alegró bastante saber que en esa misma galería...

5. Lo que menos me gustó de esa galería fue que...

6. Yo habría incluido más artistas si yo...

10.3 **Si** clauses with compound tenses

1 **Excusas** Manuela, la jefa de Armando, no sabe aceptar las críticas. Por eso, cada vez que un artista o un invitado se queja de algo, ella le echa la culpa a las circunstancias, en vez de asumir responsabilidad por lo que pasó. Escucha lo que dice y termina cada una de sus oraciones con la respuesta más lógica, basándote en lo que sabes sobre Manuela.

1. Si la recepcionista me hubiera dicho que necesitaba ayuda...

2. Si los invitados no hubieran olvidado responder a las invitaciones...

3. Si la modelo se hubiera vestido de una forma más discreta...

4. Si las esculturas no hubieran sido tan grandes...

5. Si los artistas no hubieran estado tan ocupados antes de la exposición...

6. Si yo hubiera tenido más tiempo para prepararlo todo...

2 **Tus excusas** Imagina que no te gusta el arte y que tienes que inventarte excusas cuando te invitan. Escucha las afirmaciones y después termina las oraciones de forma lógica. Sigue el modelo. Después, lee las oraciones completas para practicar tu pronunciación.

Modelo   *Tú escuchas:* No me gustan los museos.
Tú lees: Si mis padres me hubieran invitado a un museo,
Tú escribes: yo les habría dicho que no tenía tiempo libre.

1. No tengo tiempo para leer.

2. No me interesa el teatro.

3. No quiero escuchar música clásica.

4. No deseo que me hagan un retrato.

5. Me aburren las subastas.

3 **¿Qué habrías hecho tú?** Escucha las preguntas del narrador y responde escribiendo qué habrías hecho tú en cada situación. Después, escucha las preguntas otra vez y responde oralmente para practicar tu pronunciación.

1. Imagina que un día hubieras estado dibujando a alguien, sentado en un café, y que la persona a la que estabas dibujando te hubiera ofrecido 1 millón de dólares por tu dibujo. ¿Qué habrías hecho?

2. Si fueras un pintor y antes de exponer tus cuadros hubieras averiguado que otro artista iba a copiarlos y a venderlos en el mercado negro, ¿qué habrías hecho?

3. Si hubieras donado tus obras de arte a una sociedad caritativa y te enteraras de que el director de la sociedad se había llevado tus obras a su casa, ¿cómo habrías reaccionado?

4. Si hubieras tenido la oportunidad de dedicar tu vida a crear algo artístico, ¿qué habrías elegido como profesión?

5. Si pudieras escribir un guión para una película de Spielberg, ¿qué tipo de guión escribirías?

6. Si pudieras elegir qué talentos artísticos tendrías antes de nacer, ¿cuáles habrías elegido?

10. 4 How to say *to become*

1 Consejos de una experta La hija de un famoso pintor está dando una charla en una academia de arte, para motivar a los nuevos estudiantes. Escucha este segmento de su presentación y, después, selecciona la mejor respuesta para cada una de las oraciones a continuación, según la información que escuches.

Antes de entrar en detalles, quiero aclararles una cosa muy importante. Para llegar a ser un buen artista, lo importante no son los recursos ni el dinero, sino la voluntad de triunfar. Para convertirse en artistas profesionales, ustedes van a necesitar algo que sólo pueden encontrar dentro de sí mismos. Van a necesitar pasión, pasión por su arte, pasión por la vida en general y pasión para transmitir su visión al resto del mundo. El camino que han de recorrer puede hacerse difícil e incluso, a veces, puede convertirse en algo tan duro que es posible que piensen en abandonar su carrera y dedicarse a otras cosas en vez de al arte. Mi consejo es que, cuando las cosas se vuelvan demasiado difíciles, lo dejen todo a un lado hasta que se sientan motivados otra vez. El arte no puede forzarse, debe nacer dentro de ustedes, como irán aprendiendo a lo largo de sus carreras. Después, cuando hayan llegado a ser ese artista con el que tanto soñaban de niños, se darán cuenta de que su éxito no se debe al reconocimiento público, sino a su empeño y a su dedicación interior. Vamos a tomar un pequeño descanso ahora. Volvamos a reunirnos en diez minutos, por favor.

2 Yo te aconsejo Imagina que uno de tus amigos quiere convertirse en alguien famoso, pero no sabe cómo lograrlo. Escucha el principio de estas oraciones y complétalas con tus propias ideas para ofrecerle algunos consejos a tu amigo. Sigue el modelo.

Modelo   *Tú escuchas:* Para llegar a ser famoso,…
            Tú escribes: Para llegar a ser famoso, tienes que ir a muchas fiestas.

1. Para convertirte en alguien famoso,…
2. Para hacerte artista,…
3. Cuando llegues a ser…
4. Si en algún momento te vuelves…
5. Y si nunca llegas a hacerte…

CONTEXTOS

1 Identificación Escucha las siguientes definiciones y escribe el número de cada una junto a la palabra correspondiente.

1. Es un satélite de la Tierra. Nos referimos a ella de esta manera cuando está grande y redonda como un queso.
2. Es algo que sirve para luchar en las guerras y para matar.
3. Puede ser un líquido, como la gasolina, que hace que un motor funcione.
4. Esto es lo que nos permite proteger un invento o una idea.
5. Este verbo se refiere a copiar a un ser vivo de forma exacta.
6. Esta palabra define un objeto que nos ayuda a hacer algo, como un martillo o un telescopio.
7. Este verbo es un sinónimo del verbo producir.
8. Esta palabra implica que algo nuevo ha sido encontrado.
9. Este verbo indica el periodo de duración de un objeto o de un alimento.
10. Vemos muchas por las noches.

2 ¿Para bien o para mal? Algunos adelantos científicos son muy positivos, pero otros causan problemas que pueden resultar destructivos para la Humanidad. Escucha las siguientes oraciones, determina si se refieren a un descubrimiento o invento positivo o negativo, y escribe el nombre del invento o descubrimiento en la columna apropiada.

Modelo   *Tú escuchas:* Se ha descubierto una cura para el cáncer.
Tú escribes: Cura para el cáncer en la columna de Positivo

1. Se ha descubierto una nueva bomba que permitirá destruir un país en sólo unos minutos.
2. Se ha inventado un nuevo sistema para poder elegir el sexo y el color de ojos de los hijos.
3. Se ha descubierto un gen que puede eliminar todos los efectos de la vejez en sólo tres horas.
4. Se ha descubierto una vacuna contra la depresión. Las personas vacunadas no pueden sentir tristeza nunca más después de vacunarse.
5. Se ha inventado una nueva tecnología que permite entender exactamente lo que piensan los animales.
6. Se ha descubierto una nueva fórmula que permitirá que los seres humanos tengamos el mismo aspecto físico desde el nacimiento hasta la muerte.

3 Pues... Escucha con atención las preguntas y después contéstalas según tu opinión.

1. ¿Piensas que es ético usar animales en investigaciones científicas?
2. ¿Crees que existen los extraterrestres? ¿Por qué?
3. ¿Crees que en el futuro podremos viajar a través del tiempo?
4. ¿Qué prefieres: usar el teléfono convencional o el teléfono celular? ¿Por qué?
5. ¿Crees que es una buena idea organizar viajes turísticos a la Luna?
6. ¿Te interesa la computación? ¿Por qué?

ESTRUCTURA

11.1 Diminutives and augmentatives

1 Cuestión de gustos Marta y Carlos están en un laboratorio de genética humana esperando el momento de su cita para determinar qué tipo de bebé les gustaría tener. Escucha su conversación y después determina si cada una de las siguientes oraciones es **cierta** o **falsa**, según lo que escuches.

MARTA Carlos, creo que ya he tomado una decisión, quiero que nos preparen una princesita.

CARLOS Bueno, Marta, no te precipites. Primero tenemos que saber si tenemos todos los genes necesarios para producir este bebé.

MARTA No, hombre, ¿no escuchaste lo que dijo el asesor genético? Lo único que necesitamos es decidir cómo queremos que sea nuestro bebé. Hasta podemos decidir qué vocecita va a tener... ¡Estoy tan ilusionada!

CARLOS Sí, yo también, pero imagina que algo sale mal y nos sale un bebé con unas manitas diminutas y una narizota enorme...

MARTA No seas ridículo, Carlos, eso no va a ocurrir. Ayer vi las fotos del último bebé que prepararon en este laboratorio y era un niño precioso. Tenía los ojitos azules y una boquita pequeñita. Hasta nació ya con todos los dientecitos perfectos.

CARLOS ¿Nació con dientes? Pues menos mal que no mordió a la madre antes de salir...

MARTA ¿Cómo iba a morder a la madre, tontito? ¿No recuerdas que los bebés se preparan en uno de esos tubitos de plástico que hay ahí?

CARLOS Marta, cada vez que pienso en estas cosas me pongo más nervioso... ¿y si se les olvida algo? ¿Y si le ponen algo defectuoso y después se le rompe?

MARTA Carlos, no voy a escuchar más tus tonterías. Ya no estamos en el siglo XX, y ya no ocurren ese tipo de errores...

CARLOS Bueno, bueno... creo que voy a dedicarme a pensar en otras cosas hasta que sea nuestro turno...

2 Te toca a ti. Imagina que tienes que elegir las características de tu futuro bebé. El problema es que tu pareja quiere todo lo contrario para el bebé. Escucha lo que dice tu pareja y escribe lo opuesto.

Modelo   *Tú escuchas:* El bebé debe tener unas manitas muy pequeñas.

   Tú escribes: Pues yo quiero que el bebé tenga unas manitas enormes.

1. Yo quiero que el bebé sea muy chiquito cuando nazca.
2. Prefiero que el bebé tenga unos pies pequeñísimos.
3. Es importante que el bebé no sea bajito.
4. Prefiero que tenga una cabecita de tamaño mediano.
5. Es importante que tenga una naricita chata y bonita.

11.2 Pedir/preguntar and conocer/saber

1 **¿Estás al día?** ¿Sabes cuáles han sido los últimos adelantos científicos y tecnológicos? ¿Estás informado sobre estos temas? Escucha las preguntas y responde según la información que tengas. Si no estás seguro, puedes inventarte la respuesta.

1. ¿Sabes qué debes hacer para no causar más problemas en la capa de ozono?
2. ¿Conoces a alguien que haya participado en alguna misión espacial?
3. ¿Sabes cuánto dinero costaría clonar a un ser humano?
4. ¿Conoces los peligros que tiene el vivir cerca de una central nuclear?
5. ¿Conoces algún ingeniero aeronáutico?

11.3 Prepositions II: de, desde, en

1 **¡Qué falta de atención!** Jaime, un estudiante de ingeniería genética, está intentando contarle a un amigo lo que sucedió durante su primer día de clases. El problema es que Jaime se distrae muy fácilmente y nunca termina de decir las oraciones que empieza. Escucha lo que dice y termínalas de forma lógica.

1. Mira, cuando llegué a la clase, me encontré con María en...
2. Fuimos a la cafetería y allí vi a Julio desde...
3. Todos decidimos reunirnos para comer, en casa de...
4. El caso es que yo no pude ir y decidí llamar a Julio desde...
5. Después, esa misma tarde, mientras yo estaba en...
6. Desde allí, decidimos ir a casa de Rosa en...

2 En la oficina del doctor Montalvo Escucha la conversación entre el doctor Montalvo, un químico que enseña en la universidad, y uno de sus alumnos de primer año. Después, determina qué opción es la más adecuada para completar cada una de estas oraciones.

PROFESOR Roberto, ¿lleva usted esperando aquí mucho tiempo?

ROBERTO No, doctor Montalvo. Sólo he estado esperándolo desde las diez, apenas cinco minutos.

PROFESOR Bueno, me alegro de saberlo. Sabía que tenía cita con usted en mi oficina pero he estado ocupándome de otros problemas en la oficina del decano... ¿En qué puedo ayudarle?

ROBERTO Bueno, doctor Montalvo, yo quería preguntarle algo desde que comencé el semestre, y hasta ahora no he tenido la ocasión... Verá, yo no estoy seguro de que este campo de la ciencia sea el más adecuado para mí.

PROFESOR ¿Desde cuándo lleva pensando esto, Roberto?

ROBERTO Pues desde que empecé a aprender más sobre el tema... Cuanto más estudio, menos me gusta este tipo de profesión. Yo creo que de todas las clases que tengo este semestre, las de ciencias son las que menos me gustan.

PROFESOR Bueno, aunque cambie de carrera, de todos modos va a tener que tomar algunas clases de ciencias... ¿Por qué no espera a que termine el semestre? De una forma u otra necesita estos créditos y así tendrá más tiempo para tomar una decisión sin precipitarse.

ROBERTO Pues la verdad es que tiene razón, necesito tomar dos o tres clases de ciencias, de una manera o de otra... Creo que voy a hacer lo que usted sugiere y decidir cuando termine el semestre.

PROFESOR Muy bien Roberto. De cualquier forma, si quiere hablar más sobre el tema, yo siempre estoy en mi oficina a estas horas y ya sabe que en cualquier momento podemos continuar esta conversación.

ROBERTO Lo sé, doctor Montalvo. Le agradezco mucho su ayuda.

3 De, desde, en Escucha las preguntas con atención y después contéstalas con oraciones completas, según tu opinión.

1. ¿Tienes ganas de estar de vuelta de las vacaciones?
2. ¿Te tomas tus estudios universitarios en serio?
3. ¿Desde cuándo estudias español?
4. ¿Hablas a menudo en broma?
5. Si pudieras elegir otra vez, ¿elegirías esta universidad de nuevo?

CONTEXTOS

1 Identificación Escucha las palabras y expresiones que menciona el narrador y determina cuál de las siguientes opciones define mejor cada palabra o expresión, en el contexto de la historia de Latinoamérica.

1. el caudillo
2. el país en vías de desarrollo
3. la explotación
4. oprimir
5. la esclavitud
6. el siglo

2 ¿Qué sabes de la historia latinoamericana? ¿Has estudiado algo sobre la historia de Latinoamérica en alguna de tus clases? Ésta es tu oportunidad de demostrar tus conocimientos sobre el tema. Escucha las afirmaciones del narrador y después, determina si cada una de ellas es **cierta** o **falsa,** según tus conocimientos.

1. España y Portugal fueron los protagonistas principales de la conquista de América.
2. Napoleón era el emperador de España durante la época de Colón.
3. Los conquistadores europeos invadieron las tierras de los indígenas americanos.
4. Los conquistadores portugueses estaban en contra de la esclavitud.
5. Los indígenas americanos pelearon para proteger a sus tribus de los conquistadores.
6. El objetivo principal de la conquista fue el de suprimir la esclavitud.
7. Los conquistadores iban armados y estaban preparados para pelear.
8. El siglo XV fue un período de grandes descubrimientos.

3 Preguntas Escucha con atención las preguntas y después contéstalas según tu opinión.

1. Si pudieras vivir en otra época de la historia, ¿cuál elegirías? ¿Por qué?
2. ¿Qué cualidades crees que debe tener un líder político?
3. ¿Qué hecho histórico crees que ha sido más importante? Razona tu respuesta.
4. ¿Piensas que vivimos mejor ahora que hace un siglo? ¿Por qué?

ESTRUCTURA

12.1 Prepositions III: **entre, hasta, sin**

1 Entre nosotros Marcos y Roberta, dos estudiantes de historia, están hablando sobre una de sus clases mientras almuerzan. Escucha su conversación y después contesta las preguntas a continuación según lo que escuches.

MARCOS Pues como te iba diciendo, Roberta, entre la clase de historia latinoamericana y la clase de historia española, estoy totalmente confundido.

ROBERTA Sí, es increíble cómo cambia la historia según el punto de vista desde el que la miras, ¿verdad?

MARCOS Sí, y no sólo es eso... la verdad es que no entiendo cómo los españoles y los portugueses se repartieron el continente americano sin tener en cuenta a las personas que ya vivían allí.

ROBERTA Ay, Marcos, si es que la política puede resultar muy peligrosa...

MARCOS Lo sé, pero eso de repartirse el mundo entre ellos sin tener en cuenta a nadie más, me parece totalmente abusivo...

ROBERTA Bueno, entre unos y otros consiguieron destrozar todo lo que habían logrado los indígenas en Latinoamérica.

MARCOS Sí, y hasta llegaron a imponer su ideología a las personas que vivían allí...

ROBERTA Marcos, siempre hay ese tipo de problemas entre países diferentes, sobre todo cuando uno es más poderoso que el otro... no hace falta que pienses en la historia, sólo tienes que escuchar las noticias de hoy en día para ver que en realidad, nada ha cambiado...

MARCOS Pero sí han cambiado muchas cosas. No te entiendo... ahora ya no hay países que se dedican a oprimir a los habitantes de otros lugares...

ROBERTA ¿Que no? Ay, Marcos, ¿en qué mundo vives? ¿Es que no ves los noticieros? Creo que estábamos mejor en el siglo XV de lo que estamos ahora.

MARCOS Bueno, pero por lo menos ahora no hay esclavitud ni opresión...

ROBERTA Marcos, entre tú y yo obviamente no vamos a solucionar estos problemas, pero creo que si realmente quieres contribuir a crear un mundo mejor, necesitas abrir un poco más los ojos y mirar a tu alrededor... La forma de oprimir o de esclavizar a otros países puede haber cambiado, pero el objetivo es el mismo, dominar a los más débiles...

MARCOS Roberta, qué negativa estás hoy... ¿no aprendiste nada positivo en tu clase de historia?

ROBERTA Sí, aprendí que los libros de historia sólo cuentan una parte de la historia...

2 **Ahora tú** Vuelve a escuchar la conversación entre Roberta y Marcos en la **Actividad 1.** ¿Estás de acuerdo con ellos? Escribe una pequeña composición dando tu opinión sobre alguna de sus afirmaciones.

3 **¿Qué opinas?** Ahora vas a tener la oportunidad de decir lo que piensas sobre algunos de estos temas relacionados con la política y la historia mundial. Escucha las preguntas del narrador y contesta según tu opinión.

1. ¿Hasta cuándo crees que va a haber países que se dediquen a oprimir a los habitantes de otros países?
2. ¿Crees que es posible lograr un entendimiento entre los países desarrollados y los países en vías de desarrollo?
3. ¿Cómo crees que se puede ayudar a los países más pobres?
4. ¿Crees que se solucionarán los problemas serios de la actualidad en el futuro? ¿Por qué?
5. ¿Hasta qué punto estarías dispuesto a luchar por tu país?
6. ¿Crees que es necesaria la existencia de los ejércitos? ¿Por qué?

12.2 Summary of the indicative

1 **El paso del tiempo** Vas a escuchar una serie de datos históricos. El narrador no sabe cuándo pasaron estos sucesos, si están pasando ahora o si todavía no han ocurrido. Escucha la información y después usa tus conocimientos de historia y de la actualidad mundial para escribir cada frase que escuches en el tiempo verbal adecuado.

Modelo   *Tú escuchas:* Colón llega a América por primera vez.
            Tú escribes: Colón llegó a América por primera vez.

1. Comienza la Segunda Guerra Mundial.
2. El ser humano llega por primera vez al planeta Plutón.
3. Se suprime la esclavitud en Estados Unidos.
4. Estados Unidos, Irak y Cuba se convierten en aliados para promover la paz mundial.
5. Francisco Franco muere y termina la dictadura en España.
6. Todos los habitantes del planeta disfrutan de los mismos derechos.

2 **Ahora tú** Ahora, piensa en tu propia historia y escribe una pequeña secuencia de tu vida incluyendo por lo menos cuatro eventos importantes del pasado, del presente y del futuro.

Modelo	PASADO	Nací en mayo de 1974.
	PRESENTE	Estudio periodismo.
	FUTURO	Seré presidente de EE.UU.

12.3 Summary of the subjunctive

1 Datos incompletos Escucha las oraciones que dice el narrador y completa cada una con la opción más apropiada de la lista.

1. Ojalá todos los países del mundo...
2. No es cierto que sólo puede haber democracia...
3. Es una lástima que en muchos países todavía...
4. Si Colón no hubiera llegado a América...
5. Las diferencias entre los países ricos y los países pobres deben resolverse antes de que...
6. Si los indígenas y los conquistadores hubieran hablado un mismo idioma...

2 Opiniones Escucha cómo empieza cada oración y termínala de una forma apropiada, según tu opinión.

1. Yo no creo que los políticos...
2. Dudo que los países poderosos...
3. Es imposible que la sociedad...
4. No es verdad que la enseñanza...
5. Es difícil derrotar...
6. No pienso que los habitantes...

3 Si hubieras nacido en 1500 ¿Has pensado alguna vez en las diferencias que habría en tu vida si hubieras nacido en 1500? Escucha estas preguntas y responde según lo que creas que habrías hecho en cada caso. ¡Sé tan creativo como puedas en tus respuestas!

Si hubieras nacido en 1500...

1. ¿Qué crees que hubieras elegido como profesión? ¿Por qué?
2. ¿En qué parte del mundo hubieras preferido nacer? ¿Por qué?
3. ¿Cómo habrías contribuido para evitar los errores del pasado en cuanto a la conquista del Nuevo Mundo?
4. Si hubieras sabido que iba a haber tantas guerras en los siguientes 500 años, ¿qué habrías hecho para cambiar las cosas?
5. Si hubieras sido un habitante de América, ¿cómo crees que te habrías comportado con los conquistadores europeos?
6. Y si hubieras sido un conquistador europeo, ¿qué decisiones crees que habrías tomado al saber que había habitantes en los nuevos territorios?

PRONUNCIACIÓN

Linking

Spanish often links words together based on the last sound of one word and the first sound of the next one. This tendency is why, when listening to native speakers, it may seem difficult to determine where one word ends and the next begins.

Vowel + same vowel

When one word ends with a vowel and the next word begins with the same vowel or same vowel sound, the two identical vowels fuse and sound as a single vowel. Listen to the following examples and repeat them after the speaker.

mi hija	**le escribo**
ventana abierta	**la administración**
nuevo olor	**estudiante español**
cariñosa abuela	**buena atención**
una amiga	**su última ausencia**

Vowel + different vowel

When one word ends with a vowel and the next word begins with a different vowel or vowel sound, both sounds are pronounced as if they were one single syllable. Listen to the following examples and repeat them after the speaker.

prima ecuatoriana	**este armario**
yo escucho a Ernesto	**me obligan**
nueva oportunidad	**techo alto**
bebo agua	**he acabado**

Consonant + vowel

When one word ends with a consonant and the next word begins with a vowel or a vowel sound, it sounds as though the consonant were actually occurring at the beginning of the following syllable. Listen to the following examples and repeat them after the speaker.

al amanecer	**el águila**
las hormigas	**esperar afuera**
los hambrientos	**próximas estaciones**
un agujero	**el acompañante**

Bienvenida, Mariela

En la oficina central

Suena el teléfono. Johnny lo contesta con aire profesional.

JOHNNY Revista *Facetas*, buenos días... Un momento.

Johnny tapa el auricular y se dirige a sus compañeros.

JOHNNY Es para Aguayo. De parte de una tal Mariela.

FABIOLA Está en el baño.

JOHNNY (*al teléfono*) En estos momentos está en el baño.

Diana le hace señas a Johnny desesperada.

DIANA ¡No! Di que está reunido con un cliente.

JOHNNY (*al teléfono*) Disculpe, está en el baño reunido con un cliente.

Los demás se quedan anonadados.

JOHNNY (*al teléfono*) ¿Quiere dejar un mensaje?

En la oficina central

Johnny le da la nota con el mensaje a Aguayo.

JOHNNY Jefe, tiene un mensaje de Mariela Burgos.

AGUAYO Gracias... Es la nueva artista gráfica. Viene a reunirse con nosotros.

Aguayo se marcha a su oficina.

FABIOLA No creo que quepamos todos en el baño.

Diana trae unos folletos y los reparte.

DIANA Éste es el manual de conducta profesional.

ÉRIC ¿Quién lo necesita?

FABIOLA Página tres. "Cómo recibir a un cliente."

ÉRIC ¿Quieren una demostración?... Johnny, tú eres el cliente.

JOHNNY ¿Qué tipo de cliente soy?

ÉRIC No importa.

DIANA Claro que importa. Así sabrás cómo recibirlo.

ÉRIC ¿Qué tipo de cliente quieres ser?

JOHNNY Quizás no soy un cliente. Podría ser un supermodelo o algo así.

FABIOLA Mejor un cliente.

ÉRIC Ya sé. Eres un millonario que viene a comprar la revista.

JOHNNY Perfecto.

Johnny se prepara para actuar como millonario.

JOHNNY Buenas. Soy el magnate, Juan Medina.

ÉRIC (*le da un abrazo efusivo*)

Bienvenido a *Facetas* señor Medina. Bienvenido.

Diana se tapa la cara con el folleto, avergonzada.

En la cocina

AGUAYO Hay que ser cuidadoso al contestar el teléfono.

JOHNNY Querrás decir mentiroso.

DIANA Es una formalidad.

ÉRIC Odio ser formal.

FABIOLA Es lindo abrazar a la gente Éric, pero esto es una oficina, no un partido de fútbol.

AGUAYO Así funciona el mundo. Es normal.

ÉRIC Si el mundo es normal, ¿cómo es que las salchichas vienen en paquetes de ocho y el pan en paquetes de diez?

En la oficina central

Suena el timbre del ascensor. Es un repartidor de pizza que nadie esperaba.

MUCHACHO DE LA PIZZA Pizza.

JOHNNY ¿Alguien ordenó pizza?

Nadie responde.

MUCHACHO DE LA PIZZA ¿Éste es el 714 de la avenida Juárez...?

En eso aparece Mariela, quien viene con prisa, interrumpe al chico de la pizza y termina de leer la dirección.

MARIELA ¿... oficina uno, revista *Facetas?*

JOHNNY Sí. Aquí es.

Mariela toma la pizza.

MARIELA Gracias... Soy Mariela. No sabía llegar, así que ordené una pizza y seguí al muchacho.

Johnny piensa un segundo en cómo recibir a Mariela pero vuelve en sí y rápidamente agarra la pizza.

JOHNNY ¡Bienvenida!

Sala de reuniones

Todos están en la mesa conociendo a Mariela y comiendo pizza.

AGUAYO Mariela te quiero presentar al equipo de *Facetas*. Él es Éric, nuestro fotógrafo.

ÉRIC ¿Qué tal?

MARIELA Hola.

AGUAYO Ella es Fabiola. Se encarga de las secciones de viajes, economía, turismo y farándula.

FABIOLA Mucho gusto.

AGUAYO Él es Johnny. Escribe las secciones de arte, comida, bienestar y política.

JOHNNY Hola.

AGUAYO Y ella es Diana. Está a cargo de las ventas y el mercadeo.

DIANA Me han hablado tanto de ti, que estoy ansiosa por conocer tu propia versión.

MARIELA Tengo 22 años, soy de Monterrey, estudio en la UNAM y vengo de una familia grande.

JOHNNY ¿Muy grande?

MARIELA En 50 años mis padres han criado a nueve hijos y veinte nietos.

DIANA ¿Y cómo han permanecido juntos tanto tiempo?

MARIELA Se prometieron que el primero en abandonar al otro tendría que llevarse a los niños.

Sala de reuniones

Éric y Fabiola conversan mientras Éric se termina el último pedazo de pizza.

ÉRIC Ésta es la mejor pizza de Ciudad de México. La chica tiene buen gusto.

FABIOLA ¿Y qué te pareció?

ÉRIC Está buenísima.

FABIOLA ¿Eso es todo lo que tienes que decir?

ÉRIC ¿Qué más se puede decir de una pizza?

FABIOLA Te estoy hablando de Mariela. ¿Qué te pareció Mariela?

ÉRIC Creo que es bella, talentosa e inteligente. Más allá de eso, no me impresiona para nada.

¡Tengo los boletos!

En la oficina central

JOHNNY Es viernes. Tranquilas, chicas de México, Johnny está en la casa.

Éric está en la mesa de reuniones con cara triste.

JOHNNY ¿Y a ti? ¿Qué te pasa?

ÉRIC Estoy deprimido.

JOHNNY Anímate, es fin de semana.

ÉRIC A veces me siento solo e inútil.

JOHNNY ¿Solo? No, hombre, yo estoy aquí; pero inútil...

Sala de reuniones

JOHNNY Necesitas divertirte.

ÉRIC Lo que necesito es una chica.

JOHNNY Lo siento pero no estoy disponible.

ÉRIC No tienes idea de lo que es vivir solo.

JOHNNY No pero me lo estoy imaginando. El problema de vivir solo es que siempre te toca lavar los platos.

ÉRIC Las chicas piensan que soy aburrido.

JOHNNY No seas pesimista.

ÉRIC ¡No! Soy un optimista con experiencia. Lo he intentado todo: el cine, la discoteca, el teatro... Nada funciona.

JOHNNY Tienes que contarles chistes. Si las haces reír, ¡boom! Se enamoran.

ÉRIC ¿De veras?

JOHNNY Seguro. ¿Te sabes el de la fiesta de puntos?

ÉRIC No.

JOHNNY Es un clásico... Hay una fiesta de puntos...

Johnny dibuja muchos puntos en la pizarra que está cerca de la mesa de reuniones.

JOHNNY (*continued*) Todos están divirtiéndose y pasándola bien, y entonces entra un asterisco...

Johnny dibuja un asterisco.

JOHNNY (*continued*) Y todos lo miran asombrados, y el asterisco les dice: ¿Qué? ¿Nunca han visto un punto despeinado?

En la oficina central

Mariela entra con dos boletos en la mano, se para en medio de la oficina y comienza a besarlos y a moverse loca de contenta mientras Aguayo y Fabiola la miran asombrados.

MARIELA Sí, sí. Me encanta, me encanta...

FABIOLA Te lo dije.

AGUAYO ¿Me dijiste qué?

FABIOLA Que no parecía muy normal.

MARIELA (*eufórica*) ¡Los conseguí! ¡Los conseguí!

FABIOLA ¿Conseguiste qué?

MARIELA Los últimos boletos para el concierto de "rock" de esta noche.

FABIOLA ¿Cómo se llama el grupo?

MARIELA Distorsión. Aquí tengo el disco compacto. ¿Lo quieren oír?

Al escuchar la pregunta, Aguayo y Fabiola salen fingiendo prisa cada uno en una dirección diferente.

AGUAYO No tengo tiempo...

FABIOLA (*mirando el reloj*) Uy, qué tarde es.

En la oficina central

Éric se acerca discretamente al escritorio de Diana y le habla en voz baja para que los demás no lo oigan.

ÉRIC (*tímido*) Diana, ¿te puedo contar un chiste?

DIANA Estoy algo ocupada para chistes, Éric.

ÉRIC Es que se lo tengo que contar a una mujer.

DIANA Hay dos mujeres más en la oficina. ¿Conoces a Fabiola y a Mariela?

ÉRIC Temo que se rían cuando se lo cuente.

DIANA ¡Es un chiste!

ÉRIC Sí, pero temo que se rían de mí y no del chiste.

DIANA ¿Qué te hace pensar que yo me voy a reír del chiste y no de ti?

ÉRIC No sé, ¿tú eres una persona seria?

DIANA ¿Y por qué se lo tienes que contar a una mujer?

ÉRIC (*susurra*) Es un truco para conquistarlas.

Diana se ríe a toda boca.

Sala de reuniones

Diana y Fabiola se prestan a salir de la oficina y se despiden.

DIANA Buen fin de semana.

FABIOLA Buen fin de semana a todos.

DIANA Adiós Éric.

Diana continua riéndose después de despedirse de Éric.

JOHNNY (*asombrado*) ¡Guau! Sí que eres bueno.

MARIELA Deséenme suerte.

AGUAYO ¿Suerte? ¿En qué?

MARIELA Esta noche le voy a quitar la camisa al guitarrista de Distorsión.

JOHNNY (*incrédulo*) No, no lo harás.

MARIELA Voy a intentarlo.

ÉRIC (*burlón*) ¿Si crees que es tan fácil quitarle la camisa a un tipo por qué no practicas conmigo?

Mariela se vuelve y lo mira por un instante.

Sala de reuniones

Johnny está sentado en la mesa de reuniones riéndose a carcajadas mientras Éric está parado con la camisa abierta y los botones están regados por todas partes. Aguayo se está sirviendo café en la cocina.

JOHNNY (*lo imita burlón*) ¿Por qué no practicas conmigo?

ÉRIC (*desde el suelo*) Tiene suerte de que soy un caballero.

JOHNNY Ése es el tipo de mujer que necesitas...

ÉRIC Sí... (*mirando su camisa*) y una camisa nueva.

AGUAYO ¿Alguien quiere café?

Al escuchar esto, Johnny para de reír de momento.

JOHNNY ¿Lo hiciste tú o sólo lo estás sirviendo?

AGUAYO Sólo lo estoy sirviendo.

JOHNNY Yo quiero una taza.

ÉRIC (*desde el suelo*) Yo quiero una taza.

¿Alguien desea ayudar?

En la oficina de Aguayo

Aguayo está en su escritorio. Se ve animado y despierto. Fabiola, quien está sin energías y con cara de sueño, entra con unos documentos.

AGUAYO (*contento*) ¡Buenos días!

FABIOLA ¿Cómo rayos se puede estar tan feliz un lunes en la mañana?

AGUAYO Haz como yo... Piensa que sólo faltan cinco días para el fin de semana.

En la cocina

FABIOLA Odio los lunes.

DIANA Cuando tengas tres hijos, un marido y una suegra, odiarás los fines de semana.

FABIOLA ¿Discutes a menudo con tu familia?

DIANA Siempre tenemos discusiones, la mitad de ellas las ganan mis hijos y mi esposo... Mi suegra gana la otra mitad.

Se sientan a tomarse el café en la mesa de reuniones.

FABIOLA ¿Y te ayudan en las tareas del hogar?

DIANA Ayudan pero casi no hay tiempo para nada. Hoy tengo que ir de compras con la mayor de mis hijas.

FABIOLA ¿Y por qué no va ella sola?

DIANA Hay tres grupos que gastan el dinero ajeno, Fabiola: los políticos, los ladrones y los hijos... Los tres necesitan supervisión.

FABIOLA Tengan cuidado en las tiendas. Hace dos meses andaba de compras y me robaron la tarjeta de crédito.

DIANA Y... ¿Fuiste a la policía?

FABIOLA No.

DIANA ¿Lo dices así, tranquilamente? Te van a arruinar.

FABIOLA No creas. El que me la robó la usa menos que yo.

En la oficina de Aguayo

Aguayo está arrodillado en el suelo tratando de hacer funcionar una aspiradora. Mariela entra con un disco de computadora en la mano.

MARIELA Aquí está el diseño que pidió.

AGUAYO Perfecto. ¿Podrías dejarlo sobre el escritorio?

MARIELA ¿Necesita ayuda?

AGUAYO No logro hacer que funcione.

MARIELA Creo que Diana tiene una pequeña caja de herramientas.

AGUAYO ¡Cierto!

Aguayo sale de la oficina en busca de la caja. Mariela le da una patada a la aspiradora.

Aguayo está en el escritorio de Diana sujetando un aceite lubricante y un rollo de cinta adhesiva.

AGUAYO ¡Aceite lubricante y cinta adhesiva! ¿Son todas las herramientas que tienes?

DIANA ¡Claro! Es todo lo que necesito. La cinta para lo que se mueva, y el aciete para lo que no se mueva.

Se escucha el ruido de la aspiradora encendida. Mariela sale de la oficina de Aguayo.

AGUAYO (*sorprendido*) Oye... ¿Cómo lo lograste?

MARIELA Fácil... Me acordé de mi ex.

En la cocina.

AGUAYO (*Aguayo reúne a todos.*) Muchachos, por favor... El señor de la limpieza dejó un recado diciendo que estaba enfermo. Voy a pasar la aspiradora a la hora del almuerzo. ¿Si alguien desea ayudar?

FABIOLA Tengo una agenda muy llena para el almuerzo.

DIANA Yo tengo una reunión con un cliente.

ÉRIC Tengo que... Tengo que ir al banco. Sí. Voy a pedir un préstamo.

Videoscript

Éric sale rápidamente.

JOHNNY Yo tengo que ir al dentista. No voy desde la última vez... Necesito una limpieza.

Johnny enseña los dientes y sale de la oficina dejando a Aguayo y Mariela solos.

Más tarde... en la cocina

DIANA Les traje unos dulces para premiar su esfuerzo.

AGUAYO Gracias. Los probaría todos pero estoy a dieta.

DIANA (*comiéndose el dulce*) ¡Qué bien! Yo también estoy a dieta.

MARIELA ¡Pero si estás comiendo!

DIANA Sí, pero sin ganas.

En la oficina central

Fabiola y Éric llegan a la oficina. Mariela está terminando de pasarle aerosol de limpiar madera a su escritorio.

JOHNNY Qué pena que no llegué a tiempo para ayudarte.

FABIOLA Lo mismo digo yo. Y eso que almorcé tan deprisa que no comí postre.

MARIELA (*sonríe hipócritamente*) Si gustan, quedan dos dulces de repostería en la cocina... Están riquísimos.

Johnny y Fabiola corren a la cocina. Mariela mira la botella de aerosol que tiene en la mano.

MARIELA (*continued*) (*para ella*) Y no hubiera sido mala idea echarles un poco de esto.

Segundos después Fabiola aparece con un dulce grande y luego aparece Johnny con uno pequeño.

JOHNNY Qué descortés eres, Fabiola. Si yo hubiera llegado primero, te habría dejado el dulce grande a ti.

FABIOLA ¿De qué te quejas entonces? Tienes lo que quieres y yo también. Por cierto, ¿no estuviste en el dentista?

JOHNNY Los dulces son la mejor anestesia.

En la cocina

Aguayo y Mariela repasan la limpieza. Mariela va tachando los trabajos que se hicieron de una lista.

AGUAYO Se pasó la aspiradora.

MARIELA Correcto.

AGUAYO Se quitó el polvo de los muebles y se lavaron los platos de la cocina.

MARIELA Sí.

AGUAYO Parece que es todo... Muchas gracias por tu ayuda.

MARIELA De nada.

AGUAYO (*continued*) Espera, olvidé algo. No tiré el polvo de la aspiradora.

MARIELA No se preocupe. Yo ya lo hice.

Éric trabaja en su escritorio. Saca un archivo de su escritorio y al meter la mano palpa algo raro. Cuando revisa, se da cuenta de que está llena del polvo de la aspiradora.

¡Buen viaje!

En la oficina central

Diana le da unos boletos de avión y varios documentos a Fabiola y a Éric.

DIANA Aquí están los boletos para Venezuela, la guía de la selva Amazónica y los pasaportes... Después les doy la información del hotel.

ÉRIC Gracias.

FABIOLA Gracias.

Diana se retira.

ÉRIC ¿Me dejas ver tu pasaporte?

FABIOLA No me gusta cómo estoy en la foto.

Fabiola le da el pasaporte a Éric sin muchas ganas.

FABIOLA Me hicieron esperar tanto que salí con cara de enojo.

ÉRIC No te preocupes... Ésa es la cara que vas a poner cuando estés en la selva.

En la oficina central

Fabiola, Éric y Johnny conversan. Diana se acerca con un documento.

DIANA Es necesario que memoricen esto. A ver, repitan: (*lee el documento*) Tenemos que salir por la puerta 12.

Fabiola y Éric repiten sin entusiasmo y Johnny repite también para molestar.

FABIOLA, ÉRIC Y JOHNNY Tenemos que salir por la puerta 12.

DIANA El autobús del hotel nos va a recoger a las 8:30.

FABIOLA, ÉRIC Y JOHNNY El autobús del hotel nos va a recoger a las 8:30.

DIANA Y... El último número que deben recordar es cuarenta y ocho dólares con cincuenta centavos.

FABIOLA, ÉRIC Y JOHNNY Cuarenta y ocho dólares con cincuenta centavos.

DIANA Listo.

JOHNNY ¿Y ese último número, para qué es?

DIANA Es lo que van a tener que pagar por llegar en taxi al hotel si olvidan los dos números primeros.

Éric entra a la oficina vestido como Indiana Jones.

ÉRIC Fuera cobardes, la aventura ha comenzado.

MARIELA ¿Quién crees que eres... México Jones?

ÉRIC No. Soy Cocodrilo Éric, el fotógrafo más valiente de la selva. Listo para enfrentar el peligro.

FABIOLA ¿Qué peligro? Vamos a hacer un reportaje sobre ecoturismo... ¡Eco-tu-ris-mo!

ÉRIC (*burlón e intentando impresionar a Mariela*) Sí, pero en el Amazonas, Fabiola. ¡A-ma-zo-nas!

MARIELA (*sarcástica*) Es tan arriesgado que van a tener un guía turístico y el alojamiento más lujoso de la selva.

ÉRIC Mientras ella escribe su artículo en la seguridad del hotel yo voy a estar explorando y tomando fotos... Debo estar protegido.

FABIOLA Según parece, de lo único que debes estar protegido es de ti mismo. (*mirando la ropa de Éric*) Bueno, y de los vendedores de ropa.

En la oficina central

Johnny come una barra de chocolate mientras habla con Éric y observa el machete de mentiras que Éric tenía en la cintura.

JOHNNY Se ve tan real.

ÉRIC ¡Vamos! Escóndete detrás del escritorio, yo hago como que estoy explorando.

Johnny se esconde detrás de un escritorio.

ÉRIC ¿Listo?

JOHNNY Espera.

ÉRIC ¡Rápido!

JOHNNY Listo.

Johnny sale de debajo de su escritorio con la cara pintada con rayas de chocolate y el chocolate en la mano como si fuera un puñal. Éric se muere de risa al ver la cara de Johnny llena de chocolate.

JOHNNY ¿Cuál es el chiste? Los soldados llevan rayas... Lo he visto en las películas.

ÉRIC Intentémoslo nuevamente.

JOHNNY Esta vez soy un puma que te ataca desde un árbol.

ÉRIC Mejor.

Fabiola y Mariela entran a la oficina y ven a Johnny colgando de la espalda de Éric forcejeando con el machete, jugando como niños. Ellas se quedan mirándolos con cara de "no tienen remedio". Éric y Johnny se quedan mirándolas avergonzados.

Sala de reuniones

Aguayo, Diana, Mariela y Johnny se despiden de Fabiola y Éric. Mientras hablan, Éric está terminando de guardar algunas cosas en su maleta.

AGUAYO Por la seguridad de todos creo que debes dejar tu machete, Éric.

ÉRIC ¿Por qué debo dejarlo? Es un machete de mentiras.

DIANA Sí. Pero te puede traer problemas reales.

Éric le entrega el machete de mentiras a Aguayo.

AGUAYO Todos en la selva te lo van a agradecer.

Éric no puede cerrar su maleta porque está muy llena.

ÉRIC ¿Alguien me puede ayudar a cerrar la maleta?

Johnny trata de ayudarle pero no pueden cerrarla.

JOHNNY ¿Qué rayos hay acá dentro?

La maleta sólo cierra a medias.

AGUAYO Es necesario que dejes algunas cosas.

ÉRIC Imposible. Todo lo que llevo es de primerísima necesidad.

Johnny mete la mano en la maleta y saca un látigo como el de Indiana Jones.

JOHNNY ¿Cómo? ¿Esto?

Después de haber cubierto la maleta de Éric con varias vueltas de cinta adhesiva, Diana corta la cinta orgullosa de haber solucionado el problema.

DIANA Listo... ¡Buen viaje!

MARIELA Debe ser emocionante conocer nuevas culturas.

AGUAYO Espero que disfruten en Venezuela y que traigan el mejor reportaje que puedan.

JOHNNY Y es importante que no traten de mostrarse ingeniosos, ni cultos; sólo sean ustedes mismos.

DIANA Y no olviden sus pasaportes.

Éric pone cara de estar confuso.

DIANA ¿Qué pasa?

ÉRIC Ahora que me acuerdo... lo había puesto en la maleta.

DIANA Ay, ¡No!

¿Dulces? No, gracias.

En la oficina central

Johnny está solo en la oficina sacando unos dulces de su escritorio y echándolos en una pequeña bolsa de basura. Saca dulces de muchas clases y los mira con pena esforzándose para echarlos a la bolsa. En ese momento llega Diana a la oficina y lo encuentra debajo de su escritorio.

DIANA ¿Johnny?

Johnny se levanta.

DIANA ¿Qué haces aquí tan temprano?

JOHNNY Madrugué para ir al gimnasio.

DIANA (*sorprendida*) ¿Estás enfermo?

JOHNNY ¿Qué?... ¿Nunca haces ejercicio?

DIANA Bueno, no mucho... A veces me dan ganas de hacer ejercicio, y entonces, me acuesto y descanso hasta que se me pasa.

En la cocina

Johnny habla en tono triste con alguien que no vemos.

JOHNNY Los recordaré dondequiera que esté. Sé que esto es difícil, pero deben ser fuertes...

No pongan esa cara de "cómeme". Por mucho que insistan los tendré que tirar. Ojalá me puedan olvidar.

Johnny está hablándole a los dulces antes de tirarlos. En ese momento se acerca Fabiola. Johnny esconde la bolsa.

FABIOLA Entonces, ¿empezaste a ir al gimnasio? Te felicito. Para ponerse en forma hay que trabajar duro.

JOHNNY No es fácil.

FABIOLA No es difícil. Yo, por ejemplo, no hago ejercicio, pero trato de comer cosas sanas.

JOHNNY Nada de comidas rápidas.

FABIOLA Y si puedo nada de dulces ni golosinas.

JOHNNY No. Tampoco.

FABIOLA Cómo me gustaría tener tu fuerza de voluntad.

Entonces Johnny, de espaldas al basurero, intenta botar la bolsa de dulces, pero le cae al suelo.

FABIOLA ¿Qué fue eso?

JOHNNY (*disimulando y señalándose los bíceps*) Uy, perdón... Desde que voy al gimnasio no controlo mi fuerza.

En la sala de reuniones

Aguayo, Diana y Éric revisan unos diseños de la revista en la mesa de reuniones. Mariela llega a la oficina.

DIANA Buenos días.

ÉRIC Buenos días.

Mariela sonríe sin decir nada.

AGUAYO Qué bueno que llegas. Quiero que hagas unos cambios a estos diseños.

DIANA Creemos que son buenos y originales pero tienen dos problemas.

ÉRIC Sí. Los que son buenos no son originales y los que son originales no son buenos.

AGUAYO ¿Qué crees?

Mariela se ha quedado sin voz y no puede hablar.

MARIELA (*sin voz*) No tengo voz.

Todos la miran sin entender qué dice.

DIANA ¿Qué dijo?

Entonces Mariela escribe en la pizarra: "Perdí la voz".

AGUAYO ¿Perdiste la voz?

DIANA Gracias a Dios... Por un momento creí que me había quedado sorda.

AGUAYO Pero, estás enferma, deberías estar en cama.

ÉRIC Sí, podías haber llamado para decir que no venías.

En la cocina

El señor de la limpieza, Don Miguel entra en la cocina donde encuentra la bolsa de dulces de Johnny.

DON MIGUEL ¡Válgame! Aquí debe haber como mil pesos en dulces. Don Miguel prueba un caramelo.

DON MIGUEL (*con la boca llena*) ¡Ummm! Y están buenos.

Videoscript

En ese momento llega Johnny con una bolsa del supermercado y se dirige a la cocina. Don Miguel se pone nervioso, no sabe qué hacer con los dulces y los mete dentro del microondas.

JOHNNY ¿Qué tal don Miguel? ¿Cómo le va?

Don Miguel tiene el caramelo en la boca, sonríe sin decir nada y se retira a hacer sus labores.

JOHNNY (*para él*) Otro que se ha quedado sin voz. ¿Qué es esto? ¿Una epidemia?

Fabiola se acerca.

FABIOLA ¿Qué compraste?

JOHNNY Comida bien nutritiva y baja en calorías. Juré que jamás volvería a ver un dulce.

Johnny saca las cosas de la bolsa. Frutas, jugos, vegetales y comida dietética.

FABIOLA ¿Qué es eso?

Johnny le muestra una cajita de comida dietética a Fabiola.

JOHNNY Esto es tan saludable que con sólo tocar la caja te sientes mejor.

FABIOLA ¿Y sabe bien?

JOHNNY Claro, sólo hay que calentarlo.

Johnny abre el microondas para calentar la comida dietética, ve la bolsa de dulces y cierra la puerta del horno rápidamente como si hubiera visto un fantasma.

JOHNNY Aunque algunas personas lo prefieren frío.

En la oficina de Aguayo

Aguayo y Diana están en la oficina de éste. Mariela entra y les entrega los nuevos diseños.

DIANA Están perfectos. Gracias.

AGUAYO Mariela, insisto en que veas a un doctor. Vete a casa y no vuelvas hasta que no estés mejor.

Mariela escribe en un papel: "Jefe, ya se me curará".

AGUAYO Te estoy dando un consejo. No pienses en mí como tu jefe.

DIANA Piensa en él como un amigo que siempre tiene razón.

AGUAYO (*a Diana*) Por cierto, Diana, acompáñame a entregar los diseños ahora mismo. Tengo que volver enseguida. Estoy esperando una llamada muy importante.

DIANA Vamos.

Diana y Aguayo se van. Mariela se queda y en ese momento suena el teléfono de Aguayo. Mariela se queda mirando el teléfono horrorizada.

Johnny está en su escritorio comiendo una barra de chocolate felizmente.

FABIOLA ¿No ibas a mejorar tu alimentación?

JOHNNY Si no puedes hacerlo bien, disfruta haciéndolo mal. Soy feliz.

FABIOLA Los dulces no dan la felicidad, Johnny.

Johnny le da una barra de chocolate a Fabiola.

JOHNNY Lo dices porque no has probado la Chocobomba…

Cuidando a Bambi

En la oficina central

Hay algarabía mientras Aguayo trata de matar una araña. Fabiola y Mariela están trepadas sobre sus escritorios muertas del miedo.

MARIELA (*histérica*) ¡Ay! ¡Es una araña gigante!

FABIOLA No seas miedosa.

MARIELA ¿Qué haces allí arriba?

FABIOLA Estoy dejando espacio para que la atrapen.

Diana aparece con un pote de aerosol y se lo ofrece a Aguayo.

DIANA Si la rocías con esto, la matas bien muerta.

AGUAYO Pero esto es para matar moscas.

Diana mira la etiqueta del pote.

DIANA Ay…, las arañas no saben leer.

En la oficina central

Mariela y Fabiola conversan en el escritorio de Fabiola.

FABIOLA (*sorprendida*) ¿Las arañas jamás se van a extinguir?

MARIELA Las que no se van a extinguir son las cucarachas. Sobreviven a la nieve, los terremotos y hasta los huracanes, y ni la radiación les hace daño.

FABIOLA ¡Vaya! Y…, ¿tú crees que sobrevivirían al café de Aguayo?

Aguayo sale de su oficina, y ellas se callan, sonriendo con complicidad. Aguayo se dirige a la calle, y va bebiendo café de un vaso de plástico grande.

AGUAYO (*hace un gesto de desagrado después de probar el café*) Mariela, ¿podrías hacer el favor de tomar mis mensajes? Voy a casa por mi pez. Diana se ofreció a cuidarlo durante mis vacaciones.

MARIELA Cómo no jefe. ¿Ya están listos para partir?

AGUAYO Salimos mañana a primera hora y ya en la tarde estaremos en el campamento.

FABIOLA ¿Cómo pueden llamarle vacaciones a eso de dormir en el suelo y comer comida enlatada?

AGUAYO La idea es estar en contacto con la naturaleza, Fabiola. Explorar y disfrutar de la mayor reserva natural del país.

MARIELA Debe ser emocionante.

AGUAYO Lo es. Sólo tengo una duda.

MARIELA ¿Qué?

AGUAYO ¿Qué debo hacer si veo un animal en peligro de extinción comerse una planta en peligro de extinción?

Mariela se queda pensativa y Fabiola contesta despreocupada.

FABIOLA Tómale una foto.

En la oficina central

Éric está en la mesa de reuniones terminando de organizar unas fotos a color, tamaño 8 x 10, de distintas playas del Caribe. Johnny está sentado junto a él.

ÉRIC (*aliviado*) Por fin. Trescientas fotos de las mejores playas del Caribe, catalogadas en orden alfabético.

JOHNNY ¡Cómo extraño las playas del Caribe!

Si guardas silencio, al atardecer, puedes escuchar cuando el sol toca el agua y hace pssssssssssssssssssss.

Aguayo llega a la oficina con una pequeña pecera y un colorido pez beta y se lo muestra a todos orgulloso.

AGUAYO Chicos, chicos… Les presento a Bambi.

Mariela mira a Fabiola.

MARIELA ¿Qué no es Bambi un venadito?

AGUAYO (*inocente*) ¿Lo es?

JOHNNY ¿No podías ponerle un nombre más original?

FABIOLA Sí, como Flipper.

Aguayo se presta a poner la pecera en la mesa de reuniones. Diana, Mariela y Fabiola se dirigen a la mesa a ver el pez. Aguayo le da un frasco de comida para peces a Diana.

AGUAYO Ésta es su comida. Sólo una vez al día. No le des más aunque ponga cara de perrito… Bueno, debo irme.

Aguayo se presta a salir de la oficina y Mariela le habla.

MARIELA ¿Cómo sabremos si pone cara de perrito?

AGUAYO En vez de hacer así. (*Aguayo succiona los cachetes y mueve los labios como un pez.*) Hace así. (*Aguayo hace pucheros como los bebés y entonces se marcha.*)

En la sala de reuniones

Éric y Johnny están en la puerta listos para salir. Fabiola, Diana y Mariela están mirando el pez.

JOHNNY Última llamada.

FABIOLA Nos quedaremos cuidando a Bambi.

ÉRIC (*burlón*) Me encanta el pececito pero me voy a almorzar. Buen provecho.

Los chicos se marchan y las chicas se quedan mirando el pez.

DIANA Ay, no sé ustedes pero yo lo veo muy triste.

FABIOLA Claro. Su padre lo abandonó para irse a dormir con las hormigas.

MARIELA ¿Por qué no le damos de comer?

DIANA Ya le he dado tres veces.

Las tres se quedan mirando el pez tristes y pensativas.

MARIELA Ya sé. Podríamos darle el postre.

En la sala de reuniones

Diana y Mariela están sentadas mirando el pez. Vemos sus caras desde la perspectiva del pez.

MARIELA (*frustrada*) Parece que no le gustó el postre.

DIANA No lo culpo.

Fabiola se acerca con una bolsa de galletas de animales.

FABIOLA Miren lo que encontré en el escritorio de Johnny.

MARIELA Galletitas de animales.

Mariela le quita la bolsa de galletas a Fabiola, riega las galletas sobre la mesa y busca una en particular.

DIANA ¿Qué haces?

MARIELA Hay que encontrar la ballenita.

FABIOLA Pero, ¿qué importa? Todas saben igual.

MARIELA Es un pez y está solo. Supongo que querrá compañía.

DIANA Pero no podemos darle galletas.

FABIOLA ¿Y qué vamos a hacer? Todavía se ve tan triste.

MARIELA Ya sé. Tenemos que hacerlo sentir como si estuviera en su casa.

En la sala de reuniones

Las fotos de playas de Éric están regadas sobre la mesa de reuniones mientras Diana, Fabiola y Mariela escogen una.

MARIELA ¿Qué tal ésta con el mar?

DIANA Perfecta.

En la sala de reuniones

Pegaron una de las fotos de playas de Éric en la parte trasera de la pecera para que le sirviera como fondo visual al pez.

DIANA Se ve tan feliz.

FABIOLA Míralo.

En ese momento llegan los chicos con unos vasos de refresco y ven a Mariela, Diana y Fabiola pendientes del pez. Éric se pone un poco celoso al ver a Mariela que no le hace caso.

ÉRIC ¡Bambi! Maldito pez. En una playa tropical con tres mujeres.

Necesito un aumento

Hay un pastel con dos velas sobre la mesa de reuniones. Están celebrando el segundo aniversario de la revista y terminan de cantar "Las mañanitas".

TODOS ...hoy por ser tu cumpleaños te las cantamos así...

AGUAYO Antes de apagar las velas de nuestro segundo aniversario quiero que cada uno cierre los ojos y luego pida un deseo.

Todos cierran los ojos y Johnny aprovecha para meter el dedo en el pastel. Al saborearlo cierra los ojos y suelta un gemido de placer. Los demás abren los ojos y lo ven chupándose el dedo, entonces Johnny abre los ojos y ve que lo están mirando.

JOHNNY ¡Umm!... ¡Lo estoy pensando!

TODOS Uno, dos, tres... (*Apagan las velas.*)

Están en la mesa de reuniones comiendo pastel y recordando.

DIANA Ahh... ¿Quién lo diría? Dos años y tantos recuerdos.

AGUAYO (*a Fabiola*) ¿Recuerdas cuando viniste a tu entrevista de trabajo y Éric pensó que tu padre era millonario?

FABIOLA Sí, recuerdo que puso esa mirada.

Fabiola se burla poniendo una ridícula mirada cautivadora.

Aguayo, Éric y Fabiola en la oficina en tiempo pasado. Éric está en su escritorio y Aguayo le presenta a Fabiola.

AGUAYO Éric, te presento a Fabiola Ledesma nuestra nueva escritora.

FABIOLA ¿Cómo estás?

Éric le da una mirada cautivadora a Fabiola.

ÉRIC Bien, gracias. ¿No eres tú la hija del banquero y empresario millonario Ledesma?

FABIOLA No. Mi padre es ingeniero y no es millonario.

Éric quita rápidamente la mirada cautivadora y sonríe.

ÉRIC Ah, perdona, por un momento pensé que me había enamorado de ti.

En la sala de reuniones

De vuelta al presente continúan en la mesa de reuniones. Aguayo hace un brindis. Todos levantan los vasos de refresco.

AGUAYO Brindo por nuestra revista, por nuestro éxito, y en conclusión, brindo por quienes trabajan duro... Salud.

Chocan los vasos y dicen salud.

TODOS ¡Salud!

DIANA Ay, eso me recuerda el primer día que Johnny trabajó en la oficina.

Diana y Johnny en la oficina en tiempo pasado. Johnny llega tranquilamente a la oficina y Diana lo recibe molesta.

DIANA Johnny, has llegado tarde.

JOHNNY (*inocente*) ¿Me perdí algo divertido?

DIANA Se supone que estuvieras aquí hace media hora y sin embargo, llegas tarde. Los empleados en esta empresa entran a las nueve de la mañana y trabajan duro todo el día. Sabes lo que es el trabajo duro, ¿verdad?

JOHNNY Claro que sé lo que es el trabajo duro, lo he visto.

DIANA Pues, no lo olvides. Es algo que debes recordar siempre. Aquí se entra a las nueve.

JOHNNY No hay problema, señora González. En mi trabajo anterior entraba a las cuatro de la mañana y jamás llegué tarde.

DIANA ¿A las cuatro de la mañana?

JOHNNY Sí.

DIANA (*reflexiona*) A esa hora nunca se sabe si llegas demasiado tarde o demasiado temprano.

Videoscript

De vuelta al presente continúan en la mesa de reuniones. Aguayo recoge su plato y su vaso, y se pone de pie.

AGUAYO Bueno, felicidades a todos. Ahora de vuelta al trabajo.

Aguayo se marcha y Johnny estira su mano hacía Mariela sonriente.

JOHNNY Dame lo mío.

Mariela saca un billete y se lo pone en la mano a Johnny mientras Éric, Diana y Fabiola los miran sin entender.

MARIELA Aposté que nos darían la tarde libre.

Éric, Diana y Fabiola se miran y ríen. Mariela y Johnny se marchan con sus platos. Diana les habla en voz baja a Fabiola y a Éric.

DIANA Chicos, he estado pensando en hacerle un regalo de aniversario a Aguayo.

FABIOLA Siento no poder ayudarte Diana, pero estoy en crisis económica.

Diana mira a Éric y éste le contesta rápidamente.

ÉRIC Es contagiosa.

DIANA Por lo menos ayúdenme a escoger el regalo.

FABIOLA Debe ser algo importado. Algo pequeño, fino y divertido.

ÉRIC ¿Algo pequeño, fino y divertido? ¿Qué tal un pececito de colores?

Ambas lo miran con cara de asombro. Despúes los tres ponen cara de pena y hablan al mismo tiempo.

ÉRIC, DIANA y FABIOLA ¡Pobre Bambi!

Fabiola sigue hablando con Éric.

FABIOLA Me refiero a algo de corte ejecutivo. Algo exclusivo.

DIANA Lo último que le regalé a un hombre fueron unos calzoncillos de dinosaurios.

Éric y Fabiola la miran con cara de "¿qué?"

DIANA (*continued*) Era mi hijo.

Los tres se quedan pensando y en ese momento Mariela pasa por su lado.

ÉRIC Mariela, ¿qué le darías a un hombre que lo tiene todo?

MARIELA Mi número de teléfono.

Aguayo está en su escritorio y Fabiola se acerca a la puerta.

FABIOLA Jefe, ¿tiene un minuto?

AGUAYO ¿Sí?

FABIOLA Usted sabe que tengo un gran currículum y que soy muy productiva en lo mío.

AGUAYO ¿Sí?

FABIOLA Y que mis artículos son bien acogidos y ello le ha traído a la revista...

Aguayo la interrumpe.

AGUAYO ¿Qué es lo que quieres, Fabiola?

FABIOLA (*contesta rápidamente*) ...Un aumento de sueldo.

AGUAYO ¿Qué pasa contigo? Te aumenté el sueldo hace seis meses.

FABIOLA Lo sé, pero en este momento hay tres compañías que andan detrás de mí, por lo tanto, merezco otro aumento.

AGUAYO ¿Se puede saber qué empresas son?

FABIOLA (*avergonzada*) La del teléfono, la del agua y la de la luz.

En la oficina central

Éric está en el escritorio de Fabiola. Diana se acerca entusiasmada con un llavero enorme y feo en la mano.

DIANA (*eufórica*) Ya sé qué regalarle a Aguayo...

ÉRIC ¿Qué?

DIANA Un llavero.

Éric y Fabiola se quedan sin decir nada.

DIANA ¿Qué?

FABIOLA No lo culpo si lo cambia por un pez.

La rueda de prensa

En la oficina central

Todos en la oficina están vestidos más formales que lo usual. Aguayo tiene traje y corbata y camina de un lado a otro mientras espera nervioso. Los demás también están a la expectativa. Aguayo se detiene un segundo y ensaya un recibimiento.

AGUAYO Bienvenida a la revista *Facetas*, señora diputada... ¿O mejor, honorable diputada?

Suena el timbre del ascensor y Aguayo mira a todos nervioso, se ajusta la corbata, toma una postura elegante y se abre el ascensor. Es Mariela que entra deprisa.

AGUAYO *(continued)* *(ansioso)* ¿Y la diputada?

MARIELA La esperé frente a la salida pero nunca llegó.

DIANA ¿Dejaste a la señora Zamora en el aeropuerto?

MARIELA ¿Cómo dijiste que se llama?

AGUAYO *(angustiado)* Zamora, Tere Zamora.

Mariela les muestra un letrero como los que se usan para buscar personas en los aeropuertos. El letrero tiene escrito "Teresa Mora".

MARIELA *(continued)* Pensé que me habían dicho "Teresa Mora".

En la oficina central

Mariela está en la puerta con un nuevo letrero que dice "Tere Zamora". Aguayo se ha aflojado la corbata y le está haciendo una advertencia a Mariela histérico.

AGUAYO Por la constitución de este país, si no regresas con la diputada, estás despedida.

MARIELA No se preocupe, jefe. La encontraré.

DIANA Recuerda, es una mujer cuarentona, con ojeras y de aspecto militar.

Mariela se marcha deprisa.

DIANA *(continued)* No puedo creer que se haya equivocado de nombre.

AGUAYO No sólo eso, sino que dejó a la diputada en el aeropuerto.

JOHNNY Todo se arreglará. Tómenlo con calma.

AGUAYO Invito a la política más prominente y controversial del norte del país para una entrevista en exclusiva, y una de mis empleadas la deja en el aeropuerto,... ¿y debo tomarlo con calma?

ÉRIC Ya la encontrará. Son políticos, aparecen sin que nadie los llame.

Suena el timbre del ascensor.

AGUAYO Si ésa es Mariela les juro que está despedida.

Se abre la puerta del ascensor y Aguayo espera furioso seguro de que es Mariela.

AGUAYO *(continued)* *(altanero)* ¿Qué?...

Es la diputada, una mujer elegante de aproximadamente cuarenta y cinco años de edad que carga un maletín y una maleta de ruedas.

AGUAYO *(continued)* *(ruborizado)* ...gusto saludarla señora diputada.

En la oficina central

La diputada conoce a los chicos. Aguayo y Diana tratan de disculparse.

AGUAYO Disculpe los inconvenientes, señora Zamora. Envié a una persona a recogerla pero, como ve, nunca se encontraron.

DIPUTADA Son cosas que pasan pero no se preocupen; lo importante es hacer la entrevista.

DIANA Pero antes queremos darle un regalo de bienvenida.

Johnny se acerca con un fino plato decorativo de cerámica adornado con el calendario azteca.

JOHNNY Como muestra de nuestro agradecimiento por su visita le hacemos este humilde obsequio.

DIPUTADA ¡El calendario azteca!

La diputada sujeta el plato encantada.

FABIOLA *(orgullosa)* Y tiene una dedicatoria en la parte de atrás escrita en caligrafía por nuestra artista gráfica.

DIANA *(pálida)* ¿Por Mariela?

Videoscript

Diana le quita el plato rápidamente antes de que la diputada mire la parte trasera.

DIANA (*continued*) No, no, no se moleste. Yo se la leeré.

Todos la miran extrañados. Diana mira la dedicatoria en la parte de atrás y se da cuenta de que tiene escrito el nombre de Teresa Mora en vez de Tere Zamora.

DIANA (*continued*) (*lee*) Por su aportación a la democracia, los derechos humanos, la justicia y la libertad. De la revista *Facetas* para la honorable diputada "Tere Zamora".

Todos aplauden y cuando Diana le va a devolver el plato a la diputada lo deja caer al suelo y se rompe en pedazos.

DIANA (*continued*) ¡Uy!... Tengo las manos tan resbaladizas. Debe ser por el hambre... ¿Almorzamos?

En la sala de reuniones

Éric está sólo en la oficina viendo la televisión muy atento. Fabiola entra a la oficina azorada después de almorzar.

FABIOLA ¿Viste a todos esos periodistas allá afuera?

ÉRIC Lo estoy viendo por televisión. Deben estar esperando a la diputada.

FABIOLA ¡Vaya! No sabía que fuera tan famosa.

ÉRIC Cualquier político que luche contra la corrupción se convierte en un fenómeno publicitario.

Fabiola ve a alguien en el televisor.

FABIOLA ¿Quién es ése que corre?

ÉRIC No puede ser...

FABIOLA y ÉRIC ¡Es Johnny!

Fabiola y Éric se quedan mirando el televisor boquiabiertos. Johnny entra de repente a la oficina desconcertado.

FABIOLA ¿Huías de los periodistas?

JOHNNY (*asombrado y fatigado*) Acaban de confundirme con Ricky Martin.

En la sala de reuniones

Hay bullicio en la oficina, que está llena de periodistas con cámaras de televisión y grabadoras. La diputada está sentada en la mesa de reuniones y los de la oficina observan desde atrás. Un periodista hace una pregunta.

PERIODISTA Sra. Diputada, hacer cumplir la ley le ha dado una posición de liderazgo en el gobierno. ¿Cuándo sabremos si será candidata a senadora, señora diputada?

DIPUTADA Se enterarán de todos los detalles de mi futuro político en la próxima edición de la revista *Facetas*.

PERIODISTA Eso es favoritismo.

DIPUTADA (*tajante*) Favoritismo, ¡no!, sino que los periodistas de *Facetas* son los únicos que tratan la política con respeto.

Todos los periodistas se vuelven y miran al equipo de Facetas asombrados como si fueran pájaros raros. Los de Facetas ponen cara de yo no fui.

En la sala de reuniones

Diana y Aguayo conversan amenamente con la diputada en la mesa de reuniones. Se abre la puerta del ascensor y entra Mariela cabizbaja.

MARIELA (*hastiada*) Lo siento pero no encontré a ninguna cuarentona, con ojeras y con aspecto militar.

Aguayo le dice a Mariela con los ojos que la diputada está ahí sentada con ellos.

MARIELA (*continued*) (*avergonzada*) Aunque ahora mismo regreso a ver si encuentro a la guapa diputada que estaba buscando.

Mariela se va de la oficina. Aguayo, quien se muere de vergüenza, le sonríe petrificado a la diputada.

¡O estás con ella o estás conmigo!

En la oficina central

Fabiola llega a la oficina callada y seria. Aguayo y Johnny la interrogan rápidamente.

JOHNNY ¿Qué tal te fue?

FABIOLA (*sosa*) Bien.

AGUAYO ¿Bien? ¿Es todo lo que tienes que decir de una entrevista con Patricia Montero, la gran actriz de telenovelas?

FABIOLA ¿Qué quieren que les diga? ¿Que le pedí un autógrafo?

JOHNNY (*ilusionado*) ¿Se lo pediste?

FABIOLA Claro que no.

AGUAYO No sé. Pensé que estarías más emocionada.

FABIOLA (*se hace la indiferente*) Lo estoy. Tengo que hacer mi gran escena en una telenovela y necesito concentrarme.

AGUAYO y JOHNNY Oh. ¡Ajá!

Luego de un segundo, Aguayo y Johnny reaccionan sorprendidos a lo que Fabiola acaba de decir.

AGUAYO y JOHNNY ¿Qué?

En la oficina central

Fabiola cuenta lo que pasó. Éric, Mariela, Aguayo y Johnny están atentos y emocionados.

FABIOLA Y al terminar la entrevista cuando salí del camerino un señor se me acercó y me preguntó si yo era la doble de Patricia Montero.

MARIELA ¿Y qué le dijiste?

FABIOLA Dije, bueno... Sí.

AGUAYO No puedo creer que hayas hecho eso.

FABIOLA No tuve opción. Fue una de esas situaciones en las que uno aunque realmente, realmente no quiera, tiene que mentir.

ÉRIC ¿Y qué pasó después?

Fabiola saca unas páginas de su bolso.

FABIOLA Me dio estos papeles.

Johnny le quita las páginas a Fabiola y las revisa.

JOHNNY (*emocionado*) ¡Es el guión de la telenovela!

Johnny lee el guión mientras los demás hablan.

FABIOLA Mañana tengo que estar muy temprano en el canal, lista para grabar.

JOHNNY Aquí hay escenas bien interesantes.

Aguayo le quita el guión a Johnny.

AGUAYO (*lee en voz alta*) "Valeria entra a la habitación y sorprende a Fernando en brazos de..." (*sorprendido*) ¿Carla?

Aguayo para de leer enfurecido.

AGUAYO (*continued*) ¿Sorprende a Fernando en brazos de Carla?... Lo sabía. Sabía que el muy idiota la engañaría con esa estúpida. Ni siquiera es lo suficientemente hombre para...

Todos miran a Aguayo sorprendidos y al darse cuenta de que está haciendo el ridículo sonríe y se calma avergonzado.

En la oficina de Aguayo

Aguayo está en su oficina. Fabiola entra con unos papeles.

FABIOLA Jefe, aquí está el artículo y la entrevista para su aprobación.

AGUAYO Gracias, Fabiola... Me alegro que hayas conseguido ese papel en la telenovela. El otro día pasé frente al televisor y vi un pedacito, sólo treinta segundos. Mi esposa no se la pierde.

FABIOLA Hablando de eso. Quería pedirle permiso para tomarme el resto del día libre. Necesito ensayar las escenas de mañana.

AGUAYO Las puedes practicar en la oficina.

FABIOLA ¿De veras?

AGUAYO Claro. A los chicos les encanta ese asunto de las telenovelas.

FABIOLA (*mordaz*) ¿A los chicos?

Videoscript

En la oficina central

*Fabiola reparte copias del guión a Éric, Johnny y Mariela.
Éric tiene colgando del cuello el pequeño cristal redondo
que usan los fotógrafos para mirar el sol.*

FABIOLA Éric será el director.

JOHNNY ¿Por qué no puedo ser yo el director?

ÉRIC (*se jacta enseñándole el cristal*) No tienes los
juguetitos.

FABIOLA (*a Johnny*) Tú serás Fernando y Mariela será
Carla.

JOHNNY (*a Éric, burlón*) ¿Decías?

ÉRIC Bien. Comencemos. Página tres. La escena en donde
Valeria sorprende a Fernando con Carla.

Éric acomoda a Johnny y a Mariela mirándose de frente.

ÉRIC (*continued*) Tú estarás aquí y tú aquí.

JOHNNY ¿No sabes leer? (*lee*) Sorprende a Fernando en
los "brazos" de Carla.

*Johnny abraza a Mariela y ésta bromea haciendo como si
estuviera cautivada por él. Éric se pone un poco celoso,
pero disimula.*

ÉRIC Está bien. Fabiola, tú llegarás por aquí y los
sorprenderás. ¿Listos?

*En un segundo plano, Aguayo finge que no le importa,
pero se acerca para seguir la trama con cara de
sufrimiento.*

ÉRIC (*continued*) Acción.

FABIOLA (*entra en personaje*) "¡Fernando Javier!
Tendrás que decidir. O estás con ella o estás conmigo."

JOHNNY "¡Valeria!.."

*En ese momento Diana llega a la oficina con unos
paquetes y se queda en la puerta viendo lo que sucede.
Johnny se despega de Mariela y se dirige a Fabiola hasta
quedar en medio de ambas.*

JOHNNY (*continued*) "Ni la amo a ella, ni te amo a ti.
Las amo a las dos."

*Diana se queda boquiabierta al escuchar a Johnny y se le
caen los paquetes.*

En la oficina central

Los chicos le explican a Diana lo que sucede.

FABIOLA Y por eso estamos ensayando mis escenas.

DIANA (*aliviada*) Gracias a Dios... Pero yo creo que
están confundidos. Los dobles no tienen líneas. Sólo hacen
las escenas en donde la estrella está en peligro.

MARIELA (*revisa el guión*) Cierto. Página seis, "Valeria
salta por la ventana".

En la oficina central

*Fabiola está parada sobre uno de los escritorios lista para
saltar.*

ÉRIC Acción.

FABIOLA (*trágica*) "Sé que decidieron casarse. Espero
que se hayan divertido a mis espaldas. Adiós mundo
cruel."

(grita pero no salta) Aaahhhggg.

Fabiola mira a Éric sonriendo y buscando aprobación.

ÉRIC Muy bien. Ahora salta.

FABIOLA (*negativa*) Ni loca. Primero, mi maquillaje.

En la oficina central

*Fabiola entra a la oficina equipada con un casco de
ciclista, unas coderas y unas rodilleras. Todos la miran
sorprendidos.*

FABIOLA (*feliz*) Lista.

Todos se quedan pasmados.

Unas pinturas... radicales

En la oficina central

Johnny llega a la oficina con un bolso. Johnny saca tres pinturas abstractas sin marco de dentro del bolso y las coloca en un caballete. Mariela y Éric ven las pinturas y Mariela hace una mueca de repugnancia sin que Johnny se dé cuenta.

MARIELA ¡Uhhgg!

Éric también hace una mueca de repugnancia.

ÉRIC ¡Iahhgg!

Johnny, exaltado, se acerca a Mariela y Éric.

JOHNNY Chicos, ésas son las pinturas de las que les hablé. Las conseguí muy baratas. Voy a escribir un artículo sobre ellas. ¿Les dicen algo?

MARIELA Sí, me dicen iahhgg.

Johnny se queda mirándolos sin comprender.

En la oficina central

Johnny, Éric y Mariela están frente a los cuadros discutiendo.

JOHNNY ¿Cómo que son feas? Es arte. No pueden criticarlo así.

MARIELA Es lo que la gente hace con el arte. Sea modernismo, surrealismo o cubismo, si es feo es feo.

JOHNNY Les mostraré cómo se critica una obra de arte correctamente. Hagamos como si estuviésemos observando las pinturas en una galería. ¿Quieren?

ÉRIC Bien.

Johnny se aleja unos pasos y Éric se pone a observar las pinturas mientras coloca su mano como si estuviera sujetando un vaso.

MARIELA ¿Qué haces?

ÉRIC Es mi vaso. En las galerías suele haber bebidas para el público.

MARIELA Oh.

Mariela hace lo mismo con su mano. Johnny se acerca elegantemente hacia Éric y Mariela, y observa las pinturas.

JOHNNY (*sofisticado*) Me imagino que habrán visto toda la exposición. ¿Qué les parece?

ÉRIC (*ordinario*) Habría preferido ir al cine. Estas pinturas son una porquería.

JOHNNY (*alarmado*) No puedes decir eso en una exposición. Si las obras no te gustan, puedes decir algo más artístico como que son primitivas o son radicales.

MARIELA Si hubiera pensado que son primitivas o que son radicales lo habría dicho. Pero son horribles.

JOHNNY (*paternalista*) Mariela, "horrible" ya no se usa.

En ese momento Diana pasa con unos papeles y al ver las pinturas se detiene y las mira con una mueca de repugnancia.

DIANA Ay, esas pinturas son...

Mariela, Éric y Johnny miran a Diana con mucha expectación.

DIANA (*continued*) ...horribles.

En la oficina central

Fabiola llega a la oficina y al ver las pinturas se maravilla con una de ellas.

FABIOLA ¡Qué hermoso! (*cautivada*) Es... Es como el verso de un poema.

Éric, Mariela y Diana no lo pueden creer. Johnny los mira y sonríe triunfador.

FABIOLA (*continued*) Habré visto arte antes pero esto es especial. ¿Está a la venta?

JOHNNY No sé. Sólo las tengo para...

MARIELA (*lo interrumpe*) Claro. Johnny te puede conseguir un buen precio. Pero tienes que comprar ya. Se están vendiendo como pan caliente.

FABIOLA Hay un detalle. No tiene amarillo y yo tengo un mueble amarillo en la sala. ¿Podrías hablar con el artista para que le cambie algunos colores?

JOHNNY Imposible. Eso es una falta de respeto al artista.

FABIOLA Son sólo pinceladas.

JOHNNY No se puede hacer una cosa así...

Mariela interrumpe a Johnny con un pellizco y le dice un secreto. Mientras, Fabiola observa la pintura cautivada.

JOHNNY (continued) Está bien. Voy a hablar con el artista para que le haga los cambios.

FABIOLA Gracias. Pero recuerda que es ésta. Las otras dos son algo...

MARIELA ¿Radicales?

ÉRIC ¿Primitivas?

FABIOLA No, horribles.

En la sala de reuniones

Johnny le pide explicaciones a Mariela en privado.

JOHNNY El artista jamás cambiará los colores. ¿Por qué me hiciste decirle que sí?

MARIELA No hubieras vendido ni una sola pieza.

JOHNNY No quiero venderlas, tengo que escribir sobre ellas.

MARIELA No está de más. Podrías llegar a ser un gran vendedor de arte.

JOHNNY ¿De veras?

En la oficina central

Johnny se imagina que está detrás de un podio dirigiendo una subasta de arte en la oficina. El personal de la oficina y varias personas más están sentados frente a él, todos vestidos de gala. Al lado del podio hay un cuadro en un caballete cubierto por una tela.

JOHNNY Nadie hubiera imaginado un final mejor para esta subasta. Les presento una obra maestra: la *Mona Lisa*.

Mariela es la modelo que quita la tela del cuadro. Aplauden.

AGUAYO Quinientos millones de pesos.

JOHNNY ¿Quién da más por esta pintura, símbolo del arte universal? ¿Quién da más?

FABIOLA Mil millones de pesos.

JOHNNY ¿Habrá alguien que ofrezca más? Mil millones de pesos a la una, mil millones de pesos a las dos... Se lo lleva la señorita por mil millones de pesos. Felicidades.

Todos aplauden. Fabiola se pone de pie y hace reverencias. Éric le toma fotos. Fabiola le pregunta algo a Johnny.

FABIOLA ¿Podría hablar con el artista para que le acentúe un poco la sonrisa?

En la oficina central

Fabiola le da un cheque a Johnny y éste le entrega la obra.

JOHNNY Me alegra que hayas decidido no cambiar la obra.

FABIOLA Hubiera sido una falta de respeto.

JOHNNY Claro. Bueno, que la disfrutes.

Éric y Mariela están hablando.

ÉRIC (tendiendo su mano hacia Mariela) Perdiste la apuesta. Págame.

MARIELA (poniendo dinero en la mano de Éric) Todavía no puedo creer que haya comprado esa pintura...

ÉRIC (contando el dinero y mirando de reojo a Mariela) Oye, si lo prefieres, en vez de pagar la apuesta, puedes invitarme a cenar...

MARIELA (sonriendo) Ni que me hubiera vuelto loca.

En la oficina central

Aguayo entra y ve las tres pinturas y habla con Johnny mientras los demás observan.

AGUAYO ¿Son las obras para tu artículo?

JOHNNY Sí. ¿Qué le parecen, jefe?

AGUAYO (mira los originales) Diría que estas dos son... primitivas.

(mira la de Fabiola con una mueca de disgusto) Pero la del medio definitivamente es... horrible.

El poder de la tecnología

En la oficina central

Suena el timbre del ascensor y se abre la puerta. Aparecen dos hombres uniformados de los que hacen mudanzas con una caja enorme.

JOHNNY ¡La pantalla!

HOMBRE 1 ¿Revista *Facetas*?

JOHNNY ¿Sí?

HOMBRE 1 Hola. Aquí está la pantalla líquida que pidieron. (*de memoria*) Pues, tiene imagen digital, sonido de alta definición, control remoto universal y capacidad para conexión de satélite e Internet desde el momento de la instalación.

JOHNNY (*entrecortado por la emoción*) ¿Y está en esa caja... tan grandota?

Johnny se queda embelesado mirando la caja.

HOMBRE 2 Sí.

El Hombre 1 le da un bolígrafo a Johnny para que firme la entrega en la tabla de sujetar papeles.

HOMBRE 1 Si es tan amable, me da su firmita en la parte de abajo por favor...

Johnny agarra el bolígrafo y se desmaya.

El Hombre 1 lo mira boquiabierto.

En la oficina central

Johnny continúa desmayado en el suelo mientras Diana trata de tomarle el pulso. Mariela, Fabiola y los dos hombres están de pie observando la situación.

HOMBRE 2 (*preocupado*) ¿Por qué no piden una ambulancia?

MARIELA No se preocupe. Fue sólo una pequeñísima sobredosis de euforia.

HOMBRE 1 Esto es tan emocionante. Usualmente nos dan galletitas y una vez un hombre me dio un abrazo, pero nunca se había desmayado nadie.

Éric llega corriendo con un pote de sal y se lo da a Aguayo.

ÉRIC Jefe, pruebe con esto a ver si despierta.

AGUAYO (*nervioso*) ¿Qué se supone que haga?

ÉRIC Ábralo y páseselo por la nariz.

Aguayo abre el pote de sal y se lo pasa por la nariz a Johnny tratando de despertarlo sin éxito.

AGUAYO Esto no funciona.

Diana deja la revista y le quita el pote de sal a Aguayo.

DIANA Ay, yo conozco un remedio infalible.

Diana le abre la boca a Johnny y le echa un poco de sal dentro.

ÉRIC (*sobresaltado*) ¡¿Qué haces?!

Johnny comienza a saborear la sal haciendo muecas todavía medio dormido. Aguayo y Éric se miran pasmados.

DIANA ¡Ya ven!

En la sala de reuniones

Todos están ansiosos por ver la pantalla. Johnny ya está recuperado.

JOHNNY ¿Sabían que en el transbordador espacial de la NASA tienen este tipo de pantallas?

MARIELA Espero que a ningún astronauta le dé por desmayarse.

AGUAYO Ahora la pregunta del millón: ¿Dónde vamos a instalarla?

DIANA (*señala*) En esta pared, pero hay que buscar quien lo haga, porque nosotros no tenemos las herramientas.

JOHNNY ¿Qué? ¿No tienes una caja?

ÉRIC (*sarcástico*) ¿A menos que quieras pegar la pantalla con cinta adhesiva y luego ponerle aceite lubricante? No.

FABIOLA Hay una construcción allá abajo.

En la oficina central

Suena el timbre del ascensor y se abre la puerta. Johnny y Fabiola entran vestidos con equipo de construcción. Johnny tiene unas gafas de protección, un casco, unos guantes y un taladro. Fabiola tiene puesto un casco, un chaleco fluorescente y lleva un banderín anaranjado. Éric y Diana los miran sin saber qué decir y se van a sus escritorios. Entonces Johnny prende y apaga el taladro a la vez que hace un gesto de aprobación con las cejas, mientras Fabiola sonríe ondeando el banderín.

En la sala de reuniones

Johnny tiene puesta una mascarilla cubre polvo y está haciendo un agujero en la pared cerca de la mesa de reuniones con los ojos cerrados. Fabiola está a su lado sujetando el banderín en alto. Johnny para de taladrar un momento y Fabiola, quien también tiene puesta una mascarilla, baja el banderín y le seca el sudor de la frente con un pañuelo como a los cirujanos.

AGUAYO (*preocupado*) Johnny, ¿estás seguro de que sabes lo que haces?

JOHNNY Tranquilo jefe, no es tan difícil.

FABIOLA Es sólo un agujerito en la pared.

Suena el teléfono y Mariela lo contesta.

MARIELA Revista *Facetas*, buenas tardes.

Johnny espera antes de continuar taladrando. Mariela pone el teléfono en espera.

MARIELA (*continued*) Jefe, tiene una llamada de su esposa en la línea tres.

AGUAYO Pregúntale dónde está y dile que la llamo luego...

MARIELA Un segundito,

AGUAYO (*mira a Johnny*) Estaré en mi oficina. No quiero ver este desorden.

Aguayo se marcha y Johnny, con la cabeza, le hace una señal de "listo" a Fabiola. Ésta sube el banderín y Johnny comienza a taladrar cerrando los ojos. En ese momento se escucha un cortocircuito y se va la luz dejándolos a oscuras.

FABIOLA (*Grita*) Johnny. (*Se detiene el taladro.*)

JOHNNY ¿Qué pasó?

En la oficina central, a oscuras

FABIOLA ¡Johnny! ¡Johnny!

JOHNNY Está bien. Está bien. Ahí viene el jefe.

Está todo a oscuras en la oficina. Se escucha a Aguayo, molesto, imitar a Johnny y a Fabiola.

AGUAYO (*burlón*) No es tan difícil, es sólo un agujerito en la pared... No funciona ni el teléfono.

Johnny saca su celular del bolsillo.

JOHNNY (*avergonzado*) Si quiere, puede usar mi celular.

Aguayo toma el celular de Johnny, suelta un gruñido y se va.

FABIOLA ¡Te lo dije!

En la sala de reuniones, a oscuras

Todos están en silencio sentados en la mesa de reuniones alumbrándose con unas velas.

AGUAYO Rodeados de la mejor tecnología para terminar alumbrados por unas velas.

DIANA (*reflexiona*) Nada ha cambiado desde los inicios de la humanidad.

Todos se quedan en silencio nuevamente.

MARIELA Hablando de cosas profundas... Alguna vez se han preguntado, ¿adónde se va la luz cuando se va?

TODOS Ay.

Esta noche o nunca

En la oficina central

Johnny entra a la oficina vestido con traje. Los demás lo ven y se quedan sorprendidos.

MARIELA ¿Qué haces vestido así tan temprano?

DIANA La ceremonia no comienza hasta las siete de la noche.

JOHNNY Lo sé, pero tengo que practicar con el traje puesto.

AGUAYO ¿Practicar qué?

JOHNNY Ponerme de pie, subir las escaleras, sentarme, saludar y todo eso. Imagínense...

En la oficina central

Johnny imagina que se dirige a recoger su premio. Se acerca al micrófono con una sonrisa.

JOHNNY (*emocionado*) Quisiera dar las gracias a mis amigos, a mis padres, a mi compadre, a mis familiares, a Dios por este premio que me han dado. De verdad, muchas gracias, los quiero a todos. ¡Muchas gracias! ¡Gracias (*besando la estatuilla*) Gracias!...

En la oficina central

Aguayo se acerca a todos emocionado con un documento en la mano.

AGUAYO Llegó la lista, llegó la lista.

DIANA ¿Qué lista?

AGUAYO La lista de los nominados.

ÉRIC Pensé que todos estábamos nominados.

JOHNNY Pensaste mal. (*seguro*) Vamos jefe, léala.

Todos se ponen nerviosos y a la expectativa menos Johnny, quien está muy seguro de estar en la lista.

AGUAYO (*lee nervioso*) En la categoría de mejor serie de fotos por las fotos de las pirámides de Teotihuacán, Éric Vargas.

Todos aplauden. Johnny lo felicita seguro de que después va él.

ÉRIC (*bailando*) ¡Sí!

JOHNNY Felicidades.

AGUAYO (*lee*) En la categoría de mejor diseño de revista...

Johnny sonríe victorioso con los brazos cruzados.

AGUAYO (*continued*) (*lee*) ...por la revista *Facetas*, Mariela Burgos.

Todos aplauden. Johnny se ve algo preocupado.

MARIELA Gracias.

AGUAYO (*lee*) Y en la categoría de mejor artículo por "Historia y civilización en América Latina", José Raúl Aguayo.

Todos aplauden y Johnny se queda pálido.

AGUAYO (*continued*) (*emocionado*) No lo puedo creer. Tres nominaciones.

Celebran contentos y eufóricos, y entonces Diana se da cuenta de que Johnny está muy triste.

DIANA Johnny, ¿cómo te van a nominar para un premio si no presentaste ningún trabajo?

Johnny entonces se da cuenta y mira, ya tranquilo y contento, a los demás.

JOHNNY Claro, pues es verdad.

En la oficina central

Mariela le está enseñando unos zapatos con mucho tacón a Fabiola.

MARIELA Mira qué zapatos tan bonitos voy a llevar esta noche.

FABIOLA Pero... ¿tú sabes andar con eso?

MARIELA (*insegura*) Por favor... por supuesto... Llevo toda mi vida andando con tacón alto...

FABIOLA Mira, de todas formas, te aconsejo que no te los pongas sin probártelos antes.

En la oficina central

Johnny está hablando con Éric.

JOHNNY (*conspirador*) ¿Con quién vas a ir esta noche?

ÉRIC ¿Estás loco? Entre boletos, comida y todo lo demás, me arruinaría. Mejor voy solo.

JOHNNY No creo que debas ir solo. ¿Y qué tal si invitas a alguien que "ya" tiene boleto?

ÉRIC ¿A quién?

JOHNNY Mariela.

ÉRIC (*sorprendido*) ¿A Mariela?

JOHNNY Éric, es esta noche o nunca. ¿En qué otra ocasión te va a ver vestido con traje? Además, tienes que aprovechar que ella está de buen humor. Creo que antes te estaba mirando de una manera diferente…

ÉRIC (*tímido*) No sé…

En ese momento Johnny y Éric se vuelven y ven a Mariela, que está en segundo plano, andando muy mal con los zapatos de tacón, intentando no caerse.

En la sala de reuniones

Mariela está sentada en su escritorio y Éric se acerca nervioso.

ÉRIC ¿Qué tal?

MARIELA Todo bien.

ÉRIC (*mira los zapatos*) Muy bonitos.

MARIELA Gracias.

Hay un silencio. Entonces se miran y hablan a la vez.

ÉRIC y MARIELA Quería preguntarte si...

ÉRIC Disculpa, tu primero...

MARIELA No, tu primero...

En la oficina central

Todos están vestidos muy elegantemente. Diana, Fabiola y Johnny están dirigiéndose hacia el ascensor.

DIANA ¡Qué nervios!

A Johnny se le cae una herradura de la suerte al suelo y hace ruido. Fabiola y Diana miran al suelo.

FABIOLA ¿Qué fue eso?

Diana recoge la herradura y la mira. Johnny, sonriendo, se la quita de las manos.

JOHNNY Es todo lo que necesitamos esta noche.

Diana, Fabiola y Johnny entran al ascensor. Éric y Mariela están hablando.

ÉRIC ¿Estás preparada para la gran noche?

MARIELA (*sonriendo, le mira a los ojos*) Lista.

Éric y Mariela, agarrada de su brazo para no caerse por los tacones, se dirigen al ascensor y se reúnen con los demás.

ÉRIC (*Grita*) ¿Jefe?

En la oficina central

Aguayo se queda solo, mirando la oficina emocionado.

Empieza un flashback con imágenes, breves, recordando el pasado de la revista.

Termina el flashback. Aguayo apaga la última luz de la oficina y entra al ascensor. Todos esperan que se cierre la puerta, hasta que Mariela se da cuenta de que hay que apretar el botón. Lo hace. Se cierra la puerta. Se ve la oficina desierta y a oscuras.

Cortometraje: *Momentos de estación*

Director: Gustavo Cabaña

País: Argentina

Un viajero va a comprar un boleto de tren a la ventanilla.

VIAJERO Estoy enamorado de usted.

CAJERA ¿Cómo?

VIAJERO ¡Qué la amo!

CAJERA No, no puede ser.

VIAJERO Tenía que decírselo hoy. Es mi último viaje.

CAJERA Esto es una broma.

VIAJERO No, no es ninguna broma, Ana.

CAJERA ¿Cómo sabe mi nombre?

VIAJERO Lo averigüé *(to find out)*; no fue difícil.

CAJERA Casi nunca me llaman por mi nombre.

VIAJERO Es un nombre hermoso.

La señora del abanico llama al chico de la boina.

SEÑORA ¡Chist!, Juan, ¿qué pasa?

JUAN Él la ama; ella no le cree.

En la taquilla

CAJERA ¿Quién sigue?

VIAJERO Escúcheme, Ana, por favor.

Juan, a las dos chicas

JUAN Él la ama; ella no le cree.

Se va otra vez hasta la ventanilla.

JUAN Perdón que me meta, pero, ¿qué le hace pensar que es una broma *(joke)*?

CAJERA No sé...

JUAN Créale. Parece un buen muchacho.

CAJERA Es que ni siquiera nos conocemos.

VIAJERO Hace más de un año que nos conocemos. Usted es la que me atiende siempre. Yo soy el que va a la capital.

CAJERA Todos van a la capital.

VIAJERO Exactamente 375 veces, sin contar la de hoy. Aquí están todos: 375 boletos, uno por uno. Salvo los de esa semana que estuvo con gripe; los guardo como recuerdo.

CAJERA ¿Qué quiere de mí?

VIAJERO Bailar.

CAJERA ¿Bailar?

VIAJERO Bailar, abrazarte, besarte...

CAJERA Ahora no, no puedo, estoy trabajando.

El jefe asiente y la cajera sale. Empieza a sonar el bolero. Escena de la señora del abanico y el chico joven. Los dos están sentados en el banco azul.

SEÑORA A veces, se le va la vida a uno sin que suceda algo tan maravilloso. Once años hace que murió mi marido. ¿Sabes, hijo?, ¡cuánto hace que no me dan un beso!

El chico besa a la señora. Todos bailan. Suena la campana y todo vuelve a comenzar: el viajero entra, compra el boleto, sube al tren y se va, con la cajita donde guarda los boletos.

Cortometraje: *Adiós mamá*

Director: Ariel Gordon

País: México

Un hombre está en el supermercado. En la fila para pagar, la señora que está enfrente de él le habla.

SEÑORA Se parece *(to look like)* a mi hijo. Realmente es igual a él.

HOMBRE Ah pues no, no sé qué decir.

SEÑORA Sus facciones *(features)* son idénticas.

HOMBRE ¿De veras?

SEÑORA Tiene los mismos ojos que él. ¿Lo puedo tocar?

HOMBRE No. No, no. Perdón.

SEÑORA Él también diría eso. Es tímido y de pocas palabras como usted. Sé que no me lo va a creer, pero tienen el mismo timbre *(tone)* de voz.

HOMBRE ¿Y a mí qué?

SEÑORA Murió. En un choque *(crash)*. El otro conductor iba borracho. Si él viviera, tendría la misma edad que usted. Se habría titulado *(to graduate)* y probablemente tendría una familia. Y yo sería abuela.

HOMBRE Por favor, no llore.

SEÑORA ¿Sabe? Usted es su doble. Dios lo ha mandado. Bendito sea el Señor que me ha permitido ver de nuevo a mi hijo.

HOMBRE No, no se aflija *(to get upset)* señora, la vida sigue. Usted tiene que seguir.

SEÑORA ¿Le puedo pedir un favor?

HOMBRE Bueno.

SEÑORA Nunca tuve oportunidad de despedirme de él. Su muerte fue tan repentina. Al menos podría llamarme mamá y decirme adiós cuando me vaya. Sé que piensa que estoy loca, pero es que necesito sacarme esto de aquí dentro.

HOMBRE Bueno, yo...

SEÑORA ¡Por favor!

HOMBRE Está bien.

SEÑORA ¡Mamá!

HOMBRE Mamá.

La cajera termina de marcar los productos de la señora. El hombre está leyendo una revista. Entonces, la señora se despide del hombre.

SEÑORA ¡Adiós hijo!

HOMBRE ¡Adiós mamá!

SEÑORA ¡Adiós querido!

HOMBRE ¡Adiós mamá!

La cajera tiene un problema al marcar los productos del hombre. El gerente llega para ayudarla.

CAJERA No sé lo que pasa, la máquina desconoce el artículo. Espere un segundo a que llegue el gerente.

GERENTE Eso es todo.

CAJERA Gracias.

GERENTE De nada.

CAJERA Son seis mil cuatrocientos ochenta y ocho pesos con veinte centavos.

HOMBRE ¿Qué? No, no puede ser.

CAJERA No, sí está bien.

HOMBRE Pero señorita, ¡si sólo son tres cosas!

CAJERA ¡Y lo que se llevó su mamá!

Cortometraje: *La hora de comer*

Directora: Fernanda Aljaro

País: Chile

Los miembros de una familia están sentados en la mesa cenando. La televisión está prendida.

PAPÁ Así es la cosa, nomás. Si cuando alguien no funciona, no funciona. ¡Está asquerosa esta cuestión! Pásame la mayonesa.

MAMÁ ¿Qué tiene?

PAPÁ ¡Qué no parece carne hoy! Ya hasta le hicieron una despedida al huevo...

MAMÁ ¿Cómo que no parece carne?

PAPÁ Oye, ¿y tú por qué no estás comiendo carne?

HIJA MAYOR Ay papá, si sabís...

PAPÁ ¿Qué?

HIJA MAYOR Que soy vegetariana.

PAPÁ ¡No se puede vivir de puro pasto *(grass)*! Lechuguita, tomatito, paltita *(avocado)*... ¡Proteína! ¡Proteína!

HIJA MAYOR Eso es totalmente reemplazable *(something that can be substituted)*. Además, si el animal es para matarlo...

MAMÁ Pásame el pepino.

HIJA MAYOR Todo depende del tipo de sangre que uno tenga. Lo sé bien, ¿ah? Pero los RH positivos tienen menos necesidad biológica para la gordura. No así los negativos, que necesitan más la carne. No sé si es exactamente así, pero, algo parecido.

HIJA MENOR Mi profesora del colegio me dijo que las plantas igual, respiran como los animales.

HIJA MAYOR Sí, pero no es lo mismo.

PAPÁ Tú misma lo dijiste, no es lo mismo. Así que no le vengan a quitar importancia.

MAMÁ ¿A quién?

PAPÁ ¡Cómo que a quién! A la carne, pues.

Siguen comiendo. La televisión sigue prendida.

PAPÁ ¿Y este cabro *(kid)* no va a llegar a comer? ¡Este huevón *(lazy)*! ¡Viene una vez a la semana por acá!

HIJA MAYOR Ay, no es para tanto.

PAPÁ ¿Cómo que no? ¿Lo has visto acaso?

HIJA MAYOR Sí...

MAMÁ Sí, pero es que tu hermano se pasa *(to go too far)* a veces...

HIJA MAYOR ¡Ay!, ni que hubiera un 830 u obligación...

MAMÁ Por favor, Andrea.

HIJA MAYOR Me encanta la libertad de expresión de esta casa.

HIJA MENOR Oye...

PAPÁ Harta suerte que tenís.

HIJA MAYOR ¿Tú creís? ¿Estás seguro?

PAPÁ Ten cuidado Karlita...

HIJA MAYOR Hay alguien aquí que ya no tiene la misma autoridad que antes...

PAPÁ ¡Qué te has imaginado! ¿Hasta cuando voy a seguir soportando tus insolencias? ¡Ni una palabra más! ¿Me escucharon? Pásame el vino. ¿Para dónde vas? ¿No me escuchaste? No te mueves de ahí hasta que no te comas todas las guindas *(cherries)*.

HIJA MENOR Es que los cuescos *(pits)*, es muy difícil sacarlos...

PAPÁ Pues aprendes entonces, te las comes igual. Y que quede claro, cuando digo algo, se me obedece... ¡Jamás cuando era niño se me hubiera ocurrido levantarle la voz a mi padre! ...

HIJA MAYOR Así...

Cortometraje: *Correo celestial*

Director: Gerardo Ballesteros

País: España

Un hombre recibe una carta misteriosa en el correo.

NARRADOR Esta carta ha sido enviada desde un país del Lejano Oriente, para darte suerte. Ha dado nueve veces la vuelta al mundo y hoy la suerte te ha tocado a ti. La enviarás por correo. No envíes dinero, ya que si el señor no nos lo da... Envíala tal como *(just as)* está a las personas que necesiten ayuda y suerte. No tengas la carta en tu poder más de nueve días. Tendrás cuatro días de suerte después de haber enviado esta carta.

El hombre se imagina muy feliz poniendo la carta en el correo.

NARRADOR Esto no es broma. Te ruego que lo hagas y verás que ocurre.

Constantino García recibió la carta y se la entregó a su secretaria para que hiciera fotocopias. A los cinco días recibió cinco millones de pesetas. María Baldón recibió la carta y se olvidó hacerla circular, por lo que perdió su trabajo. Al cabo de unos días, acordándose de ella la puso en movimiento. Al poco tiempo, la llamaron para otro trabajo mejor. Camilo Pérez la tomó a burla *(mockery)*, la rompió y la tiró. Al instante su mujer falleció *(died)*.

Bajo ningún motivo rompas la carta. Haz las veintiuna copias y a los nueve días recibirás sorpresas buenas. Espíritu santo, tú me lo aclararás todo.

El hombre está tratando de dormir, pero no puede porque la música de la fiesta de disfraces (costumes) de los vecinos está muy alta. El hombre se despierta y va a la copistería para hacer las copias de la carta. Camino al buzón del correo, el hombre tiene un accidente...

Cortometraje: *El milagro*

Director: Ernesto Contreras Flores
País: México

Margarita está leyendo una invitación.

MARGARITA Por medio de la presente, le invitamos a presenciar El Milagro que tendrá lugar el próximo día catorce.

Margarita cierra las ventanas de su casa y empieza a arreglarse para ir a El Milagro.

MARGARITA Su fe y su buena voluntad, le han otorgado el derecho de observar este hermoso y significativo suceso, que ha de premiar *(to reward)* su incondicional devoción. Le rogamos no falte, esto sucederá nuevamente dentro de mil años.
La cita es a las quince horas en la cima del Cerro Azul.

Alfonso llega a la casa.

MARGARITA ¡Ay Alfonso, ya me tenías con pendiente! ¡Qué bueno que llegaste!

ALFONSO Traje esto del rancho.

MARGARITA ¡Ah, qué bueno! Me voy a llevar uno. Ya preparé unas cosas para...

ALFONSO ¿Qué haces vestida así?

MARGARITA ¿Cómo qué? ¡Pues hoy es el milagro! No sabes lo ilusionada que estoy. ¡Ya es tardísimo! Yo pensé que no llegabas. Vino Faustina en la mañana, se va a ir con nosotros. No debe tardar en llegar. Me voy a llevar el... ¿Alfonso?

ALFONSO Ay, ay, ay...

MARGARITA ¿Qué haces ahí? ¿Te vas a dormir? ¡Ándale, vístete!

ALFONSO ¿Para qué?

MARGARITA ¡Para irnos, Alfonso!

ALFONSO ¿A dónde? ¿Al milagro? ¡Ha, estás loca!

MARGARITA Pero Alfonso ¿qué, no quieres ir?

ALFONSO A mí no me agarran de su tarugo *(blockhead).*

MARGARITA ¿Pero por qué dices eso? Ay Alfonso, yo tengo muchas ganas de ir. Ándale, no seas así, ¡vístete!

ALFONSO Tú también te vas a quedar. No tenemos nada que hacer en ese argüende *(gossip).*

MARGARITA Ay Alfonso, no me hagas eso, ¡tan bonitas las invitaciones! Todo el mundo...

ALFONSO ¡Las invitaciones! Ni siquiera saben quién chingados *(the hell)* las mandó.

Se escucha el timbre de la puerta, Faustina acaba de llegar.

MARGARITA ¡Faustina!

FAUSTINA Margarita, ¿qué le pasa? ¿Todavía no está lista?

MARGARITA No, es que... yo creo que ya no vamos a ir...

FAUSTINA ¿Cómo que ya no van a ir? Pero si ya habíamos quedado...

MARGARITA Pues sí Faustina, pero Alfonso no quiere.

FAUSTINA ¿Por qué?

MARGARITA Pues no sé, está de necio *(stupid).*

FAUSTINA ¿Necio? Zoquete *(dimwit)* le queda mejor.

FAUSTINA Mire Margarita, si su marido no quiere ir, pues déjelo ahí solo y véngase con nosotras. No se lo puede perder, es un milagro. ¡Un milagro!

MARGARITA Pues sí, pero él dice... Faustina, ¿usted sabe quién mandó las invitaciones?

FAUSTINA No, ni yo ni nadie. Ni tampoco nadie sabe qué será, ¡pero eso que importa, Margarita! Si en este méndigo *(stingy)* pueblo, nunca pasa nada. No sea tonta, ¡véngase con nosotras!... bueno, entonces yo ya sí me voy...

MARGARITA A ver espéreme tantito, Faustina.

FAUSTINA Mira, ahí va la Karina. ¡Adiós Karina! Allá nos vemos. ¡Adiós Angi!

ANGI ¡Adiós!

MARGARITA Tenga, lléveselo usted, está muy bueno todo. Y tú, Juanita, abre bien los ojos para que cuando regreses, me lo cuentes todo.

KARINA Sí, señora Margarita.

FAUSTINA Bueno, adiós.

MARGARITA ¡Adiós!

FAUSTINA Vámonos hija.

Margarita entra a su casa.

MARGARITA Era Faustina, ya se fue. Llevaba su sombrilla china. Y a Juanita, la arregló bien chula *(pretty).* Ya casi todos se fueron... Ay, Alfonso no seas así. ¡Vamos! Vamos un ratito y si no te gusta, nos regresamos. Ándale. O por lo menos deja que yo vaya. Yo quiero ir Alfonso...

ALFONSO ¿Qué vamos a comer?

Todas las personas del pueblo están subiendo a la cima del Cerro Azul. Margarita empieza a hacer la comida. Está llorando. Y escucha las voces y los ruidos que vienen de la cima del Cerro Azul... Bueno, bueno, bueno. Probando. Uno, dos, probando... Bueno, probando. Bueno, probando... Bienvenidos, bienvenidos a...

Las personas van muy contentas subiendo a la cima del Cerro Azul. Alfonso se despierta y escucha las voces y los ruidos que vienen del Cerro Azul. Se levanta y camina por el pueblo. Ve a un hombre extranjero y le señala el camino. Se viste y toma su invitación. Entonces, empieza a buscar a Margarita y no la encuentra. Sale corriendo hacia la cima del Cerro Azul. En la cima encuentra a Margarita sola.

MARGARITA No los alcancé, no sé dónde están, no sé qué pasó... Alfonso, ¿nos salvamos?

Videoteca Scripts

Cortometraje: *Lluvia*

Director: Roberto Pérez Toledo

País: España

NARRADOR Si tomáramos en serio el Apocalipsis de San Juan, el mundo moderno debió desaparecer alrededor del año 1833. En noviembre de ese año una increíble lluvia de estrellas cubrió el cielo y el pánico cundió entre la población mundial. Aquella noche muchos creyeron que había llegado el Día del Juicio Final, pero el Apocalipsis de San Juan no se cumplió. El fenómeno de Las Leónidas se repite cada año desde entonces, aunque no siempre con la misma intensidad. La próxima cita es esta noche. A eso de las diez, la tierra rozará la cola del cometa *Tenpentaten* y una lluvia de silenciosos meteoritos inundará el espacio, como majestuosos bólidos luminosos. Si a esa hora tu teléfono móvil no funciona, si en la pantalla de tu televisor aparecen cientos de rayas o si, simplemente, encuentras a la mujer de tu vida, échale la culpa a Las Leónidas.

LLUVIA

20:32 h.

NARRADOR Las Leónidas son, en realidad, minúsculos granos de polvo cósmico que, al entrar en la atmósfera terrestre, se incineran por la fricción del aire, produciendo un efecto luminoso que vemos como estrellas fugaces. Las Leónidas presentan un máximo, con intensidad de tormenta, cada 33 años, algo que ocurrirá esta noche. Para una perfecta contemplación del fenómeno, los expertos recomiendan escoger un lugar de observación oscuro, fuera de las zonas pobladas, con el horizonte lo más diáfano posible. Conozco el lugar perfecto… la casa de Marian.

NARRADOR Ésta será una noche extraña, de eso no cabe duda. Marian ha decidido romper con Alberto, su novio desde hace dos años justo esta noche, en plena tormenta de Leónidas. Alberto llegará a la casa de Marian a eso de las ocho y media. Vendrá con Jorge, un amigo. El hecho no merecería mayor comentario si no fuera porque Emma también está invitada al festival de estrellas en casa de Marian. Resulta que Emma y Jorge rompieron hace un año, quizás menos, mi memoria está cada vez peor. Y su relación actual no es demasiado amistosa. En fin, Emma anunció que traería a una tal Verónica, una nueva amiga desconocida para el resto.

EMMA Ésta es Verónica.

NARRADOR ¿Y si fuera Verónica la mujer ideal para Dani? Dani es el mejor amigo de Marian, pero afirma que ha pospuesto su vida sentimental durante un tiempo, quizás un par de meses, aún no lo ha decidido del todo. Las Leónidas son una buena excusa para posponer cualquier cosa.

20:58 h.

Marian y Alberto

Marian y Alberto se encuentran en el jardín de la casa y empiezan a hablar.

ALBERTO Si quieres hablar, hazlo.

MARIAN No estoy bien.

ALBERTO Ya. Esta vez debe ser algo verdaderamente grave. La media palabra que has intercambiado conmigo los últimos días es bastante inferior a la de tu último berrinche.

MARIAN No es sarcasmo lo que necesito esta noche.

ALBERTO ¿Qué necesitas Marian? No digo ahora… me refiero… ¿Qué esperas de mí? No puedo ayudarte si no sé qué es lo que pasa por tu cabeza. ¿Por qué eres así?

MARIAN ¿Así cómo?

ALBERTO Así tan… complicada.

MARIAN No necesito nada. No busco nada, no lo sé. Tal vez sea un problema mío porque disfruto siendo infeliz y provocando que la gente se aleje de mi lado. Porque me aterroriza la idea de que alguien me quiera. Me he pasado la vida persiguiendo fantasmas.

ALBERTO Hablas, pero no entiendo lo que dices. Utilizas metáforas y palabras extrañas. Puede que yo sea demasiado simple, pero es que contigo las cosas nunca son blancas o negras, nunca hay un sí o un no. Parece que sólo hay algo en el medio que sólo comprendes tú. Te miro a los ojos y no sé que es lo que está pasando por tu cabeza. Haces daño, Marian.

MARIAN Lo sé. Y por eso mereces estar con alguien a quien puedas comprender. Tengo todo lo que una chica de mi edad pueda desear. Alguien que me quiera y, sin embargo, la mayor parte del tiempo soy infeliz. Ojalá pudiera conseguir que lo que siento resulte coherente, pero sé que no lo es. Sé que te voy a echar de menos y que me arrepentiré cada minuto pero…

ALBERTO ¿Me vas a dejar Marian? Dime algo, dime sólo una cosa. En estos dos años, ¿me has querido? Es decir, ¿has estado enamorada de mí?

MARIAN Hablar de eso ahora ya no tiene sentido.

21:16 h.

Dani y Verónica

Verónica está sola, sentada en una banca. Llega Dani y se sienta a su lado.

DANI ¿Qué, haciendo amigos?

VERÓNICA Pero es que padezco el típico síndrome de inadaptación del grupo desconocido. Sois un poco raros.

DANI ¿Raros? Espera a conocernos. ¿No habrás visto a Marian?

VERÓNICA No.

DANI Te pareceré indiscreto pero, desde que has llegado, no dejo de preguntarme algo: ¿Qué edad tienes? ¿Quince, dieciséis?

VERÓNICA Ya. Seguro que te estás preguntando si soy una de esas adolescentes histéricas, inestables, víctimas de su cuerpo cambiante.

DANI Algo así, bueno, lo del cuerpo cambiante no me preocupa demasiado. Yo tengo veintidós y aún me salen pelos nuevos en zonas nuevas de mi cuerpo, todos los días.

VERÓNICA Enhorabuena.

DANI Gracias.

VERÓNICA Bueno, confórmate con saber que ya he superado la pubertad y que mi mutación está a punto de detenerse.

DANI ¿Cómo te imaginas dentro de diez años?

VERÓNICA ¿Qué? ¿Qué pasa, siempre haces ese tipo de preguntas trascendentales cuando quieres entablar conversación con una desconocida?

DANI Sí.

VERÓNICA Pues, pues no lo sé. Supongo que... ya me resulta demasiado complicado vivir el presente. ¿Cómo te imaginas tú?

DANI No sé, desde que empecé a plantearme mi vida seriamente, siempre he tenido muy claro que lo mío es el matrimonio. Me veo a mí mismo dentro de unos años con un buen trabajo, una casa propia, un bonito perro, una esposa maravillosa y varios hijos, no menos de tres. ¡Bueno!, ¡que ya lo he vuelto a hacer! Si es que es como si fuera masoquista, porque he comprobado que, en el cien por cien de las ocasiones en las que menciono la palabra matrimonio, a la chica en cuestión le falta tiempo para echar a correr *(to take of running)*. Pero bueno, tengo que aclararte que esta noche no tienes ninguna oportunidad de estar conmigo.

VERÓNICA ¿Ah no?

DANI No. Porque he decidido posponer mi vida sentimental durante unos meses, un tiempo. Ya sabes, por lo que ves. ¡Las Leónidas!

VERÓNICA Lo tendré en cuenta. Venga, otra pregunta. Otra de esas preguntas trascendentales.

DANI ¡Vale! ¿A ti nunca te ha dado asco *(to be disgusted)* tu propia saliva? A mí sí. Y es que es una situación muy angustiosa *(distressing)*, pero bueno, ahora ya en serio: Cuando te vi, sufrí una especie de revelación, sentí que tú y yo, en otra vida, estuvimos casados.

VERÓNICA ¿Y cómo fue?

DANI Bien. Como mínimo fue una experiencia intensa, aunque me pusiste los cuernos *(to cuckold)*.

VERÓNICA ¿Con quién?

DANI Ah, con un tipo, pero luego descubriste que era impotente.

VERÓNICA Eso no es lo más importante para mí.

DANI Ni para mí, en eso estamos de acuerdo.

VERÓNICA ¿Y qué hiciste cuando te puse los cuernos?

DANI Esperar. Te di tiempo.

VERÓNICA ¿Volví contigo?

DANI ¡Claro! supe esperar a que te dieras cuenta...

VERÓNICA ¿A que me diera cuenta de qué?

DANI A que te dieras cuenta de que habías nacido para estar... conmigo.

21:42h.

Emma y Jorge

Jorge, está sentado en una banca. Llega Emma y se queda de pie a su lado.

EMMA ¿Has visto a Verónica?
Estás fumando... Creía que lo habías dejado. ¿Ni siquiera vas a mirarme? ¿Qué tal estás?

JORGE ¿Qué tal estás tú?

EMMA Yo he preguntado primero.

JORGE Emma, no quiero hablar contigo. No sabía que tú estarías aquí.

EMMA Ha pasado más de un año. No sé porque no podemos mantener una conversación amistosa.

JORGE Emma, no quiero ser tu amigo. ¿Vale? Tengamos una conversación amistosa. ¿Qué tal con Jaime? ¿Te gustó estar con él? ¿Estuvo...? ¿Estuvo a la altura?

EMMA Dejémoslo. Sigues herido y a la defensiva. Y yo contra eso no puedo hacer nada.

JORGE Dijiste que querías estar sola, que no querías estar con nadie. Que necesitabas tiempo para ser tú misma. Tardaste dos semanas en encontrar a otro. ¡Dos semanas! No sé el tiempo que tarda uno en encontrarse a sí mismo, pero lo tuyo debió ser una especie de record mundial. Seguro que tienes alguna explicación más coherente, pero entonces sólo conseguiste que pensara que el único problema... el único problema era yo.

EMMA Pero eso no es cierto. Lo de Jaime fue un error, una estupidez. Yo nunca pretendí encontrar a alguien que te superara. ¡Dios! Estaba hecha un lío. ¡Estaba tan confundida! Vivía por y para ti, y eso llegó a asustarme. Cuando ahora pienso en aquella época, me parece que no forma parte de mi vida. He pensado mucho en este año, creo que más que en los diecinueve años anteriores juntos... Hacía tiempo que necesitaba hablar contigo. Echaba de menos nuestras charlas. Si te hice daño, lo siento. Ahora miro hacia atrás y... toda esa etapa está borrosa, pero creo que me he ganado la posibilidad de empezar de cero y quiero sabe que puedo contar contigo, que puedo... escribirte.

JORGE ¿Escribirme?

EMMA Me voy, la próxima semana. Me han concedido una beca para la escuela.

JORGE ¿Vas a ser actriz? ¡Lo has conseguido!

EMMA ¡Estoy tan asustada!

JORGE Seguro que llegas lejos. Y cuando seas una estrella o algo así, mandarás postales a un tal Jorge que trabajará de camarero en algún bar o en una gasolinera.

EMMA Vamos, sabes que no has nacido para eso.

JORGE Las cosas cambian. Crees que vas a tener siempre a alguien ahí, y luego desaparece. Se va lejos o... se hace mayor. Al final todo cambia.

EMMA ¡Pero no cambia tanto! Yo volveré en vacaciones y cuando acabe la carrera... quién sabe.

JORGE ¿Quién sabe? ... Estoy orgulloso de ti.

EMMA Son casi las diez, Las Leónidas están a punto de aparecer.

NARRADOR Dentro de unos minutos nuestros ojos podrán contemplar la mayor lluvia de estrellas de los últimos treinta y dos años. Y el cielo se convertirá en una especie de fiesta de fuegos artificiales. No sé, es romántico, aunque Marian piense que Las Leónidas sólo sirven para enredar las cosas, para ponerlo todo patas arriba. Dice Marian que Las Leónidas, en realidad, no son más que una metáfora rebuscada *(complicated)* de nuestras relaciones amorosas, que ella cree destinadas a brillar intensamente al principio para pronto, caer en picado, desintegrándose. Desapareciendo como si nunca hubieran existido, igual que ocurre con Las Leónidas. Pero Marian se equivoca a menudo, así que hazme caso a mí y no te pierdas la lluvia. Concede a tus ojos unos veinte minutos para que se acostumbren a la oscuridad y mantén la mirada fija en el cielo, pero no mires demasiado intensamente, ni demasiado tiempo en una sola dirección. Debes estar preparado para mirar a un lado y otro, incluso para atisbar a una Leónida por el rabillo del ojo. Ah, se me olvidaba un consejo importante, quizás el más importante. Si tienes suerte y a tu lado está la persona a la que quieres, abrázala fuerte, muy fuerte. Y cuando lo hayas hecho, pide un deseo, si es que acaso eres capaz de desear algo más.

Bienvenida, Mariela

The employees of *Facetas* talk about how to greet a client.

Mariela, the new employee, arrives at the office.

① **JOHNNY** *(on the phone) Facetas* Magazine, good morning... *(to Diana)* It's for Aguayo.

FABIOLA He's in the bathroom.

JOHNNY *(on the phone)* At this moment he's in the bathroom.

DIANA No! Say that he's with a client.

② **JOHNNY** Boss, you have a message from Mariela Burgos.

AGUAYO Thanks... She's the new graphic designer. She is coming here to meet with us.

FABIOLA I don't think we'll all fit in the bathroom.

③ **DIANA** *(passing out booklets)* This is the professional etiquette manual.

FABIOLA Page three. "How to greet a client."

ÉRIC *(standing up)* Do you want a demonstration? Johnny, you are the client.

JOHNNY What type of client am I?

④ **ÉRIC** I know! You are a millionaire who's going to buy our magazine.

JOHNNY Perfect. I am the Dominican tycoon, Juan Medina.

ÉRIC Welcome to *Facetas*, Mr. Medina. Welcome.

(They hug.)

⑤ *Later, in the kitchen...*

AGUAYO One must be careful when answering the phone.

JOHNNY You mean be a liar.

ÉRIC I hate being formal.

FABIOLA It's nice to hug people, Éric, but this is an office, not a football game.

⑥ *A pizza delivery man enters the central office.*

JOHNNY Did someone order pizza?

DELIVERY BOY Is this 714 Juárez Avenue...?

MARIELA *(interrupting)* Office One, *Facetas* magazine?... I am Mariela. I didn't know how to get here, so I ordered a pizza and followed the delivery boy.

JOHNNY Welcome!

⑦ *In the conference room...*

AGUAYO Mariela, I would like to introduce you to the *Facetas* team. This is Éric, our photographer.

ÉRIC How are you?

AGUAYO This is Fabiola. She is in charge of the following sections: travel, economy, tourism, and entertainment.

FABIOLA Nice to meet you.

⑧ **AGUAYO** This is Johnny. He writes the arts, culinary, health and well-being, and politics sections.

JOHNNY Hello.

AGUAYO And this is Diana. She is in charge of sales and marketing.

⑨ **DIANA** I've heard so much about you that I am eager to hear your own version.

MARIELA I am 22 years old, I am from Monterrey, I study at the UNAM and I come from a large family. In fifty years of marriage, my parents have raised nine children and twenty grandchildren.

⑩ *Eric and Fabiola remain talking by themselves.*

FABIOLA I am talking about Mariela. What did you think of her?

ÉRIC I think she is beautiful, talented and intelligent. Other than that, she does not impress me at all.

English Translations of the *Fotonovela*

¡Tengo los boletos!

The *Facetas* employees discuss their free-time activities. Johnny tries to help Éric. Mariela talks about her plans.

(1) **JOHNNY** What's the matter with you?

ÉRIC I'm depressed.

JOHNNY Cheer up, it's the weekend.

ÉRIC Sometimes I feel alone and useless.

JOHNNY Alone? No, man, I'm here; but useless...

(2) **ÉRIC** You have no idea what it's like to live alone.

JOHNNY No, but I'm picturing it. The problem with living alone is that it's always your turn to do the dishes.

ÉRIC Girls think I'm boring.

(3) **JOHNNY** Don't be pessimistic.

ÉRIC No! I'm an optimist with experience. I've tried everything: movies, clubs, theater... nothing works.

JOHNNY You have to tell them jokes. If you make them laugh, bam! They're in love.

ÉRIC Really?

JOHNNY Sure.

(4) **JOHNNY** You know the one about the dots? It´s a classic... There's a dot party...

They're all having a blast, enjoying themselves, and then in comes an asterisk...

And they all stare amazed, and the asterisk says: "What? You've never seen a dot with a bad hair day?"

(5) *Later, Fabiola and Aguayo secretly talk about Mariela.*

FABIOLA I told you.

AGUAYO Told me what?

FABIOLA That she didn't seem normal.

(6) *Mariela approaches them.*

FABIOLA You got what?

MARIELA The last tickets for tonight's rock concert.

FABIOLA What's the name of the group?

MARIELA Distorsión.

(7) *Later, at Diana's desk...*

ÉRIC Diana, can I tell you a joke?

DIANA I'm too busy.

ÉRIC I've got to tell it to a woman, see?

DIANA There are two other women in the office.

ÉRIC I'm afraid they'll laugh when I tell them.

(8) **DIANA** It's a joke!

ÉRIC Yeah, but I'm afraid they'll laugh at me, and not at the joke.

DIANA What makes you think I'll laugh at the joke and not at you?

ÉRIC I don't know, you're a serious person.

DIANA And why do you have to tell it to a woman?

ÉRIC It's a trick to win them over.

Diana laughs out loud.

(9) *Later on...*

MARIELA Wish me luck.

AGUAYO Luck? With what?

MARIELA Tonight I'm going to take the shirt off the guitarist from Distorsión!

ÉRIC *(Teasing)* If you think it is so easy to take a guy's shirt off, why don't you practice on me?

Mariela attempts to take off Éric's shirt.

(10) *At the end of the day, in the kitchen...*

AGUAYO Anyone want coffee?

JOHNNY Did you make it or are you just serving it?

AGUAYO Just serving.

JOHNNY I want some.

ÉRIC I want some.

¿Alguien desea ayudar?

The *Facetas* employees discuss what happens in the office on a typical Monday.

(1) **FABIOLA** I hate Mondays.

DIANA When you have three kids, a husband, and a mother-in-law, you'll hate weekends.

FABIOLA Do you often argue with your family?

DIANA We always have arguments, but my husband and kids only win half of them... My mother-in-law wins the other half.

(2) **FABIOLA** Do they help you with the chores?

DIANA They do, but there's barely any time for anything. Today I have to go shopping with my eldest daughter.

FABIOLA And why doesn't she go on her own?

DIANA There are three groups of people that spend other people's money, Fabiola: politicians, thieves, and kids. All three need supervision.

(3) **FABIOLA** Be careful at the stores. Two months ago, I went shopping and my credit card was stolen.

DIANA And did you go to the police?

FABIOLA No.

DIANA Why are you taking it so lightly? You'll be ruined!

FABIOLA I don't think so. Whoever stole it from me, uses it less than I do.

(4) *In Aguayo's office...*

MARIELA Do you need help?

AGUAYO I can't get it to work.

MARIELA I think Diana has a small toolbox.

AGUAYO That's right!

(5) *Later, in kitchen...*

AGUAYO The janitor left a message saying he's sick. I'm going to pass around the vacuum at lunchtime. If anyone wants to help...

(6) **FABIOLA** I'm really busy at lunchtime.

DIANA I have a meeting with a client.

(7) **ÉRIC** I have to... I have to go to the bank. Yeah. I'm going to ask for a loan.

JOHNNY I have to go to the dentist. I haven't gone since last time... I need a cleaning.

Aguayo and Mariela are the only ones left.

(8) *Diana comes back from lunch with a box full of sweets.*

DIANA I brought you some sweets to reward your hard work.

AGUAYO Thanks. I'd try them all, but I'm on a diet.

DIANA Good! So am I.

MARIELA But you're eating!

DIANA Yes, but I don't really want to.

(9) *Fabiola and Johnny arrive at the office. Mariela is finishing cleaning.*

MARIELA If you'd like, there are some sweets left in the kitchen. They're very good.

MARIELA *(to herself, referring to the cleaning spray)* And it wouldn't have been such a bad idea to spray them with a bit of this.

(10) *Fabiola and Johnny return from the kitchen.*

JOHNNY You are very inconsiderate, Fabiola. If I had gotten there first, I would have left the large pastry for you.

FABIOLA So what are you complaining about? You have what you want and so do I.

¡Buen viaje!

Diana gives Fabiola and Éric their plane tickets and other travel documents.

(1) **DIANA** Here are the tickets to Venezuela, the guide to the Amazon jungle, and the passports... I'll give you the hotel information later.

ÉRIC Thanks.

FABIOLA Thanks.

(2) **ÉRIC** Can I see your passport?

FABIOLA I don't like how I look in the picture. They made me wait so long my face looks angry.

ÉRIC Don't worry... that'll be the face you'll make when you're in the jungle.

(3) **DIANA** It's necessary for you to memorize this. Repeat after me: We have to leave through gate 12.

FABIOLA, ÉRIC AND JOHNNY We have to leave through gate 12.

DIANA The bus for the hotel will pick us up at 8:30.

FABIOLA AND ÉRIC The bus for the hotel will pick us up at 8:30.

(4) **DIANA** The last number you have to memorize is forty-eight dollars and fifty cents.

FABIOLA, ÉRIC Forty-eight dollars and fifty cents.

JOHNNY And that last number, what's it for?

DIANA That's the taxi fare you'll have to pay to get to the hotel if you forget the first two numbers.

(5) *Éric walks in dressed like an explorer.*

ÉRIC Step aside, cowards, the adventure has begun.

MARIELA Who do you think you are... Mexico Jones?

ÉRIC No, I'm Crocodile Éric, the bravest photographer of the jungle. Ready to face danger.

FABIOLA What danger? We're doing a report on ecotourism... Eco-tourism!

(6) **ÉRIC** Yes, but in the Amazon, Fabiola. A-ma-zon!

MARIELA It's so risky you'll have a tour guide and the most luxurious accommodations in the jungle.

ÉRIC While she writes her article in the safety of her hotel room, I'll be exploring and taking pictures... I need to be protected.

(7) *Johnny and Éric are pretending to be in the jungle.*

JOHNNY *(with his face painted)* What's so funny? Soldiers wear lines on their faces... I've seen it in movies.

ÉRIC Let's try again.

JOHNNY This time I'm a puma that attacks you from a tree.

ÉRIC That's better.

(8) *Before he says goodbye, Éric puts the last items in his suitcase...*

AGUAYO For everyone's safety, I think you should leave your machete behind, Éric.

ÉRIC Why should I leave it? It's a fake machete.

DIANA But it can bring you real problems.

AGUAYO Everyone in the jungle will be grateful.

(9) **ÉRIC** Will someone help me close my suitcase?

JOHNNY What the heck do you have in there?

AGUAYO You need to leave some stuff behind.

ÉRIC Impossible. Everything I packed is of absolute necessity.

JOHNNY What? This?

Johnny sticks his hand in the suitcase and pulls out a whip.

(10) *Diana closes the suitcase with several layers of tape.*

DIANA Ready... Bon voyage!

MARIELA It must be exciting to experience new cultures.

AGUAYO I hope you enjoy Venezuela and bring back the best report you can.

JOHNNY And it's important that you don't try to come across as too clever or refined; just be yourselves.

¿Dulces? No, gracias.

The employees of *Facetas* discuss staying in shape.

(1) **DIANA** Johnny? What are you doing here so early?

JOHNNY I got up early to go to the gym. What, you never work out?

DIANA Not much... Sometimes I get the urge to exercise, so I lie down and rest until it passes.

(2) *In the kitchen...*

JOHNNY I will remember you wherever I am. I know this is difficult, but you must be strong... Please don't put on that "eat me" face. *(Johnny is talking to his candy).* As much as you insist, I have to throw you away. I hope you can forget me.

(3) **FABIOLA** So, you've started going to the gym? Congratulations. To get in shape, you have to work hard.

JOHNNY It isn't easy.

FABIOLA It's not difficult. I, for example, do not exercise, but I try to eat healthy.

JOHNNY No fast food.

FABIOLA I would really like to have your will power.

(4) *In the conference room*

AGUAYO *(speaking directly to Mariela)* I'd like you to make some changes to these designs.

DIANA We believe the designs are good and original but they have two problems.

ÉRIC Yeah, the good ones aren't original and the original ones aren't good.

AGUAYO What do you think? *(Mariela does not answer.)*

(5) *Mariela writes 'I lost my voice' on the board.*

AGUAYO You lost your voice?

DIANA Thank God... For a moment there I thought I had gone deaf.

AGUAYO You're sick, you should be in bed.

ÉRIC Yeah, and you could have called to say you weren't coming.

(6) *In the kitchen...*

DON MIGUEL Wow! There must be a thousand pesos in candy here. Mmmm! And they're good.

JOHNNY Hello, Don Miguel... How's it going?

Don Miguel has the caramel in his mouth and smiles without saying anything.

JOHNNY Another one who's lost his voice! What is this? An epidemic?

(7) **FABIOLA** What did you buy?

JOHNNY Nutritious, low-calorie food. I have sworn to never eat another candy.

FABIOLA What's this?

JOHNNY This is so healthy you feel better just by touching the box.

FABIOLA Does it taste good?

(8) *In Aguayo's office...*

AGUAYO Mariela, I insist that you see a doctor. Go home and don't come back until you feel better. I'm giving you advice. Don't think of me as your boss.

DIANA Think of him as a friend who's always right.

(9) **AGUAYO** By the way, Diana, come with me to turn in the designs right away. I have to return immediately. I'm waiting for a very important call.

DIANA Let's go.

They leave. Mariela is left behind, and at that moment Aguayo's phone rings. Mariela stares at the phone, terrified, because she cannot answer it.

(10) **FABIOLA** Weren't you going to improve your diet?

JOHNNY If you can't do it well, enjoy doing it wrong. I'm happy.

FABIOLA Sweets don't provide happiness, Johnny.

JOHNNY You say that because you haven't tried a Chocobomba...

Cuidando a Bambi

When Aguayo goes on vacation, Diana and the other employees take care of his pet fish.

(1) **MARIELA** It's a giant spider!

FABIOLA Don't be afraid.

MARIELA What are you doing up there?

FABIOLA I'm leaving them space so that they can catch it.

DIANA If you spray it with this *(handing him a spray can)* you'll really kill it.

AGUAYO But this is for killing flies.

(2) **FABIOLA** Spiders will never become extinct?

MARIELA Cockroaches are the ones that will never become extinct. They can survive snow, earthquakes and even hurricanes, not even radiation can hurt them.

FABIOLA Well! and... do you think they would survive Aguayo's coffee?

(3) **AGUAYO** Mariela, can you please take my messages? I'm going home to get my fish. Diana offered to take care of it while I'm on vacation.

MARIELA Sure, boss.

AGUAYO By tomorrow afternoon we will be at the camping site.

FABIOLA How can sleeping on the floor and eating canned foods be called a vacation?

(4) **AGUAYO** The idea is to be in contact with nature, Fabiola.

MARIELA It must be exciting.

AGUAYO It is. I just have one doubt. What do I do if I see an endangered animal?

FABIOLA Take a picture.

(5) **AGUAYO** Guys, I'd like you to meet Bambi.

MARIELA What? Isn't Bambi a deer?

AGUAYO Is he?

JOHNNY Couldn't you have given him a more original name?

FABIOLA Yeah, like Flipper.

(6) **AGUAYO** This is his food. Just once a day. Don't give him more, even if he puts on a puppy-dog face... Well, I've got to go.

MARIELA How do we know if he puts on a puppy-dog face?

AGUAYO Instead of doing this... *(he sucks his cheeks in and moves his lips like a fish)...* he does this.

(7) **JOHNNY** Last chance.

FABIOLA We'll stay to take care of Bambi.

ÉRIC I like that little fish, but I'm going to lunch. Enjoy.

The guys leave.

(8) **DIANA** Oh, I don't know about you, but he looks sad to me.

FABIOLA Of course. His father has abandoned him to go sleep with ants.

MARIELA Why don't we feed him?

DIANA I've already fed him three times.

MARIELA I know. We could give him dessert.

(9) **FABIOLA** Look what I found in Johnny's desk.

MARIELA Animal crackers. We have to find the whale. He's a fish and he's lonely. I'm guessing he wants company.

DIANA But we can't give him cookies.

FABIOLA He still looks sad.

(10) **MARIELA** We have to make him feel at home. *(They paste one of the beach photos to the fish bowl.)*

How about this one with palm trees?

DIANA Perfect. He looks so happy.

FABIOLA Look at him.

The guys arrive.

ÉRIC Bambi! Darn fish. On a tropical beach with three women.

Necesito un aumento

The staff celebrates the magazine's second anniversary, which brings back memories of past events.

(1) *In the conference room...*

EVERYONE ...Happy birthday to you!.

AGUAYO Before blowing out the candles of our second anniversary, I would like everyone to close their eyes and make a wish.

(2) **AGUAYO** Remember when you came for the job interview and Éric thought you were the daughter of a millionaire?

FABIOLA Yes, I remember he had this look on his face.

Fabiola remembers...

(3) **AGUAYO** Éric, I'd like you to meet Fabiola Ledesma, our new writer.

ÉRIC Aren't you the daughter of the millionaire banker and businessman Ledesma?

FABIOLA No. My father is an engineer and is not a millionaire.

ÉRIC Sorry, for a moment there I thought I had fallen in love with you.

(4) *Back to the present...*

AGUAYO A toast to our magazine, to our success, and in conclusion, a toast to those who work hard... Cheers!

DIANA This reminds me of the first day Johnny came into the office.

Diana remembers

(5) **DIANA** In this company, the employees come in at nine in the morning and work hard all day. You know what hard work is, right?

JOHNNY No problem, Mrs. González. At my previous job I started at four in the morning and was never late.

DIANA At that hour, you never know if you're in too late or too early.

(6) *Back to the present...*

DIANA Guys, I've been thinking about getting an anniversary present for Aguayo.

FABIOLA I'm sorry I can't help you but I'm going through an economic crisis.

ÉRIC It's contagious.

DIANA At least help me pick out the gift.

(7) **FABIOLA** It should be something small, but refined and fun.

ÉRIC How about a colored fish?

EVERYONE Poor Bambi!

FABIOLA I meant some kind of "executive" gift, Éric. Something exclusive.

DIANA The last gift I gave a man was underwear with dinosaurs on them... It was for my son.

(8) *In Aguayo's office...*

FABIOLA Boss, got a minute?

AGUAYO Yes?

FABIOLA You know I have a great résumé and that I'm very productive at my job.

AGUAYO Yes?

FABIOLA And that my articles are well-received which has brought this magazine...

(9) **AGUAYO** What is it that you want, Fabiola?

FABIOLA ...a raise.

AGUAYO What is really going on with you? I gave you a raise six months ago.

FABIOLA I know, but right now, there are three companies on my tail. Because of that, I deserve another raise.

(10) *Later on, in the main office...*

DIANA I know what I can get Aguayo... A key chain.

Éric and Fabiola make faces.

DIANA What?

FABIOLA I don't blame him if exchanges it for a fish.

La rueda de prensa

Tere Zamora, a prominent elected official, comes to *Facetas* for an interview and press conference.

(1) **AGUAYO** And the Representative?

MARIELA I waited for her by the exit but she never showed up.

DIANA You left Mrs. Zamora at the airport?

MARIELA What did you say her name was?

AGUAYO Zamora, Tere Zamora.

MARIELA I thought you had said "Teresa Mora."

(2) **AGUAYO** If you don't come back with the Representative, you're fired.

MARIELA Don't worry, boss. I'll find her.

DIANA Remember, she's a woman in her forties, with bags under her eyes and a military appearance.

(Mariela leaves in a hurry.) I can't believe she got the name wrong.

AGUAYO Not only that, but she left the Representative at the airport.

(3) **JOHNNY** It'll all work out. Take it easy.

AGUAYO I invite the most prominent and controversial politician in the north of the country for an exclusive interview, and one of my employees leaves her at the airport, and I'm supposed to take it easy?

ÉRIC She'll find her. They're politicians, they show up without anyone calling them.

(4) *The elevator bell rings. Aguayo is furious, certain that it is Mariela.*

AGUAYO What...? *(the representative enters)* a pleasure to greet you, Representative. Pardon the inconveniences, Mrs. Zamora. I sent someone to pick you up but, as you can see, you did not find each other.

DIPUTADA These things happen, don't worry; what is important is that the interview gets done.

(5) *In the office...*

JOHNNY As a token of our appreciation, we present this humble gift to you.

DIPUTADA The Aztec calendar!

FABIOLA And it has a dedication on the back, handwritten by our graphic designer.

DIANA By Mariela?

Diana takes the plate.

(6) **DIANA** Don't bother. I will read it to you. *(She reads.)* "For your contributions to democracy, human rights, justice and freedom. From the magazine *Facetas* for the honorable Representative *'Teresa Zamora.'"* *(she drops the plate)* My!... I have slippery hands. It must be that I'm hungry... Lunch?

Diana and the Representative walk out of the room.

(7) *In the kitchen...*

FABIOLA Did you see all those reporters outside?

Now watching TV...

ÉRIC Any politician that fights corruption becomes a public phenomenon.

FABIOLA Who is that guy running? *(She points to the TV.)*

FABIOLA AND ÉRIC It's Johnny! *(Johnny comes running in.)*

(8) *In the main office during the press conference...*

PERIODISTA Enforcing the law has given you a position of leadership in the government. When will we know if you will run for senate, Representative?

DIPUTADA You will learn all the details of my political future in the next issue of *Facetas*.

(9) **PERIODISTA** That is favoritism.

DIPUTADA It is not favoritism, it's just that the *Facetas* reporters are the only ones who treat politics with respect.

(10) *Later on, in the conference room*

MARIELA I'm sorry, but I didn't find any forty-ish, military-type woman with big bags under her eyes.

(She sees the representative and realizes the mistake she has just made.) But I'll be right back, since I still have to find that good-looking senator.

Mariela leaves embarrassed.

¡O estás con ella, o estás conmigo!

Fabiola returns from an interview with the TV star Patricia Montero with some very interesting news.

(1) **JOHNNY** How'd it go?

FABIOLA Okay.

AGUAYO That's all you have to say about an interview with Patricia Montero, the great soap opera star?

FABIOLA Well, tomorrow I have to do my big scene in a soap opera and I need to concentrate.

AGUAYO AND JOHNNY What?

(2) **FABIOLA** And when I finished the interview, a man walked up to me and asked me if I was Patricia Montero's double.

MARIELA And what did you tell him?

FABIOLA I said, well... yes. It was one of those situations where, as much as you don't want to, you have to lie.

ÉRIC And what happened after that?

FABIOLA He gave me these papers.

(3) **JOHNNY** It's the soap opera script!

FABIOLA Tomorrow I have to be at the station very early, ready to shoot.

JOHNNY There are some very interesting scenes here.

(4) **AGUAYO** *(reads out loud)* "Valeria walks into the room and discovers Fernando in the arms of... *(surprised)* Carla?" *(Aguayo pauses.)*

AGUAYO *(continues)* "discovers Fernando in the arms of Carla"... I knew it! I knew the jerk would cheat on her with that idiot. He isn't even man enough to...

Aguayo leaves. Everyone looks at each other surprised.

(5) **AGUAYO** *(in his office)* I'm glad you got that role in the soap opera. The other day I walked in front of the TV and saw a bit. My wife doesn't miss it.

FABIOLA Speaking of that... I wanted to ask for permission to take the rest of the day off. I need to rehearse tomorrow's scenes.

AGUAYO You can practice them in the office. The guys love this soap opera deal.

(6) *Later, rehearsing the scene...*

FABIOLA Éric will be the director.

JOHNNY Why can't I be the director?

ÉRIC You don't have the toys.

FABIOLA You'll be Fernando, and Mariela will be Carla.

JOHNNY You were saying?

(7) **ÉRIC** Let's begin. Page three. The scene where Valeria surprises Fernando with Clara.

You'll be here, and you'll be over here *(Éric separates them)*.

JOHNNY What? Don't you know how to read? *(reads)* "Surprises Fernando in the *arms* of Carla."

(They embrace.)

ÉRIC Okay. Fabiola, you will come in through here and surprise them. Ready? Action.

(8) **FABIOLA** Fernando Javier! You will have to decide. Either you're with her, or you're with me!

JOHNNY Valeria! *(Pauses.)* I don't love her, and I don't love you. *(Diana enters.)* I love you both.

Diana is horrified.

(9) **FABIOLA** *(explaining the situation)* And that is why we are rehearsing the scenes.

DIANA Thank God... But I think you are confused. Doubles don't have any spoken lines. They just perform the scenes in which the main character is in danger.

MARIELA That's right. *(reads script)* Page six: "Valeria jumps out the window."

(10) *Later on, Fabiola is standing on one of the desks.*

ÉRIC Action.

FABIOLA I know you've decided to get married. I hope you had fun behind my back. Goodbye, cruel world. *(Screams but does not jump)* Aaahhhggg!

ÉRIC Very good. Now jump.

FABIOLA No way. First, my makeup.

Unas pinturas... radicales

Johnny explains to his co-workers how to criticize a work of art.

(1) **JOHNNY** Guys, these are the paintings I told you about. I got them really cheap. I'm going to write an article about them. Do they say something to you?

MARIELA Yeah, they say "iahhgg."

(2) **JOHNNY** What do you mean they're ugly? It's art. You can't criticize it like that.

MARIELA It's what people do with art. Be it modernism, surrealism, or cubism, if it's ugly, it's ugly.

JOHNNY I'll show you how to correctly criticize a work of art. Pretend you're looking at paintings in a gallery, okay?

(3) *Pretending that they are in an art gallery.*

JOHNNY I imagine you've seen the rest of the exhibition. How did you like it?

ÉRIC I would have rather gone to the movies. These paintings are rubbish.

JOHNNY You can't say that at an exhibition. If you don't like the paintings, you should say something more artistic, like they're primitive, or radical.

(4) **MARIELA** If I had thought they were primitive or radical I would have said so. But they're just plain horrible.

JOHNNY Mariela, "horrible" is not used anymore.

(5) *Fabiola arrives at the office.*

FABIOLA How beautiful! I'd seen art before, but this is special. Is it for sale?

MARIELA Of course. Johnny can get you a good price.

FABIOLA There's a small detail. It doesn't have any yellow. Could you speak with the artist to see if he would change the colors?

JOHNNY Impossible!

(6) *Later, in the kitchen...*

JOHNNY The artist will never change the colors. Why did you make me tell her he will?

MARIELA You wouldn't have sold a single piece.

JOHNNY I don't want to sell them, I have to write about them.

MARIELA It doesn't do any harm. You could become a great art dealer.

(7) **JOHNNY** *(imagining that he is directing an art auction).* No one could have imagined a better end to this auction. I present to you a masterpiece: the *Mona Lisa.*

AGUAYO Five hundred million pesos.

JOHNNY Who offers more for this painting?

FABIOLA One billion pesos.

JOHNNY Sold! It goes to this nice lady.

(8) *Later, in the main office...*

JOHNNY I'm glad you decided to not alter the painting.

FABIOLA It would have been disrespectful.

JOHNNY Of course. Well, enjoy it.

(9) *At Mariela's desk...*

ÉRIC You lost the bet. Pay me.

MARIELA I still can't believe she bought it.

ÉRIC Listen, if you prefer, instead of paying me for the bet, you could take me to dinner...

MARIELA *(smiling)* I haven't gone mad, you know?

(10) *Aguayo comes in.*

AGUAYO Are these the paintings for your article?

JOHNNY Yes. What do you think, boss?

AGUAYO I would say these two are... primitive. *(looks at Fabiola's)* But that one in the middle is definitely... horrible.

El poder de la tecnología

A new high-tech digital screen is delivered to *Facetas*.

(1) HOMBRE 1 Here's the screen you ordered. It has a digital image, hi-fi sound, universal remote control and can connect to digital satellites and to the Internet immediately after installation.

JOHNNY And it's in this... huge box?

HOMBRE 1 If you would be so kind, please give me your signature below, please.

(2) *Johnny faints.*

HOMBRE 2 Why don't you call an ambulance?

MARIELA Don't worry. It was just a small overdose of euphoria.

HOMBRE 1 This is very exciting. No one has ever fainted before.

HOMBRE 2 This is what I call "the power of technology."

(3) ÉRIC Boss, try this to see if he wakes up. *(Éric gives him some salt.)*

AGUAYO What am I supposed to do?

ÉRIC Open it and wave it under his nose.

DIANA I know an infallible method.

ÉRIC What are you doing?!

Diana opens Johnny's mouth and pours the salt inside. Johnny wakes up.

(4) JOHNNY Did you know that NASA Space Shuttles have screens like these?

MARIELA I hope no astronaut passes out because of them.

AGUAYO Where are we going to install it?

DIANA On this wall, but we have to find someone to do it because we don't have the tools.

(5) JOHNNY What? You don't have a toolbox?

ÉRIC Unless you want to stick the screen to the wall with tape and then adjust it with lubricant? No.

FABIOLA There's construction going on downstairs.

Johnny and Fabiola go to look for the toolbox.

(6) *Later, they are about to hang the screen on the wall.*

AGUAYO Johnny, are you sure you know what you're doing?

JOHNNY Easy, boss, it's not that hard.

FABIOLA It's just a little hole in the wall.

(7) *The phone rings.*

MARIELA *Facetas* magazine, good afternoon... Boss, it's a call from your wife on line three.

AGUAYO Ask her where she is and I'll get back in touch with her... I'll be in my office. I don't want to see this mess.

Aguayo goes to his office.

(8) *While they are working, the lights go out.*

FABIOLA Johnny!

JOHNNY What happened?

AGUAYO It's not that hard, it's just a little hole in the wall... Not even the phone works!

(9) *Later, in the conference room...*

AGUAYO Surrounded by the best technology, only to be illuminated by a few candles.

DIANA Nothing has changed since the beginning of mankind.

(10) MARIELA Speaking of transcendental issues... Have you ever asked yourself, when the light goes out, where does it go?

English Translations of the *Fotonovela*

Esta noche o nunca

The staff attends an awards ceremony honoring the year's best journalists.

(1) **MARIELA** What are you doing dressed like that so early?

DIANA The ceremony isn't until 7 pm.

JOHNNY I have to rehearse with my suit on.

AGUAYO Rehearse what?

JOHNNY Standing up, going upstairs, sitting down, greeting and all that. "I would like to thank…"

(2) *Aguayo comes running out of his office…*

AGUAYO The list is here, the list is here! *(reads)* "In the category of best photo series, for his pictures of the Teotihuacán pyramids, Éric Vargas".

JOHNNY Congratulations.

AGUAYO *(reads)* "In the category for best magazine design…for *Facetas* magazine, Mariela Burgos".

MARIELA Thanks.

(3) **AGUAYO** *(reads)* "In the category of best article, for 'History and civilization in Latin América,' José Raúl Aguayo." I can't believe it. Three nominations.

They all celebrate happily until they notice Johnny with a frown on his face.

(4) **DIANA** Johnny, how are you going to be nominated for an award? You didn't present any of your work!

JOHNNY Of course… well, it's true.

(5) *Later, at Mariela's desk…*

MARIELA Look at the nice shoes that I'm going to wear tonight.

FABIOLA But… do you know how to walk in those?

MARIELA I've worn high heels all my life…

FABIOLA At any rate, I don't think you should wear them unless you test them out first.

(6) *At the same time, in the kitchen…*

JOHNNY Who are you going with tonight?

ÉRIC With the price of the tickets, the meal, and everything else, I'd be ruined.

JOHNNY I don't think you should go alone. What if you invite someone who *already* has a ticket?

ÉRIC Who?

JOHNNY Mariela.

(7) **JOHNNY** Éric, it's now or never. On what other occasion will she see you dressed in a suit? Besides, you have to take advantage of the fact that she is in such a good mood. I got the impression she was looking at you in a different way…

ÉRIC I don't know…

(8) *Later on, at Mariela's desk…*

ÉRIC How's it going?

MARIELA Very well.

ÉRIC Nice shoes.

MARIELA Thanks.

ÉRIC AND MARIELA *(at the same time)* I wanted to ask you if…

ÉRIC I'm sorry, you first…

MARIELA No, you first…

(9) *That night…*

DIANA I'm nervous!

FABIOLA What was that?

JOHNNY *(holding up a lucky horseshoe)* It's just what we need for tonight.

(10) *Éric and Mariela are left alone talking.*

ÉRIC Are you ready for the big night?

MARIELA I'm ready.

VENTANAS: Lengua

Comprehension questions for *Exploración*

1. ¿Cómo era México D. F. antes de la llegada de los conquistadores españoles?
2. Describe El Zócalo. ¿Qué edificios y monumentos tiene? ¿Por qué se hacen ahí tantas celebraciones nacionales?
3. En la primera lectura hay tres fotos. Elige una y luego descríbela. ¿Qué características de la ciudad se ven en ella?
4. ¿Cuál(es) de las tres revistas trata(n) de la farándula? ¿Cuál(es) se enfoca(n) en la política? ¿En la economía?
5. ¿Alguna de estas revistas te recuerda otra publicación estadounidense? ¿Cuál y por qué?
6. ¿Cuál de las revistas te parece la más inteligente? ¿Cuál te parece la más aburrida?
7. Elige una de las revistas del artículo. Mira las fotos, lee los titulares e imagina el artículo que está adentro. ¿De qué trata?

VENTANAS: Lecturas

Additional teaching suggestions for *Literatura* opener

Suggestion: Ask students to call out the names of painters they know and ask them to identify which are from the Spanish-speaking world. (A few examples are Dalí, Miró, Goya, Velázquez, Rivera, Siqueiros, and Kahlo.) If students do not mention Picasso, invite them to study *Los enamorados*. Ask them to think of any vocabulary or expressions they already know that could apply to any aspect of the painting. Elicit some of this vocabulary and write it on the board.

Suggestion: Ask the class to work in pairs to brainstorm a narration that explains the circumstances depicted in *Los enamorados*. Students should use at least five present tense verb forms in the narration. This exercise may be done orally for a shorter exercise, or students can write out their sentences in brief paragraphs. In either case, one student from selected pairs should share the narration with the rest of the class.

Suggestion: Ask for a volunteer to read aloud the quote by the Cuban writer José Martí (1853-1895). Ask students to describe the mood of the quote. How is this mood conveyed? How does the quote relate to the painting? Is it an appropriate caption?

Suggestion: As a follow-up assignment, ask students to gather more information about Pablo Picasso and José Martí. Have them write a brief biography of either or both of the men, or ask them to bring in a visual example of their works.

Additional teaching suggestions for *Cultura* opener

Suggestion: Ask students to call out the names of painters they know from the Spanish-speaking world. They should recall a few names from the Pablo Picasso discussion in **Literatura**. (A few examples are Dalí, Miró, Goya, Velázquez, Rivera, Siqueiros, and Kahlo.) If students do not mention Botero, invite them to study *Una familia*. Ask them to think of any vocabulary or expressions they already know that could apply to any aspect of the painting. Elicit some of this vocabulary and write it on the board.

Expansion: Put students in small groups and ask them to write quickly a very short synopsis of the story that might be behind the painting. After eliciting from them a list of common interrogatives (**¿quién? / ¿qué? / ¿dónde? / ¿cuándo? / ¿cómo? / ¿por qué?**), tell them to include a sentence in the synopsis that responds to one or all of them. Each group could write its synopsis on a blank overhead transparency that could then be projected and read with the class.

VENTANAS: Lengua

Comprehension questions for *Exploración*

1. ¿Cuál(es) de estos artistas ha(n) ganado premios por un álbum? ¿Qué premios ganaron?
2. Describe una característica que distingue a cada uno de los músicos destacados. ¿Tienen estilos distintos? ¿Les interesa algún tema especial?
3. Además de los premios que hayan ganado, ¿qué otras pruebas hay del éxito de estos artistas?
4. El segundo artículo afirma que no hay reglas fijas cuando sales con alguien en Hispanoamérica. Sin embargo, en el artículo se describe una actividad como un "ritual". ¿Cuál es?
5. Según implica el artículo, ¿está bien si una chica invita a salir al chico que le gusta?
6. ¿Qué otros consejos da el artículo?

VENTANAS: Lecturas

Additional teaching suggestions for *Literatura* opener

Suggestion: Ask students to say what types of recreational activities they enjoy. Are any of them represented in *Altamar*?

Additional teaching suggestions for *Cultura* opener

Suggestion: Ask students to work in pairs to create a short narration describing the people and circumstances behind the event depicted in *La bachata*.

Suggestion: Ask students to explain how the quote relates to the theme of the painting.

Additional Teaching Suggestions

VENTANAS: Lengua

Comprehension questions for *Exploración*

1. ¿Cómo se parecen las tiendas de departamentos de los Estados Unidos a las de Hispanoamérica? ¿Cómo son distintas?
2. ¿Por qué eligen muchas personas ir de compras en las tiendas de departamentos?
3. ¿Cuáles son los nombres de dos tiendas de departamentos en Hispanoamérica? ¿Dónde están?
4. Compara las costumbres del almuerzo en España y en México. ¿Cuándo se almuerza en cada país? ¿Qué se come?
5. Según el artículo, ¿cuál es la importancia social del almuerzo?
6. Diferentes países reemplazan el pan. ¿Con qué lo reemplazan?
7. ¿Qué dice el autor sobre la costumbre de la siesta?

VENTANAS: Lecturas

Additional teaching suggestions for *Literatura* opener

Suggestion: Ask students if they can identify the style of this painting. If they are familiar with Miró or Dalí, they should be able to find some surrealist elements in it. You may also want to ask students to research other influences during different periods of Berni's career.

Suggestion: The painting depicts a man taking a nap, presumably part of his daily routine. Ask students to think about their own daily routines. Is there a particular aspect of it that they would like to capture in a painting? Which aspect? Why? What would be the message they would want to convey to those viewing the painting? What colors could they use to express that message?

Additional teaching suggestions for *Cultura* opener

Suggestion: Ask students to look at the painting and write down contrasting elements. You may want to point out that the artist is the son of an Austrian father and an indigenous Peruvian mother. Have them examine the painting for clues to the painter's mixed ethnicity.

Expansion: Point out that Braun-Vega is well-known for recycling images from famous paintings. Ask students if they recognize the work of any famous painters in this piece. You may want to bring in some samples of works by Velázquez, Cézanne, Picasso, Manet, or Monet. Ask students to research other paintings by Braun-Vega that draw on the influences of these famous painters.

Additional Teaching Suggestions

VENTANAS: Lengua

Comprehension questions for *Exploración*

1. Describe el río Amazonas. ¿Cómo es de grande? ¿Cómo es el territorio? ¿Quiénes viven allí?
2. ¿Cómo es la relación entre las comunidades indígenas y el ecoturismo?
3. ¿Qué tipos de excursiones y actividades ofrecen las empresas de ecoturismo?
4. ¿Qué es una chiva? ¿Dónde se encuentran? ¿Te parecen cómodas?
5. ¿Por qué en algunas regiones se prefiere usar mulas y en otras regiones se prefiere usar caballos?
6. Si estás en México, el artículo recomienda un medio de transporte específico. ¿Cuál es y por qué lo recomienda?

VENTANAS: Lecturas

Additional teaching suggestions for *Literatura* opener

Suggestion: Have students place the painting in place and time and predict the themes it anticipates in the lesson. Ask them what they visualize when they think of traveling.

Suggestion: Ask students to think of their own definitions of traveling by replacing the last part of the quote, **pasear un sueño,** with something original. Ex: **Viajar es sentirse libre.**

Additional teaching suggestions for *Cultura* opener

Suggestion: Ask students to imagine where the ship in the painting is going. Where does the scene take place?

Suggestion: Write on the board **Viajar es...**, **Se viaja...**, and **Cuando se viaja....** Have students work in small groups to reflect on what the artist wants to convey through this painting. They should share their ideas with the class, using the phrases on the board as prompts.

VENTANAS: Lengua

Comprehension questions for *Exploración*

1. Según la leyenda azteca, ¿cómo se originó el cacao?
2. ¿Cómo encontró Colón el chocolate por primera vez?
3. ¿Qué es "tchocolath"? ¿Le gustó a Hernán Cortés? ¿Les gustó a los españoles?
4. ¿Qué innovación propagó la popularidad del chocolate en Europa?
5. ¿Qué es *spinning*? ¿Cómo se practica?
6. El *kickboxing* es una combinación de otros dos tipos de artes marciales. ¿Cuáles son?
7. ¿Qué usan para practicar el *kickboxing*? ¿Tienen alguna regla especial?
8. ¿Dónde se originó el *kickboxing*? ¿Cómo se diseminó?

VENTANAS: Lecturas

Additional teaching suggestions for *Literatura* opener

Suggestion: Ask students to read the quote and try to establish a relationship between it and the painting. Point out that the quote alludes to the different perspectives we assume when looking at ordinary things in extraordinary circumstances. Ask students to come up with other elements from daily life that could take on new meanings when looked at in a new light.

Suggestion: Ask students to think of a mundane element of their daily lives. Ask them to create a small drawing to represent that element from a fresh perspective. Students can then exchange drawings and try to interpret each other's intended perspective.

Additional teaching suggestions for *Cultura* opener

Suggestion: Ask students to focus on the facial expressions of the characters. Based on each expression, ask them to create a logical story that would go along with the painting.

Suggestion: Divide the class into two large groups and assign each group one of the quote's sentences. Ask them to explain what Borges implied with each statement. What does this tell them about Borges?

Additional Teaching Suggestions

VENTANAS: Lengua

Comprehension questions for *Exploración*

1. ¿Por qué son las islas Galápagos un destino popular para turistas?
2. ¿Quién concibió una teoría importante en el archipiélago en 1835? ¿Qué teoría fue?
3. ¿Cómo es la relación entre los turistas y los animales de las islas?
4. ¿Cuáles son las opciones para acampar que ofrecen algunos países?
5. ¿Qué tipos de zonas hay en Bolivia?
6. ¿Qué servicios y experiencias ofrecen las agencias de viajes a turistas que quieran acampar en Bolivia?

VENTANAS: Lecturas

Additional teaching suggestions for *Literatura* opener

Suggestion: Have students describe the painting and read the caption. Ask them where the type of vegetation depicted grows.

Suggestion: Make sure students understand the key words of the quote. Have them pay attention to rhyme. Ask if they agree with its meaning and why, and challenge them to look for real-world applications of this idea.

Additional teaching suggestions for *Cultura* opener

Suggestion: Ask students to read the quote and then look at the painting. How do the ideas represented in the quote change or enhance their interpretation of the painting?

Suggestion: Ask students to read the quote and paraphrase what moves Bécquer most. Write a short version of the quote on the board: **Nada hay en el mundo que** _____ **como** _____. Call on a few students to complete the quote. The class should react to the statements.

Additional Teaching Suggestions

VENTANAS: Lengua

Comprehension questions for *Exploración*

1. ¿Qué factor tiene mucha importancia cuando estás buscando un trabajo? ¿Crees que este factor es igual en los Estados Unidos?
2. ¿Qué diferencias puede tener un currículum de un estadounidense de un currículum de un hispano?
3. ¿Cuáles son algunas similitudes y algunas diferencias entre las entrevistas estadounidenses y las hispanas? ¿Cómo se comporta el entrevistado? ¿Qué tipo de información busca el entrevistador?
4. ¿Qué es el Grupo Clarín? ¿Qué medios de comunicación emplea? ¿Qué colaboraciones tiene?
5. Describe la experiencia de la Dra. Ramírez de Rondón.
6. ¿Cómo es el trabajo actual de la Dra. Ramírez de Rondón?

VENTANAS: Lecturas

Additional teaching suggestions for *Literatura* opener

Suggestion: If students are not familiar with Diego Rivera, encourage them to research his life and work. Point out that Rivera's work became very popular as a result of his murals, many of which can be found in Los Angeles.

Suggestion: Ask students to read the quote and reflect on what Picasso was trying to express. Have them use the quote's first clause to come up with a different ending. They should start with **Cuando llegue la inspiración, ...** and then come up with another ending to reflect their own particular message.

Additional teaching suggestions for *Cultura* opener

Suggestion: If students are interested in the paintings of Xul Solar, ask them to do Internet research to find a detailed collection of his complete works, including his essays and critical interpretations of the various influences reflected in his art.

Expansion: Ask students to use the quote to create their own personal motto. For instance, ask them to start with **En la sociedad actual, si no puedo _____, no existo**, filling in the blank with a word or phrase that truly reflects their personal perspective on life as they know it.

VENTANAS: Lengua

Comprehension questions for *Exploración*

1. ¿Por qué se le dice a Costa Rica "la Suiza de Latinoamérica"?
2. ¿Cómo son las condiciones de vida en Costa Rica? ¿Qué rasgos de la sociedad son apoyados por el gobierno?
3. ¿Tiene Costa Rica otras características en su gobierno, economía o agenda social que le distingue de otros países? ¿Cuáles son?
4. ¿Cuál era la relación entre Franco y Juan Carlos?
5. Si Franco supiera lo que hizo Juan Carlos después de su muerte, crees que se sorprendería. ¿Por qué?
6. ¿Cómo es la familia real española hoy en día?

VENTANAS: Lecturas

Additional teaching suggestions for *Literatura* opener

Suggestion: Have students describe the scene depicted in the painting and ask if they have ever been anywhere like it. Are the elements in the painting realistic or idealized? Does the painter present an objective or subjective interpretation of rural life?

Suggestion: Refresh students' memory and ask them what they have read by this author (cf. *Idilio* in **Lección 2** of **Lecturas**). Based on their reading, ask them whether they would have guessed that Benedetti is agnostic. Students should explain why.

Additional teaching suggestions for *Cultura* opener

Suggestion: Have students look at the painting. Ask them to read the title of the painting, read the quote, and then look at the painting again. How does the awareness of poverty and power as potential themes affect their second reading of the painting?

Suggestion: Ask students to give examples of powerful or famous people who take away from others, and examples of powerful or famous people who do nothing but give.

Additional Teaching Suggestions

VENTANAS: Lengua

Comprehension questions for *Exploración*

1. ¿Cómo es el estilo y el argumento de las telenovelas colombianas tradicionales? ¿Cómo son distintas *Betty, la fea* y *Pedro, el escamoso* de las telenovelas convencionales?
2. ¿Qué significa la palabra *escamoso*? ¿Crees que Pedro es escamoso? ¿Por qué?
3. ¿Qué otras características tiene Pedro? ¿Por qué los televidentes se identifican tanto con él?
4. El segundo artículo describe a varios directores hispanos. ¿Qué premios y nominaciones han recibido las obras de estos directores?
5. ¿Cuál es la relación entre *Abre los ojos* de Alejandro Amenábar y la película estadounidense *Vanilla Sky*?
6. ¿Cómo reaccionaron la crítica y el público con las películas de estos tres directores?

VENTANAS: Lecturas

Additional teaching suggestions for *Literatura* opener

Suggestion: Have students identify the linguistic elements of the painting. How does the fact that these elements are clearly Western and clearly from a past time affect their reading of the painting?

Suggestion: Ask students to think of reasons why some people tend to view their own language as superior to others. Ask them to reflect on this attitude. Is this misconception something that we learn as we grow up in a particular environment, or is it an inherent quality of human nature?

Additional teaching suggestions for *Cultura* opener

Suggestion: Ask students to think about the influence that television has in their personal and professional lives. How many of their goals and dreams are fueled by what they see on television? What do they think would be the most productive use for television in our society? Have them look at the painting and think about some of the other paintings in this book. Do they serve the same function? Do they have or have they had the same influence on society?

Additional Teaching Suggestions

VENTANAS: Lengua

Comprehension questions for *Exploración*

1. Describe la vida de Borges. ¿Dónde nació y dónde vivía? ¿Qué trabajos tenía? ¿Cuáles fueron los eventos importantes de su vida?
2. La obra de Borges incluye varios géneros literarios. ¿Cuáles son?
3. ¿De qué tratan sus obras *Ficciones* y *El Aleph*? ¿Cuáles son sus temas principales?
4. Según la opinión popular, ¿merecía Borges el Premio Nóbel de Literatura?
5. ¿Qué premios recibieron Obregón y Sosabravo? ¿Dónde se puede ver algunas obras de Varo?
6. ¿Cuáles son las características particulares de cada artista? ¿Qué símbolos usa cada uno?
7. La obra de muchos artistas está vinculada a circunstancias sociales o políticas. Según la información que nos da el artículo, ¿tendrá la obra de estos artistas características así?

VENTANAS: Lecturas

Additional teaching suggestions for *Literatura* opener

Suggestion: Ask students if Armando Barrios' painting style resembles that of another painter they know. Discuss the style of the painting.

Suggestion: Ask students to give their own definition of literature. Give a few minutes for them to write down the definition if necessary.

Additional teaching suggestions for *Cultura* opener

Suggestion: Ask students to elaborate on what Dalí meant. If they are familiar with his biography, ask them if they can apply this statement to other situations in life.

Additional Teaching Suggestions

VENTANAS: Lengua

Comprehension questions for *Exploración*

1. Compara el uso de Internet en Latinoamérica y en otras partes del mundo. Hoy día, ¿se usa Internet más en Latinoamérica que en otros lugares?
2. El artículo implica que el uso de Internet en Latinoamérica está aumentando. ¿Cómo lo prueba?
3. ¿Cómo se han desarrollado las compras por Internet en Latinoamérica? ¿Qué dice el artículo sobre esto?
4. ¿Qué países hispanos exportan petróleo? ¿Importa Estados Unidos mucho petróleo de estos países?
5. ¿Qué riesgos hay en transportar el petróleo? ¿Qué consecuencias tiene para el medio ambiente?
6. ¿Cuáles son algunas fuentes alternativas de energía? ¿Qué papel tienen en el futuro de la ecología?

VENTANAS: Lecturas

Additional teaching suggestions for *Literatura* opener

Suggestion: Ask students to reflect on the message expressed in this quote. Is heroism a subjective quality or are there specific factors that have to be present in order for one's actions to be considered heroic? Ask them to mention what these factors might be.

Additional teaching suggestions for *Cultura* opener

Suggestion: After they read the quote, ask students why they think that some people value scientific discovery so much, and why there is a tendency to accept what scientists tell us much more readily than information from other sources.

Additional Teaching Suggestions

VENTANAS: Lengua

Comprehension questions for *Exploración*

1. ¿Qué eran las "juntas de gobierno"? ¿Por qué protestaban?
2. Describe el papel de Simón Bolívar en la independencia de algunos países suramericanos. ¿Qué hicieron él y José de San Martín por la independencia de Bolivia?
3. En México, los líderes de la rebelión armada tenían profesiones poco usuales en la cultura militar. ¿A qué se dedicaban?
4. Describe la cultura olmeca. ¿Dónde vivieron los olmecas? ¿Qué monumentos construyeron? ¿Qué inventos o tecnologías tenían y qué es lo que no tenían? ¿Cómo era su religión?
5. ¿Qué son los Atalantes? ¿Quiénes los edificaron? ¿Qué función se supone que tenían?
6. ¿Cómo se sostenía la cultura araucana? ¿Dónde viven los araucanos hoy en día?

VENTANAS: Lecturas

Additional teaching suggestions for *Literatura* opener

Suggestion: Introduce the idea that history is written by the conquerors. How does this concept play into students' interpretation of the painting and the quote?

Additional teaching suggestions for *Cultura* opener

Suggestion: Ask students about the quote's author: who he is, and what nation(s) he is referring to with the words **nuestra identidad**.

Suggestion: Ask students if this quote is universal or only applicable to one country and why.

Las relaciones personales

CONTEXTOS

PRÁCTICA

1 **¿Lógico o ilógico?** Indica si las siguientes afirmaciones son **lógicas** (**L**) o **ilógicas** (**I**). En caso de que sean ilógicas, realiza los cambios necesarios para que resulten lógicas.

Modelo   Rosa es muy insegura y siempre dice lo que piensa.
         I. Rosa es muy segura.

1. Juana conoció a un muchacho muy simpático en una fiesta, pero él nunca la llamó. Ella ahora se siente triste.
2. Carlos es muy simpático y nunca les habla a sus amigos con amabilidad.
3. Doña María es viuda. Su marido murió hace ya muchos años.
4. Al final del semestre, los estudiantes siempre están muy tranquilos y se preocupan mucho por los exámenes finales.
5. Una persona autoritaria siempre quiere imponer sus opiniones.
6. Carla es una estudiante muy responsable y siempre tiene sus tareas hechas a tiempo.
7. Don José es una persona muy generosa y nunca invita a sus amigos a cenar.
8. Mario es un joven muy sociable y por eso siempre intenta conocer a gente nueva en las fiestas.
9. Los alumnos inseguros no tienen miedo de hacer preguntas en clase.
10. Alguien que siempre dice la verdad es una persona sincera.

2 **Completar** Completa las siguientes oraciones con las palabras adecuadas de la lista. Hay dos que no necesitas para completar la actividad. Debes realizar los cambios que sean necesarios.

cita a ciegas	hacer caso	sentirse
compromiso	parecer	sociable
discutir	ponerse pesado	tener ganas

1. Los padres de Ana son muy tradicionales. Ella tiene opiniones muy distintas y, _____ con ellos constantemente. Ana no les _____ cuando le dicen lo que debe o no debe hacer.
2. Las personas poco _____ tienen problemas cuando van a fiestas. _____ muy agobiadas cada vez que tienen que hablar con personas que no conocen.
3. Susana aceptó tener una _____ con Samuel. Fue un fracaso. Al final de la cena, él _____ y no dejaba de hablar de fútbol. Desde entonces, Susana no _____ de volver a tener otra cita de este tipo.

COMUNICACIÓN

3 **Tenemos que hablar** En parejas, imaginen que están viviendo estas situaciones. Preparen un diálogo sobre una de ellas, incluyendo el mayor número posible de detalles. Al terminar, represéntenlo delante de la clase.

1. Acabas de tener una cita con un(a) chico/a maravilloso/a. Ahora te encuentras con uno/a de tus amigos/as en la universidad y le cuentas los detalles. Él/Ella es muy curioso/a y te hace una multitud de preguntas.
2. Sales con un(a) chico/a que no les gusta a tus padres. Tu padre/madre tiene una conversación muy seria contigo.
3. Después de haber salido con tu novio/a dos años, han tenido una discusión muy fuerte y están a punto de terminar su relación. Hoy han quedado para tomar un café.

4 **Yo creo que tú …** En parejas, uno/a de ustedes es un(a) consejero/a de la universidad y otro/a es un(a) estudiante que va a contarle sus problemas. Representen los diálogos y, después, intercambien sus papeles.

1. Un(a) estudiante muy tímido/a. No conoce a nadie en la universidad.
2. Un(a) estudiante con unos padres muy autoritarios. Sus padres no aprueban la especialidad que ha escogido.
3. Un(a) estudiante celoso/a. Su novio/a ha decidido ir a otra universidad.
4. Un(a) estudiante inseguro/a. Necesita tener un poco más de seguridad en sí mismo/a.

Additional *Lengua* Activities

ESTRUCTURA

1.1 Nouns, articles, and adjectives

PRÁCTICA

1 **¿Definido o indefinido?** Completa los siguientes párrafos con la forma correcta del artículo definido e indefinido.

1. Cada vez que comienza _____ nuevo semestre, es necesario comprar muchas cosas. Carlos es _____ estudiante de primer año y hoy ha decidido ir a _____ tienda de _____ universidad para realizar algunas compras. Para _____ clase de geografía, necesita comprar _____ mapa del mundo para aprender todas _____ capitales. También necesita comprar _____ calculadora para _____ clase de cálculo. Después de comprar, Carlos va a encontrarse con _____ amigos en _____ cafetería de _____ universidad. Allí sirven _____ bocadillos deliciosos.

2. Ayer tuve una cita con _____ chico increíble. Primero fuimos a _____ pequeño restaurante donde comimos _____ platos muy originales. _____ pescado que yo pedí estaba delicioso. Después fuimos a _____ bar muy romántico junto a _____ bonito lago. Desde nuestra mesa, podíamos ver _____ lago y _____ barcos que por allí navegaban. Nos divertimos mucho, pero al salir tuvimos _____ problema. Una de _____ ruedas del coche estaba pinchada. Creo que seguiremos en contacto y muy pronto tendremos otra cita.

2 **¿Cómo son?** Utiliza cuatro adjetivos para describir a cada una de las siguientes personas.

Modelo   tu abuelo
         Mi abuelo es inteligente, muy gracioso, culto y un poco tacaño.

1. tu padre
2. tu madre
3. tus amigos/as de la universidad
4. tu profesor(a) favorito/a
5. tu compañero/a de cuarto
6. tu actor/actriz favorito/a

COMUNICACIÓN

3 **¿Conoces a tu compañero?** Trabajen en parejas. Piensa en cuatro adjetivos que describan a tu compañero/a. Después cuéntale a tu compañero/a tu descripción. Tu compañero/a te dirá si has hecho una buena descripción. Luego, intercambien los papeles.

Modelo   E1: Creo que eres una persona agradable, simpática, cariñosa, pero un poco vaga.
         E2: Pues no tienes razón porque soy una persona muy trabajadora.

4 **Veinte preguntas** En grupos de cuatro, jueguen a las veinte preguntas. Uno/a de ustedes escoge un objeto o una persona en la clase. El resto puede hacer hasta veinte preguntas para adivinar de qué/quién se trata.

Modelo   E1: ¿Es una persona?
         E2: Sí, es una persona.
         E3: ¿Es una persona tímida?
         E2: No, no es una persona tímida.

1.2 Present tense of regular and irregular verbs

PRÁCTICA

1 La rutina del profesor El profesor Santos enseña español en una universidad estadounidense. Aquí nos cuenta cómo transcurre un día típico en su vida. Completa el siguiente párrafo con los verbos indicados.

Hoy 1) _____ (ser) lunes y, como siempre, 2) _____ (tener) que madrugar. Normalmente, yo 3) _____ (levantarse) a las 5:30 de la mañana. Mi esposa y yo 4) _____ (desayunar) juntos. Ella 5) _____ (acompañar) a los niños a la escuela. La universidad 6) _____ (estar) lejos así que yo 7) _____ (tener) que 8) _____ (ir) en carro. Cuando llego al departamento, les 9) _____ (decir) "buenos días" a mis colegas y 10) _____ (ponerse) a trabajar. 11) _____ (enseñar) mi primera clase a las nueve. A la una de la tarde, 12) _____ (comer) en la cafetería. Algunas veces, 13) _____ (corregir) exámenes en la oficina y, después, 14) _____ (regresar) a casa. A mis hijos y a mí nos gustan los deportes y por eso 15) _____ (practicar) algunos deportes en el jardín. A las 6, mi familia y yo 16) _____ (cenar). Después de que los niños 17) _____ (irse) a la cama, mi esposa y yo 18) _____ (ver) la televisión un rato. Yo también 19) _____ (leer) mis notas y 20) _____ (prepararse) para las clases del día siguiente.

2 ¿Cómo es tu rutina? Para cada una de las siguientes partes del día, escribe cuatro actividades que realizas normalmente.

Por la mañana	Por la tarde	Por la noche

COMUNICACIÓN

3 Una persona famosa Imagina que eres el/la presentador(a) de un programa de televisión. Hoy vas a entrevistar a una persona famosa y quieres que tu audiencia descubra cómo es esta persona en su vida diaria. Con un(a) compañero/a, representa esta conversación. Después tu compañero/a será el/la entrevistador(a) y tú la persona famosa entrevistada.

4 El retrato robot de un estudiante universitario En parejas, piensen en cómo es la rutina de un(a) estudiante universitario/a típico/a. Escriban una descripción de su rutina. Incluyan tanto la rutina de la semana como lo que hace los fines de semana. Después lean sus descripciones al resto de la clase y comparen los resultados. ¿Existe un estudiante universitario típico?

1.3 Stem-changing verbs

PRÁCTICA

1 Oraciones incompletas Completa las siguientes oraciones con el presente de los verbos indicados entre paréntesis.

1. Algunos criminales _____ (confesar) sus crímenes y se declaran culpables.

2. Antes de acostarme, siempre _____ (colgar) mi ropa en el armario.

3. Mi compañero siempre _____ (sugerir) cosas que podemos hacer los fines de semana.

4. Yo no _____ (recordar) tu nombre. ¿Me puedes decir cómo te llamas?

5. Doctor, mi hijo _____ (sentirse) muy mal. Creo que tiene anginas.

6. El semestre de otoño siempre _____ (empezar) en septiembre.

7. Carlos casi _____ (morirse) del susto pues creyó que había suspendido el examen.

8. La noche de los Oscars, todas las actrices _____ (vestirse) con vestidos muy elegantes.

9. El profesor siempre _____ (corregir) las tareas muy pronto y después nos las devuelve.

10. Este libro _____ (incluir) muchos apéndices muy interesantes.

2 ¿Qué hacen las siguientes personas? Escribe oraciones indicando qué hacen los personajes de la columna de la izquierda. Debes usar los verbos que aparecen en la columna de la derecha.

Modelo   Michael Jordan juega al baloncesto.

Michael Jordan	almorzar en la cafetería de la universidad
El presidente del gobierno	defender a sus clientes
Un abogado criminalista	jugar al baloncesto
Barbara Walters	sugerir un diccionario bilingüe
Gwyneth Paltrow	resolver crisis internacionales
El/la profesor(a)	soler entrevistar a personajes famosos
Mis amigos y yo	despedirse de mí
Mis padres	acostarse
Yo	vestirse elegantemente

COMUNICACIÓN

3 Un día en la escuela Imagina que tú eres un(a) niño/a que le cuenta a su mamá lo que hace normalmente en la escuela. Tu compañero/a hará el papel de mamá y te hará preguntas. Éstos son algunos de los verbos que pueden usar.

almorzar	empezar	pedir	sentarse
contar	entender	perder	sentir
divertirse	jugar	poder	volver

4 ¿Cómo es tu compañero? Seguro que hay muchas cosas de tus compañeros de clase que no conoces. Entrevista a un compañero/a para averiguar cuáles son sus habilidades, sus preferencias a la hora de comer, de vestir, etc. Después tu compañero/a te va a entrevistar a ti.

1.4 *Ser* and *estar*

PRÁCTICA

1 La clase de español Completa el siguiente párrafo con la forma adecuada de **ser** y **estar**.

En la clase de español todos nosotros 1) _____ muy preocupados porque tenemos un examen mañana. El profesor 2) _____ muy exigente y todos 3) _____ seguros de que el examen va a 4) _____ muy difícil. Ahora mismo mi amiga Ana 5) _____ estudiando en la biblioteca y voy a encontrarme con ella para que me ayude. Ella 6) _____ una estudiante muy buena y sus notas siempre 7) _____ excelentes.

Este fin de semana hay un concierto en la universidad. 8) _____ en el estadio de fútbol. Mis amigos y yo 9) _____ muy contentos porque el grupo que toca 10) _____ muy famoso. Carlos también quería ir al concierto, pero no puede porque 11) _____ enfermo y debe quedarse en la cama.

Bueno, antes de ir a la biblioteca voy a almorzar en la cafetería porque 12) _____ muerto de hambre.

2 En el parque Mira la ilustración y contesta las preguntas usando **ser** y **estar**.

1. ¿Qué están haciendo?
2. ¿Cómo están?
3. ¿Cómo son?

COMUNICACIÓN

3 Una cita Mañana vas a tener una cita con un(a) muchacho/a maravilloso/a. Ahora llamas por teléfono a tu mejor amigo/a para contárselo todo. Él/ella es muy curioso/a y te va a hacer muchas preguntas sobre lo que van a hacer. Con un(a) compañero/a representa este diálogo. Éstos son algunos de los aspectos que pueden incluir.

- Cómo te sientes antes de la cita. ¿Estás nervioso/a?
- Qué crees que va a pasar ¿Eres tímido/a?
- La descripción de la persona con quien vas a tener la cita.
- La descripción del lugar a donde van a ir.
- ...

4 Adivina, adivinanza Prepara una descripción de un personaje famoso. Describe su físico y su personalidad. Después lee tu descripción al resto de la clase para que adivinen de quién se trata.

Modelo   Es un hombre muy moreno y sus ojos son marrones. Es muy guapo y es de España. Está casado con una actriz americana. Ella es rubia, delgada y alta. Tienen una hija. En una película fue vampiro y en otra fue un hombre que llevaba una máscara. ¿Quién es?

CONTEXTOS

PRÁCTICA

1 Definiciones Indica a qué palabra corresponde cada una de las siguientes definiciones.

1. El lugar donde debes ir si quieres hacer ejercicio aeróbico o levantar pesas _____

2. Lo que debes comprar para asistir a un concierto de tu grupo de rock favorito _____

3. La persona que dirige un equipo deportivo o la que dirige tu entrenamiento personal _____

4. En este juego hay un rey y una reina, entre otras piezas. _____

5. Un lugar donde uno puede ver muchos animales _____

6. En las bodas es muy común que el padrino (*best man*) haga esto en algún momento durante la recepción.

_____

7. Univisión y Telemundo _____

8. Si llegas a la discoteca y hay mucha gente delante de ti, es necesario que hagas esto. _____

2 Asociaciones Indica al menos cuatro cosas o acciones que asocias con las siguientes actividades.

Un partido de fútbol

Un concierto de música rock

Salir por la noche

El teatro

COMUNICACIÓN

3 Las fiestas familiares ¿Cómo es tu día de Acción de Gracias? ¿Una boda familiar?

• **Paso 1** Piensa en tu fiesta favorita y las distintas actividades que tú y tu familia realizan a lo largo del día. ¿Practican algún deporte? ¿Comen o beben algo especial? Después de comer, ¿ven la televisión? ¿Qué canales? ¿Juegan a las cartas o a algún juego de mesa?

• **Paso 2** En grupos de cuatro, comparen sus actividades. ¿Cuáles son las más típicas? Decidan si existe una forma común de pasar las fiestas familiares.

4 ¿Conoces a tu profesor(a)? ¿Cuáles son los pasatiempos del/de la profesor(a)? ¿Practica algún deporte regularmente? ¿Le gusta salir con sus amigos por la noche? ¿Sabe jugar al ajedrez?

• **Paso 1** Con un(a) compañero/a piensen en todos los aspectos y escriban seis oraciones sobre su profesor(a).

• **Paso 2** Cada una de las parejas va leyendo algunas de las oraciones y el/la profesor(a) les indicará si han acertado.

2.1 Progressive forms

PRÁCTICA

1 ¿Qué hacen? Las personas de la columna de la derecha siempre están ocupadas. ¿Qué pueden estar haciendo ahora? Escribe cinco oraciones usando elementos de las tres columnas.

Modelo   Michael Jordan está entrenando con su equipo.

El presidente de los EE.UU.		divertirse
Los Osbourne		ensayar una película
Shakira		cantar canciones
Tus padres	+ (no) estar +	viajar en avión
Tu compañero/a de cuarto		almorzar
Penélope Cruz		asistir a un estreno

2 Seguimos escribiendo Vuelve a escribir las siguientes oraciones de manera que signifiquen lo mismo. Utiliza el presente progresivo de **andar, ir, llevar, seguir, venir** con el participio presente. Después inventa tu propia frase.

Modelo   El profesor repite día tras día que pronto hay un examen.
　　　　　El profesor viene repitiendo que pronto hay un examen.

1. Mis amigos y yo empezamos a tocar en una banda cuando estábamos en la escuela secundaria, y 15 años más tarde aún tocamos regularmente.

   _____

2. Los estudiantes de primer año suelen tener problemas para acostumbrarse a la vida de la universidad, pero poco a poco se acostumbran.

   _____

3. Mi hermano Carlos juega al ajedrez desde hace mucho tiempo.

   _____

4. Ana se ha quedado sin trabajo y ahora está buscando otro.

   _____

5. ¿ ?

   _____

COMUNICACIÓN

3 Un amigo de la escuela secundaria Hoy estás de visita en tu ciudad y te encuentras con un viejo/a amigo/a de la escuela secundaria. Hace tiempo que no se ven y no saben mucho el uno del otro. Ahora intentan ponerse al día con lo que está pasando en sus vidas. Representen el diálogo entre estos dos amigos. Traten de usar el presente progresivo lo más posible. Pueden preguntarse, entre otras cosas, por los asuntos de la lista.

Modelo   E1: ¡Qué sorpresa! ¡Cuánto tiempo sin verte!
　　　　　E2: Hola, ¿qué tal te va? Oye, ¿dónde estás estudiando?
　　　　　E1: Estoy estudiando en la Universidad de Wisconsin. ¿Y tú?

- los pasatiempos
- el fin de semana
- novio/a
- la vida social
- los deportes
- ¿Otras posiblidades?

4 El noticiero Tú y tu compañero/a trabajan para una de las cadenas locales de televisión. Ahora mismo están preparando el guión que se usa en el programa. Inventen las noticias que van a aparecer en el noticiero de esta noche. Tienen que escribir dos noticias locales, dos internacionales y dos del mundo del deporte o del espectáculo. Después uno de ustedes va a leer las noticias al resto de la clase. Recuerden de usar el presente progresivo para hablar de las noticias que están ocurriendo en ese mismo momento.

2.2 Object pronouns

PRÁCTICA

1 Título Completa el siguiente diálogo con el pronombre adecuado.

JUANITO	Mamá, ¿puedo ver la televisión?
MAMÁ	¿Y la tarea? ¿Ya 1) _____ hiciste?
JUANITO	Ya casi 2) _____ terminé. ¿Puedo ver el programa de dibujos animados?
MAMÁ	3) _____ puedes ver hasta las siete.
JUANITO	De acuerdo.
MAMÁ	Por cierto, tengo algunas preguntas. ¿Le vas a entregar mi carta a tu profesora?
JUANITO	Sí mamá, 4) _____ _____ voy a entregar mañana.
MAMÁ	¿Quién va a trabajar contigo en el proyecto de historia?
JUANITO	No sé, nadie 5) _____ quiere hacer conmigo.
MAMÁ	Antes de ver la tele, ¿me puedes ayudar?
JUANITO	¡Cómo no, mamá! 6) _____ ayudo ahora mismo.

2 Confundido Tu compañero/a de cuarto va a dar una fiesta este fin de semana, pero no recuerda bien algunos detalles. Responde a sus preguntas con la información indicada utilizando pronombres.

Modelo ¿Quién va a traer las copas para el champán? (Carlos y Pedro)
Carlos y Pedro las van a traer.

1. ¿Cuándo vamos a comprar la bebida? (mañana)

_____

2. ¿Quién nos prepara el pastel? (la pastelería de la Plaza Mayor)

_____

3. ¿Ya enviamos todas las invitaciones? (sí)

_____

4. ¿Quién trae los discos de música latina? (Lourdes y Sara)

_____

5. ¿Vamos a decorar el salón? (sí)

_____

COMUNICACIÓN

3 Entrevista En parejas van a entrevistar a una persona famosa. Utiliza las cuatro preguntas y escribe seis más. Utiliza pronombres en las respuestas. Después van a presentar las entrevistas delante de la clase.

Modelo ¿Quién prepara la comida en tu casa?
Mi cocinero la prepara.

1. ¿Visitas mucho a tus amigos?
2. ¿Ves mucho la televisión?
3. ¿Preparas las maletas cuando viajas?
4. ¿Quién conduce tu auto?

4 Una conversación telefónica Tu madre/padre te llama por teléfono para asegurarse de que todo va bien. En parejas representen esta conversación telefónica. En un primer momento tú eres el estudiante y en un segundo momento tú eres el padre o la madre que pregunta. Usen pronombres frecuentemente.

2.3 Reflexive verbs

PRÁCTICA

1 **¿Qué hacen estas personas?** Escribe frases completas usando elementos de las tres columnas.

a las 6 a.m.	mis padres	aburrirse
a las 9 a.m.	el/la profesor(a) de español	acostarse
a las 3 p.m.	los jugadores de fútbol	afeitarse
por la tarde	yo	divertirse
el viernes por la noche	mis amigos y yo	entrenarse
a las 11 p.m.	tú	levantarse
	mi compañero/a de cuarto	vestirse

2 **Alternativas reflexivas** Algunos verbos cambian de significado cuando se usan de forma reflexiva. Completa las siguientes oraciones con la forma adecuada del verbo indicado. Recuerda que si es necesario usar el verbo de forma reflexiva, debes incluir el pronombre reflexivo adecuado.

1. A los profesores no les gusta cuando sus estudiantes _____ en clase. Prefieren que ellos estén despiertos y participen en la clase. (dormir/dormirse)

2. Carlos, ¿_____ cuando fuimos a Cancún para las vacaciones de primavera? (acordar/acordarse)

3. Mi esposo y yo vamos a cambiar de residencia; _____ a una casa junto al lago. (mudar/mudarse)

4. No me gusta esta fiesta. Quiero _____ cuanto antes. ¿Vienes conmigo? (ir/irse)

5. Cuando mi novio y yo rompimos, él _____ mis discos de Shakira. (llevar/llevarse)

6. Mi abuela va a _____ una foto de todos sus nietos en el salón. (poner/ponerse)

COMUNICACIÓN

3 **Una consulta con el entrenador** En parejas, van a hacer un dialogo y presentarlo delante de la clase. Una persona es el/la entrenador(a) y la otra quiere ser miembro del gimnasio. El/la entrenador(a) hace preguntas sobre la rutina diaria del miembro para proponer el mejor programa de ejercicio posible. Utiliza verbos reflexivos frecuentemente.

4 **Los sábados en la universidad** Sigue los pasos a continuación para determinar si tú y los demás estudiantes en tu clase participan en actividades similares los fines de semana.

- **Paso 1** Haz una lista detallada de las cosas que normalmente haces los sábados.
- **Paso 2** Después entrevista a un(a) compañero/a para ver si ustedes tienen algo en común.
- **Paso 3** Finalmente, compara la información con el resto de la clase. ¿Siguen los estudiantes la misma rutina durante los fines de semana?

2.4 *Gustar* and similar verbs

PRÁCTICA

1 En otras palabras Vuelve a escribir las oraciones subrayadas usando alguno de los verbos que se indican.

Modelo Mis padres adoran las novelas de García Márquez.
        A mis padres les encantan las novelas de García Márquez.

aburrir	(no) gustar
caer bien/mal	(no) interesar
doler	molestar
faltar	quedar

1. Siempre estoy muy interesado en el cine y por eso veo el programa de entretenimiento todas las noches.
2. Necesito ir al médico porque tengo un dolor de cabeza horrible.
3. Pablo y Roberto son muy antipáticos. No soporto hablar con ellos.
4. Nos aburrimos cuando vemos películas con subtítulos.
5. Detesto el boliche.
6. Has gastado casi todo tu dinero. Sólo tienes 10 dólares.
7. Carlos está a punto de completar su colección de monedas. Necesita conseguir tres más.
8. No soporto la música muy alta. No me deja concentrarme.

2 Los fines de semana Escribe ocho frases explicando qué te gusta y que te molesta hacer los fines de semana. Utiliza verbos variados (**interesar, importar,** etc.).

ir al cine	hacer cola	ir al circo
estar en casa	hacer ejercicio	jugar al billar
festejar	hacer un picnic	salir a comer

1. _____
2. _____
3. _____
4. _____
5. _____
6. _____
7. _____
8. _____

COMUNICACIÓN

3 Un compañero desconocido Busca en la clase a un(a) estudiante que no conozcas bien. Primero tú lo/la vas a entrevistar, y después él/ella te va a entrevistar a ti. Deben preguntarse por:

sus gustos	lo que le molesta	lo que le aburre
sus intereses	lo que le fascina	lo que le preocupa

4 En busca de ... En la clase debes encontrar a seis personas con distintas opiniones. Haz una lista con los nombres y las opiniones de estas personas. Debes utilizar verbos como **gustar, fascinar, interesar, molestar, preocupar, importar, aburrir,** etc.

	Nombre	Opinión
Modelo	Armando	Le fascina el fútbol americano.

La vida diaria

CONTEXTOS

PRÁCTICA

1 Definiciones Indica a qué palabra corresponden las siguientes definiciones.

1. Lo que usas para barrer el piso. _____

2. Es un método para pagar las cuentas. Lo usas cuando no tienes cheques ni tarjetas de crédito. _____

3. Cuando uno tiene mucho sueño, suele hacer esto con frecuencia. _____

4. Cuando los muebles están muy sucios es importante hacer esto. _____

5. Es necesario hacerlo para limpiar las alfombras. _____

6. El lugar donde el cartero te deja el correo. _____

7. Es una acción que te ayuda a anunciarte cuando vas de visita. _____

8. El lugar adonde debes ir si quieres ir de compras y encontrar mucha variedad de tiendas. _____

9. Es el estado en el cual no tienes compañía. _____

10. Si ya no vas a seguir viendo la televisión debes hacer esto para conservar electricidad. _____

2 Situaciones Los siguientes personajes tienen distintos problemas. ¿Qué pueden hacer? Indícales a estos personajes qué pueden hacer para salir de la situación en la que se encuentran.

- A **Ana** le encanta ir de compras, sobre todo cuando se trata de comprar ropa y zapatos. El problema es que siempre paga con su tarjeta de crédito y a fin de mes siempre tiene una factura enorme. ¿Qué puede hacer para no gastar tanto dinero?

- **Carlos** es un estudiante universitario y esta semana ha estado muy ocupado con sus clases y no ha tenido tiempo para nada. Hoy abrió su refrigerador y encontró que estaba vacío. No tiene nada para comer. ¿Qué puede hacer?

- **Sara** es una mujer de negocios y por motivos de trabajo viaja mucho. Estas dos últimas semanas ha estado trabajando en el extranjero. Ahora su apartamento está muy sucio. ¿Qué debe hacer este fin de semana?

- **Pedro y María** se conocieron hace poco y ya han tenido varias citas. Hoy Pedro invita a María a cenar en su casa. Él va a cocinar y quiere impresionarla, ¿qué necesita hacer?

- **Doña Julia** es una señora mayor y en casa siempre tiene los aparatos eléctricos encendidos. Siempre paga mucho por la electricidad que usa. ¿Qué debe hacer para ahorrar un poco?

COMUNICACIÓN

3 Tus quehaceres favoritos Seguro que hay algunos quehaceres que te gustan más que otros. Explícale a tu compañero/a qué tareas te gustan más y cuáles odias. ¿Con qué frecuencia realizas estas tareas? Añade cualquier información relevante.

4 ¡De compras! Tus amigos y tú están preparando una fiesta de disfraces para el próximo fin de semana. Como no disponen de mucho tiempo, deben dividirse las compras. En grupos de tres personas, distribuyan lo que cada uno debe conseguir de acuerdo con las siguientes categorías: comida, bebidas, postres, decoraciones y disfraces. Decidan cuáles son las prioridades y las partes de la lista que no son tan importantes. Al final, compartan con el resto del grupo para determinar cuál sería la fiesta más exitosa de la clase.

3.1 The preterite tense

PRÁCTICA

1 **Lo que pasó en mi casa este fin de semana** Completa las siguientes oraciones con la forma apropiada del pretérito.

1. Mis padres _____ (venir) a visitarme este fin de semana.

2. Yo _____ (levantarse) muy temprano.

3. Mi madre _____ (acostarse) en mi cama y _____ (descubrir) que no me gusta limpiar mi cuarto.

4. Mis amigos _____ (llegar) de sorpresa a la hora del almuerzo.

5. Yo no _____ (saber) qué hacer sin tener comida para ofrecerles.

6. Mi madre _____ (decidir) que iríamos a un restaurante italiano.

7. Yo me _____ (olvidar) de estudiar para el examen de español y mi compañero no _____ (hacer) su tarea de filosofía.

8. Al final, mis padres estaban muy felices y _____ (ir) de regreso a su casa.

2 **Conversación incompleta** La mamá de Andrés lo llama para ver cómo ha sido su semana.
Completa su conversación con el pretérito de alguno de los verbos indicados. Algunos de estos verbos se repiten.

andar	barrer	ir	ser
asignar	hacer	quitar	tener

MAMÁ Hola Andrés. ¿Cómo te va?

ANDRÉS Bien mamá. ¿Y tú?

MAMÁ Yo también estoy bien. ¿Qué tal las clases?

ANDRÉS En la clase de historia 1) _____ un examen el lunes. En la clase de química el profesor nos 2) _____ una demostración en el laboratorio.

MAMÁ ¿Y el resto de las clases?

ANDRÉS 3) _____ muy fáciles pero los profesores nos 4) _____ mucha tarea.

MAMÁ ¿Cómo está tu apartamento? ¿Está muy sucio?

ANDRÉS ¡Está perfecto! Ayer 5) _____ la limpieza: 6) _____ el suelo y 7) _____ el polvo a los muebles.

MAMÁ ¿Qué hiciste con tus amigos el sábado por la noche?

ANDRÉS 8) _____ por el centro de la ciudad y 9) _____ a algunos bares. 10) _____ una noche muy divertida.

COMUNICACIÓN

3 **Encuentra a alguien que ...** Haz una lista con toda la clase de actividades interesantes que hacen durante el fin de semana. Escribe la lista en el infinitivo de los verbos. Después, pregúntales a tus compañeros si hicieron estas actividades recientemente. Si responden afirmativamente, pídeles que firmen en el espacio indicado.

Modelo E1: ¿Viste una película de Almodóvar?
E2: Sí, vi *Todo sobre mi madre* el mes pasado.
E1: Firma aquí, por favor.

Nombre	¿Qué hizo?
Julia	Ver una película de Almodóvar

4 **Un problema** Hace dos semanas, compraste un par de zapatos que no te quedan bien. Ahora quieres devolverlos al centro comercial y pedir un reembolso, pero esta zapatería no acepta cambios después de una semana. Prepara una explicación convincente de lo que pasó para dársela al gerente del almacén y recibir tu dinero a cambio.

3.2 The imperfect tense

PRÁCTICA

1 Oraciones incompletas Termina las siguientes oraciones recordando que debes usar el imperfecto, puesto que no se trata de acciones acabadas o completas.

1. Cuando era niño/a _____.

2. Todos los veranos mi familia y yo _____.

3. Durante las vacaciones, mis amigos siempre _____.

4. En el tercer grado, mis profesores nunca _____.

5. Mis hermanos y yo siempre _____.

6. Mis padres siempre _____.

2 ¿Cómo eran estas personas entonces? Piensa en cómo eran estas personas cuando tú estabas en el sexto grado. Debes escribir una descripción tanto de sus rasgos físicos, como de su personalidad, y no olvides incluir cosas que solían hacer con regularidad.

Tu mejor amigo/a

Tu profesor(a) favorito/a

Tu papá

Tu mamá

COMUNICACIÓN

3 Las tareas cuando eras niño/a Cuando eras niño/a, ¿cuáles eran tus obligaciones en casa? ¿Qué te mandaban a hacer tus padres? Cuéntale a un(a) compañero/a cuáles eran tus tareas y luego él/ella te va a contar cuáles eran las suyas. ¿Hacían tareas similares?

4 ¿Cómo ha cambiado tu vida? Piensa en tu último año en la escuela secundaria y compáralo con tu vida en la universidad. ¿Han cambiado mucho las cosas? Con un compañero/a, hablen de estos cambios. Escriban una lista de las responsabilidades que tienen ahora y las que tenían antes. Traten de incluir el mayor número posible de detalles.

Modelo   Cuando estaba en la escuela secundaria no tenía mucha tarea, pero ahora tengo muchísima tarea y me paso el día en la biblioteca.

3.3 The preterite and the imperfect

PRÁCTICA

1 **¿Pretérito o imperfecto?** Indica si debes usar el pretérito (P) o el imperfecto (I) con las siguientes expresiones temporales. Después escribe oraciones completas que contengan esas expresiones.

_____ El año pasado   _____ Siempre   _____ Ayer por la noche   _____ Todas las tardes

_____ Todos los días   _____ Mientras   _____ El domingo pasado   _____ El pasado agosto

2 **Distintos significados** Completa las siguientes oraciones con el pretérito o el imperfecto de los verbos que se indican. Recuerda que cuando estos verbos se usan en pretérito tienen un significado diferente al del infinitivo.

1. Cuando yo era un niño nunca _____ (querer) limpiar mi cuarto.

2. Mi amigo _____ (poder) pasar la aspiradora cuando tenía siete años.

3. Mi profesor _____ (conocer) el mejor supermercado de la ciudad.

4. El mes pasado, Ana _____ (saber) que no sería aceptada.

5. Anoche _____ (querer) ir de compras al centro comercial, pero era muy tarde.

6. Finalmente, alguien _____ (poder) ayudarme a cambiar el foco de la cocina.

7. Mi hermano _____ (saber) la receta de mi abuela.

8. Ayer, Fernando no _____ (querer) contestar el teléfono.

9. No _____ (poder) venir a ayudarte anoche porque estaba muy enferma.

10. Mi hermana _____ (conocer) al nuevo cartero.

COMUNICACIÓN

3 **Mi mejor año en la escuela secundaria** Cuéntale a tu compañero/a cuál fue tu mejor año en la escuela secundaria. Recuerda que para describir o hablar de acciones habituales debes usar el imperfecto y para mover la narración debes usar el pretérito.

4 **Lo que sentía** Enumera dos situaciones o momentos de tu niñez en los cuales sentías lo siguiente. Cuéntale a un compañero/a estas situaciones, para que después él/ella se lo relate a la clase.

- asombrado/a
- solitario/a
- feliz
- confundido/a
- hambriento/a

3.4 Adverbs

PRÁCTICA

1 **¿Cómo?** Vuelve a escribir las siguientes oraciones sustituyendo la frase preposicional **con** + sustantivo por el correspondiente adverbio **-mente**.

1. Mi amigo Carlos cocina con facilidad.
2. Picasso pintaba con habilidad.
3. Mi abuela puede limpiar con rapidez.
4. Como ya era tarde y Andrés no quería despertar a sus padres, entró en la casa con silencio.
5. Mi mamá barre el piso de casa con frecuencia.
6. María quitó el polvo con cuidado.

2 **Tareas** Indica con qué frecuencia tú y las siguientes personas realizan las siguientes actividades. Debes usar elementos de las tres columnas.

Yo	nunca	barrer el piso
mi compañero/a de cuarto	a menudo	pasar la aspiradora
mis amigos	a veces	quitar el polvo a los muebles
mis padres	de vez en cuando	cenar en un restaurante
el/la profesor(a) de español	siempre	gozar de una buena película
mi novio/a, esposo/a	casi nunca	quedarse en casa un sábado por la noche
mis hermanos	frecuentemente	planchar la ropa
		hacer la tarea de español
		apagar todas las luces

COMUNICACIÓN

3 **¿Qué sabes hacer?** Piensa en las habilidades artísticas, literarias, deportivas o teatrales que tengas y luego cuéntale a tu compañero/a cómo las demuestras. Usa adverbios siempre que sea posible.

Modelo Canto estupendamente, pero toco el piano terriblemente.

4 **Una casa muy sucia** Con un(a) compañero/a, imagina que tienes amigos que vienen a visitarte este fin de semana. Tu compañero/a te va a ayudar a limpiar la casa. Hagan una lista de los quehaceres, utilizando los adverbios apropiados. Luego comparen sus listas con las de otras parejas.

Los viajes

CONTEXTOS

PRÁCTICA

1 Definiciones Indica a qué palabra corresponden las siguientes definiciones.

1. Subir a un avión o un barco _____

2. Las personas que te ayudan cuando viajas en avión _____

3. Los meses del año cuando los hoteles o los viajes son más caros _____

4. Un hotel que no tiene habitaciones libres _____

5. El borde que separa dos países _____

6. La persona que te sirve en un bar o un restaurante _____

7. La persona que dirige un avión y controla los mandos _____

8. Cuando alguien dice adiós _____

9. Cuando hay mucho tráfico y no se puede circular _____

10. La persona a quien le gusta realizar actividades peligrosas o arriesgadas _____

2 Emparejamiento Une las palabras de la columna de la izquierda con la definición correspondiente en la columna de la derecha.

1. El lugar final adonde uno viaja _____
2. El tipo de fiesta que se da a una persona que llega de un viaje _____
3. Bajar del avión o del barco _____
4. Pensar mucho en una persona con quien no podemos estar _____
5. La persona que revisa lo que traemos cuando entramos en un país extranjero _____
6. Un pasaporte que ya no es válido _____
7. El viaje de regreso _____
8. Lo que ofrece un hotel cuando nos trae el desayuno _____
9. Quedarse en un hotel o un hostal _____
10. El documento con los detalles de nuestro viaje _____

a. agente de aduanas
b. alojarse
c. bienvenida
d. destino
e. extrañar
f. itinerario
g. servicio de habitaciones
h. desembarcar
i. ponerse el cinturón
j. recorrer
k. vencido
l. vuelta

COMUNICACIÓN

3 Un viaje increíble ¿Cuál ha sido el mejor viaje de tu vida? Cuéntale a tu compañero/a los detalles de este viaje. En tu narración debes incluir los siguientes aspectos.

- Los preparativos del viaje
- El medio de transporte utilizado
- El lugar donde te alojaste
- Actividades que hiciste mientras estuviste de viaje
- El viaje de regreso
- Cualquier otro detalle interesante

4 Diálogos en la agencia de viajes Con un compañero/a representen dos de los siguientes diálogos que tienen lugar en una agencia de viajes. Uno de ustedes es el agente de viajes y el otro, la persona que va a viajar. Después cambien sus papeles.

a. Un hombre de negocios que debe viajar a Madrid para firmar un contrato
b. Una mujer que quiere organizar las vacaciones de su familia a Puerto Rico
c. Un estudiante universitario que quiere pasar sus vacaciones de primavera en la playa

ESTRUCTURA

4.1 Past participles and the present and past perfect tenses

PRÁCTICA

1 Participios pasados como adjetivos Transforma las siguientes oraciones usando **estar** más el participio pasado del verbo correspondiente.

> Modelo   Los estudiantes abrieron los libros.
>   Los libros están abiertos.

1. El paciente murió ayer a medianoche.
2. No abren la tienda los domingos.
3. Este pasaporte venció el mes pasado.
4. Los alumnos escribieron las composiciones ayer.
5. Ya resolvieron los problemas.
6. Ya devolví los libros a la biblioteca.
7. Descubrieron una vacuna.
8. Anunciaron el vuelo.

2 De otra perspectiva Cambia las siguientes oraciones de pretérito a presente perfecto.

1. Juan y yo vimos un accidente en la autopista 45.
2. Yo hice la tarea en la biblioteca.
3. Carlos le dijo la verdad a su novia.
4. María volvió de su viaje recientemente.
5. Ustedes encontraron la solución del problema.
6. Nosotros desembarcamos en Palma de Mallorca.
7. Oyeron las noticias.
8. Tú renovaste tu pasaporte.
9. Escribimos una postal a nuestros amigos.
10. Carlos puso la mesa.

COMUNICACIÓN

3 Una emergencia Tú acabas de ver un accidente en la autopista y llamas a la policía para contarle los detalles de lo que ha sucedido. Tu compañero/a hará el papel de la persona que responde al teléfono. Intenta usar el presente perfecto o **acabar de** siempre que sea posible.

4 Tus logros Seguro que antes de venir a la universidad tú ya habías logrado un montón de cosas. Piensa en cuatro cosas que ya habías logrado antes de venir a la universidad y cuéntaselas a tu compañero/a. También debes preguntarle por sus logros.

> Modelo   Antes de venir a la universidad, yo ya había conseguido mi licencia de manejar. ¿Y tú?

4.2 *Por* and *para*

PRÁCTICA

1 **¿Por o para?** Completa las siguientes oraciones en forma correcta usando **por** o **para**.

1. Compré este suéter en Perú _____ $45.

2. Este regalo es _____ mi primo Andrés.

3. Mañana salimos de viaje _____ Venezuela.

4. Pedro trabaja _____ la aerolínea.

5. Siempre prefiero viajar _____ avión.

6. El itinerario fue confirmado _____ el auxiliar de vuelo.

7. Trabajo los fines de semana _____ pagarme las vacaciones de primavera.

8. El aventurero estuvo seis meses viajando _____ los bosques de Asia.

2 **Diario de un viaje** Carlos está viajando en Latinoamérica. Completa el siguiente fragmento de su diario con **por** o **para**.

12 de marzo, 2003

Querido Diario:

1) _____ fin llegué a San José, Costa Rica, después de un larguísimo viaje
2) _____ autobús. Pienso quedarme en este país 3) _____ dos semanas,
4) _____ lo menos. Primero pienso viajar 5) _____ la zona central y después
saldré 6) _____ la costa del Pacífico. 7) _____ allí es posible ver muchos
animales poco comunes, 8) _____ ejemplo, perezosos o monos de cara blanca. Voy a llevar mi
cámara digital 9) _____ poder sacar muchísimas fotos. La comida en Costa Rica no es
demasiado cara. Hoy fui al mercado y vi que las fresas sólo costaban $1 10) _____ kilo.
No es necesario gastar mucho dinero 11) _____ comer bien aquí. La gasolina,
12) _____ otra parte, es más cara que en los Estados Unidos.
13) _____ mí Costa Rica es uno de los países más bonitos de América Central. ¡Pura vida!,
como dicen 14) _____ aquí.

¡Hasta pronto!
Carlos

COMUNICACIÓN

3 **Un suceso increíble** ¿Alguna vez te ha ocurrido algo inusual o difícil de creer? Cuéntale a tu compañero/a un suceso increíble que te haya ocurrido o inventa uno. Debes incluir en tu narración al menos cuatros expresiones de la lista.

| para colmo | no estar para bromas | por casualidad | por supuesto |
| para que sepas | no ser para tanto | por fin | por más/mucho que |

4 **Gustos** En parejas, indiquen si los siguientes programas o diversiones son apropiados o no para las siguientes personas.

La música rock

Los programas de dibujos animados (*cartoons*)

Las noticias de las 6 de la tarde

Las novelas de Danielle Steele

Los videojuegos

Doña Rosa, 80 años, lleva una vida muy tranquila

Carlitos, 8 años, estudiante en la escuela primaria

Jorge, 19 años, estudiante universitario

Modelo   Para Doña Rosa la música rock no es apropiada, para ella es más adecuada la música clásica. Por el
contrario, la música rock es muy apropiada para Jorge.

4.3 Comparatives and superlatives

PRÁCTICA

1 Los medios de transporte Escribe oraciones comparando estos medios de transporte. Puedes usar comparativos o superlativos. Debes hacer comparaciones con respecto a los siguientes aspectos:

- la rapidez
- la comodidad
- la diversión
- el precio

> **Medios de transporte**
> Tren, bicicleta, coche, avión, metro, autobús, taxi

Modelo   Para viajar en la ciudad, el taxi es más caro que el autobús.
          El avión es el medio más rápido de todos.

2 Lo absoluto Escribe oraciones describiendo las siguientes personas y objetos usando los superlativos absolutos (**-ísimo/a**).

Modelo   elefantes / animales / grande
          Los elefantes son unos animales grandísimos.

1. diamantes / joyas / cara
2. avión / medio de transporte /rápido
3. *Friends* / serie de televisión / divertida
4. bicicleta / medio de transporte / sano
5. la clase de español / fácil
6. el puente de Brooklyn / largo
7. Frankie Muniz / actor / joven
8. Bill Gates / persona / rica

COMUNICACIÓN

3 Un pariente especial ¿Hay alguien en tu familia que es especial para ti? ¿Te pareces a esa persona? ¿Es mayor o menor que tú? Cuéntale a tu compañero/a quién es, y después compárate con esa persona. Éstos son algunos de los aspectos que debes incluir:

altura
apariencia física
edad
gustos
paciencia
simpatía
vida académica

Modelo   Mi primo Juan es mayor que yo, pero yo soy mucho más divertida que él.

4 El mejor coche Tú y tu compañero/a no se ponen de acuerdo en cuál es el mejor lugar para pasar unas vacaciones. Tú prefieres el mar y las playas y él/ella prefiere las ciudades históricas. Representen esta conversación y traten de incluir el mayor número posible de comparaciones (de igualdad, superioridad, superlativo y superlativo absoluto).

4.4 Present subjunctive

PRÁCTICA

1 Antes de viajar Éstos son algunos consejos útiles antes de emprender un viaje. Completa las siguientes oraciones con la forma adecuada del presente del indicativo o del subjuntivo de los verbos indicados.

1. Es importante que tú _____ (asegurarse) de que tu pasaporte no está vencido.

2. Es cierto que en algunos países no _____ (aceptar) tarjetas de crédito.

3. Es mejor que tú _____ (vacunarse) antes de visitar ciertos países.

4. Es necesario que uno _____ (pasar) por la aduana antes de entrar en un país extranjero.

5. Es bueno que nosotros _____ (llevar) algunos euros cuando viajemos a París.

6. Al viajar en clase turista, es importante que uno _____ (moverse) de vez en cuando para facilitar la circulación de la sangre.

7. Es verdad que cuando uno viaja a Inglaterra _____ (haber) que estar preparado para todo tipo de clima.

8. Es importante que ellos _____ (probar) la comida típica del país para que puedan experimentar la cultura.

9. Es bueno que nosotros _____ (dormir) en el avión para no llegar cansados.

10. Es necesario que yo _____ (hacer) una lista con todo lo que debo poner en la maleta.

2 Frases sin terminar Completa las siguientes oraciones de manera que expresen tu opinión. Recuerda que algunos de estos verbos exigen que el verbo subordinado vaya en subjuntivo.

1. Es importante que mis padres _____.

2. Es necesario que mi compañero de cuarto _____.

3. Es cierto que en esta universidad _____.

4. Es mejor que el/la profesor(a) de español _____.

5. Es normal que mis amigos y yo _____.

6. Es obvio que los estudiantes de esta clase _____.

7. Es seguro que mi novio/a _____.

8. Es malo que nosotros _____.

COMUNICACIÓN

3 Un viaje Tu compañero/a de cuarto va a pasar un semestre en la República Dominicana. Necesita que tú le des algunos consejos. Usa las siguientes expresiones impersonales.

- Es necesario que tú ...
- Es bueno que tú ...
- Es mejor/peor que ...
- Es cierto que ...

4 El profesor ideal Con un(a) compañero/a escriban las cosas que debería o no debería hacer el/la profesor(a) de español ideal. Usa expresiones impersonales para indicar lo que tú crees que es bueno / necesario / importante, etc.

Modelo   Es importantísimo que el profesor nos asigne mucha tarea.

La salud y el bienestar

CONTEXTOS

PRÁCTICA

1 Cuestión de salud Completa las siguientes oraciones con la palabra adecuada de la lista. Debes realizar los cambios que sean necesarios.

cuidarse	gripe	ponerse	resfriado
desmayarse	jarabe	prevenir	yeso

1. A algunas personas les impresiona ver sangre y por eso es posible que _____ si ven un herido sangrando.
2. Mi tío se fracturó la muñeca y ahora tiene que llevar un _____ hasta el codo.
3. El profesor _____ enfermo durante la clase y por eso no pudo terminar la clase.
4. A finales de octubre muchas personas se ponen la vacuna contra la _____ y así evitan muchos problemas durante el invierno.
5. Para tener buena salud es muy importante _____, comer bien y hacer ejercicio.
6. En invierno es bastante frecuente que las personas tengan un _____. Durante unos días no respiran bien y a veces tienen tos.

2 Cierto o falso Indica si las siguientes oraciones son **ciertas** o **falsas**.

	cierto	falso
1. Se dice que una persona que no suele salir mucho por la noche trasnocha poco.	❏	❏
2. No es necesario hacer ejercicio o comer bien para estar en buena forma física.	❏	❏
3. Si una persona tiene dolores fuertes necesita tomar calmantes.	❏	❏
4. Si una persona tiene la tensión muy baja debe tener cuidado porque puede llegar a desmayarse.	❏	❏
5. El cirujano es el médico especialista en enfermedades del corazón.	❏	❏
6. Adelgazar es lo mismo que perder peso.	❏	❏
7. Las personas que sufren de estrés no necesitan relajarse.	❏	❏
8. La anorexia no suele estar relacionada con la falta de autoestima.	❏	❏

COMUNICACIÓN

3 Una enfermedad infantil ¿Recuerdas cuando tuviste el sarampión (*measles*), la varicela (*chickenpox*) o cualquier otra enfermedad infantil? Cuéntale a tu compañero cómo ocurrió todo. ¿Qué síntomas tenías? ¿Tuviste que visitar al doctor? ¿Tuviste que tomar medicinas? ¿Faltaste a clase? Incluye cualquier tipo de información que consideres relevante.

4 Diálogos en el consultorio En parejas, representen dos de los siguientes diálogos entre distintos pacientes y el doctor. Usen las expresiones específicas relacionadas con los síntomas.

- Una madre que lleva a su hijo pequeño a la consulta del pediatra (*pediatrician*) porque su hijo tiene una fiebre muy alta y no deja de llorar
- Una persona que trabaja en una oficina y tiene fuertes dolores de estómago y de cabeza
- Un estudiante universitario que está muy preocupado por sus clases y no puede dormir bien
- Una persona que no se cuida y que tiene problemas de obesidad y tensión alta

Additional *Lengua* Activities

ESTRUCTURA

5.1 The subjunctive in noun clauses

PRÁCTICA

1 El doctor El doctor les dice a sus pacientes lo que les ocurre y les da recomendaciones. Completa los informes del doctor con el presente del indicativo, el presente del subjuntivo o el infinitivo de los verbos entre paréntesis.

Informe 1

Don José, creo que usted 1) _____ (sufrir) mucho estrés. Usted 2) _____ (trabajar) demasiado y no 3) _____ (cuidarse) lo suficiente. Es necesario que usted 4) _____ (dormir) más horas. No creo que usted 5) _____ (necesitar) tomar medicinas, pero es importante que 6) _____ (vigilar) su alimentación y 7) _____ (mantener) una dieta más equilibrada.

Informe 2

Carlitos, no hay duda de que 8) _____ (tener) la varicela. Es una enfermedad muy contagiosa y por eso es necesario que 9) _____ (quedarse) en casa una semana. Como no podrás asistir a la escuela te recomiendo que 10) _____ (hablar) con alguno de tus compañeros y que 11) _____ (hacer) la tarea regularmente. Quiero que 12) _____ (aplicarse) esta crema cuando te pique mucho.

Informe 3

Susana y Pedro, es obvio que ustedes 13) _____ (tener) la gripe. Para aliviar la tos, les recomiendo que 14) _____ (tomar) este jarabe por la mañana y estas pastillas por la noche. También es necesario que 15) _____ (vigilar) su temperatura. No creo que 16) _____ (necesitar) quedarse en cama. Les recomiendo que 17) _____ (beber) muchos líquidos y 18) _____ (comer) muchas frutas y verduras. Estoy seguro que en unos días 19) _____ (ir) a encontrarse mucho mejor.

2 ¿Cómo terminan? Completa cada oración de una forma original. Recuerda que en algunas se necesita usar el subjuntivo.

1. Es imposible que hoy _____.
2. Dudo mucho que el profesor _____.
3. No es cierto que la clase de español _____.
4. Es muy probable que yo _____.
5. Es evidente que en el hospital _____.
6. Los médicos recomiendan que _____.

COMUNICACIÓN

3 Reacciones ¿Cómo reaccionarías si te ocurrieran las siguientes cosas? Debes mostrar emoción, incredulidad, alegría, rechazo (*rejection*), insatisfacción, etc.

Modelo   Acabas de ganar un millón de dólares.
          Es imposible que sea verdad. No puedo creer que sea millonario.

1. Tú crees que el examen de español ha sido difícil y no vas a sacar buena nota. El profesor te da una A.
2. Jugando al tenis te has fracturado una pierna. El doctor te dice que no vas a poder apoyar el pie en seis semanas.
3. Acaban de ofrecerte un trabajo que paga muy bien.
4. Alguien te ha pagado unas vacaciones en un hotel muy lujoso en Ibiza.

4 Consejos para un compañero de cuarto Tu compañero/a de cuarto es un(a) estudiante de primer año y tiene problemas con sus clases. Tampoco se cuida mucho y por eso a veces no se siente bien. Tú ya llevas varios semestres en la universidad y por eso él/ella te pide consejo. Representen este diálogo.

5.2 The subjunctive in adjective clauses

PRÁCTICA

1 Unir los elementos Usando elementos de las tres columnas, escribe oraciones lógicas.

Modelo   Juan busca un libro que esté escrito en español.

Juan (estudiante de español)	buscar un tutor	pagar bien
Carlos (tiene dolor de espalda)	buscar un libro	ser divertida
Pedro (tiene un coche viejo)	necesitar un coche	examinarlo
Ana (tiene muy poco dinero)	deber asistir a un fiesta	ayudarle
Mis amigos (están aburridos)	encontrar un trabajo	ser nuevo y rápido
Yo (tengo problemas con la clase de cálculo)	necesitar visitar a un doctor	poder ayudarle
Mi novio (no sabe qué clases tomar el próximo semestre)	necesitar hablar con una persona	estar escrito en español

2 ¿Cómo terminan? Termina las oraciones de manera lógica.

1. El próximo semestre quiero tomar una clase que _____.
2. Este fin de semana mis amigos vieron una película que _____.
3. En la clase de español no hay nadie que _____.
4. Pero en esta clase hay muchas personas que _____.
5. ¿Conoces a alguien que _____?
6. Necesito un trabajo que _____.

COMUNICACIÓN

3 Hay que contratar personal Las siguientes empresas y/o personas necesitan contratar personal. En parejas, escriban los anuncios que estas empresas van a enviar a los periódicos locales.

Modelo   El Hospital Santa María. Necesita enfermeros/as para la sección de pediatría.
Buscamos enfermeros/as que sean especialistas en pediatría y que puedan trabajar en turnos (*shifts*). Es necesario que los candidatos envíen cartas de recomendación y referencias. Necesitamos personas que sean muy pacientes y eficaces.

1. Escuela Miguel Hernández. Necesita una persona para sustituir a uno de los maestros del tercer curso.
2. El doctor Santos. Es cardiólogo y va a jubilarse *(to retire)*. Busca un doctor que pueda sustituirlo.
3. La señora Santos necesita una niñera (*babysitter*) para sus gemelos (*twins*) de tres años. Debe hablar español.
4. La empresa Aerocondor. Busca un(a) recepcionista que hable varios idiomas. Debe saber manejar una computadora.
5. El Gimnasio Pesas. Busca un preparador físico y una persona que sepa primeros auxilios.

4 Anuncios breves Las siguientes personas están pensando en enviar un anuncio breve al periódico local. En parejas, redacten los anuncios que estas personas van a enviar.

1. Carlos. Es un muchacho muy solitario y tímido, y quiere encontrar a alguien con quien poder salir.
2. María. Necesita comprar una furgoneta (*van*) de segunda mano. Tiene una familia muy grande y por eso la furgoneta debe ser grande y segura.
3. La familia Antuña. Se van a mudar a Sevilla y necesitan comprar una casa allí cuanto antes.
4. Sara. Tiene problemas con la clase de estadística. Necesita encontrar un tutor.
5. El doctor López. Es dentista. Acaba de instalarse en esta ciudad y quiere anunciar su clínica.
6. El doctor Calvo. Es especialista en medicina deportiva. Quiere anunciar su nueva clínica dedicada exclusivamente a deportistas.

5.3 The subjunctive in adverbial clauses

PRÁCTICA

1 Entre doctor y paciente En los siguientes diálogos, completa las oraciones con la forma adecuada del verbo entre paréntesis: presente de indicativo, presente de subjuntivo o infinitivo.

Diálogo 1

DOCTOR Doña Sara, usted tiene una gripe muy fuerte. Para 1) _____ (aliviar) los síntomas es necesario que tome estas cápsulas en cuanto 2) _____ (llegar) a su casa.

SARA ¿Qué hago si me sube la fiebre?

DOCTOR Tan pronto como le 3) _____ (subir) la fiebre, tome un par de aspirinas y en caso de que no 4) _____ (poder) respirar bien, es importante que use este inhalador.

Diálogo 2

MARÍA ¿Qué le pasa a mi hijo?

DOCTOR Su hijo tiene el tobillo roto. Para que el tobillo 5) _____ (recuperarse) perfectamente, es importante que no apoye el pie durante dos semanas. Cuando 6) _____ (pasar) esas dos semanas, va a poder apoyar el pie siempre y cuando él 7) _____ (tener) mucho cuidado.

Diálogo 3

CARLOS Doctor, necesito perder peso. ¿Qué puedo hacer?

DOCTOR Aunque tú 8) _____ (tener) hambre, no comas fuera de hora. En caso de que realmente 9) _____ (querer) comer algo, no comas dulces ni grasas. Para 10) _____ (adelgazar) es muy importante no comer fuera de hora y evitar las grasas y los hidratos de carbono.

2 ¿Cómo terminan? Completa las oraciones de manera lógica. A veces es necesario usar el subjuntivo o el infinitivo.

1. Voy a buscar un buen trabajo tan pronto como _____.
2. Aunque no tengo mucho tiempo libre, _____.
3. Puedes usar mi diccionario siempre que _____.
4. Voy a ir a tomar un café después de _____.
5. Cuando tengo hambre _____.
6. Yo no voy a llamar a mi madre hasta que _____.

COMUNICACIÓN

3 Mis planes para el futuro Cuéntale a tu compañero/a cuáles son tus planes para el futuro, después de que te gradúes de la universidad. Trata de incluir la mayor información posible.

Modelo   En cuanto me gradúe de la universidad, voy a buscar un trabajo que pague bien, pero no me mudaré a otro estado aunque me ofrezcan mucho dinero.

4 Diálogos En parejas, representen estos dos diálogos. Usen conjunciones de la lista y recuerden que algunas de estas conjunciones exigen que el verbo vaya en subjuntivo.

antes de (que)	aunque
con tal de (que)	cuando
en caso de (que)	hasta que
para (que)	siempre que
sin (que)	tan pronto como

1. El dentista y un(a) paciente que tiene un fuerte dolor de muela y que necesita que se la saquen
2. Una madre y su hijo. Él quiere que su madre le dé permiso para ir al parque, pero ella quiere que él vaya más tarde.

Additional *Lengua* Activities

5.4 Commands

PRÁCTICA

1 **Mandatos de un médico** Escribe dos mandatos, uno afirmativo y otro negativo, para las siguientes personas. Debes usar mandatos formales.

Modelo   Don José: Tiene el colesterol alto y lleva una vida sedentaria.
                No coma comidas con mucha grasa.
                Camine por el parque todos los días.

1. Don Mariano y doña Teresa: No duermen bien por las noches. Sufren mucha presión en el trabajo.
2. Juan: Come muchos dulces y tiene caries (*cavities*).
3. María: Se lastimó jugando al tenis. Ahora le duele el pie derecho.
4. Carlos y Antonio. Trasnochan con frecuencia y suelen beber bastante alcohol.

2 **Los mandatos de antes y los de ahora** ¿Cuando eras niño/a te daban tus padres órdenes? ¿Aún ahora te siguen indicando lo que debes y no debes hacer? Escribe cinco mandatos que te daban cuando eras niño/a y cinco mandatos que te dan ahora. Debes usar mandatos informales afirmativos y negativos.

Los mandatos de antes

_____

_____

_____

_____

_____

Los mandatos de ahora

_____

_____

_____

_____

_____

COMUNICACIÓN

3 **Un compañero de cuarto muy desordenado** Tu compañero/a de cuarto es muy desordenado/a y bastante perezoso/a. Tú estás muy cansado de su comportamiento y has decidido decirle lo que debe o no debe hacer. En parejas, representen esta conversación. Usen mandatos informales.

4 **El viernes por la noche** Tú y tus amigos están pensando qué hacer un viernes por la noche. Tú sugieres algunas cosas (usa los mandatos **nosotros/as**), pero tu compañero/a rechaza (*rejects*) tus sugerencias y sugiere otras posibilidades. Representen esta conversación.

Modelo E1: Vayamos al cine esta noche.
         E2: No quiero porque no tengo dinero. Quedémonos en casa y veamos la televisión.

CONTEXTOS

PRÁCTICA

1 **El clima** Une las palabras de la columna de la derecha relativas a la meteorología con las definiciones de la columna de la izquierda.

_____ 1. lo que hace el viento cuando es fuerte y se hace sentir

_____ 2. lo que ocurre en las calles y en los campos cuando llueve demasiado

_____ 3. vientos de fuerza extraordinaria

_____ 4. período largo de lluvia constante

_____ 5. sinónimo de congelar o solidificar

_____ 6. ruidos que oímos cuando hay una tormenta eléctrica

a. diluvio
b. helar
c. huracán
d. inundación
e. relámpagos
f. soplar
g. truenos

2 **Definiciones** Indica a qué palabra corresponden las siguientes definiciones.

1. Lo que plantamos en la tierra para que crezcan flores o vegetales _____

2. Un conjunto de muchos árboles y plantas _____

3. El conjunto de montañas enlazadas entre sí _____

4. Un sinónimo de la cima de una montaña _____

5. El animal que se conoce como "el rey de la selva" _____

6. Ondas que se forman en la superficie del océano o del mar _____

7. Entrada del mar en la costa. En EE.UU. es muy famosa la de San Francisco _____

8. Orilla de un río, del mar o de un lago _____

9. El Amazonas, el Mississippi, el Nilo _____

10. Elevación natural de la tierra _____

11. Ave que aparece en la moneda de 25 centavos de los EE.UU. _____

12. Procesar materiales para que puedan volver a ser usados _____

13. El lugar donde los pájaros ponen sus huevos _____

COMUNICACIÓN

3 **Las adivinanzas** En grupos de cuatro, descríbanles a sus compañeros, sin decir el nombre, tres estados de los EE.UU. en términos del paisaje, el clima, aspectos de la geografía, la flora o la fauna. El ganador será la persona que adivine (*guess*) más estados. Una vez que hayan terminado, compartan sus adivinanzas con la clase.

Modelo   Es un estado del medio oeste de los Estados Unidos. Está junto a un lago muy grande. En invierno hace mucho frío. Es muy conocido por sus quesos.

Respuesta: Wisconsin

4 **Safari** Imagina que estás en un safari. Todos los días tienes oportunidad de ver cosas maravillosas. Todas las noches escribes en tu diario lo que has hecho y visto durante el día. Imagina que estás en el hotel por la noche escribiendo en tu diario. ¿Qué cosas has hecho hoy? ¿Has visto muchos animales? ¿Qué tiempo hizo? ¿Ha ocurrido algo insólito o inesperado? Usa tu imaginación y escribe la página del diario. Después compara tu diario con el de tu compañero/a. ¿Han hecho y visto cosas parecidas?

ESTRUCTURA

6.1 The future tense

PRÁCTICA

1 Una agenda muy llena Éstas son las anotaciones que Rodolfo y Carlos, unos estudiantes que son compañeros de cuarto, y el profesor Santos, un profesor de español, han hecho en su agenda. Escribe oraciones usando el futuro para indicar lo que van a hacer estas personas el 25 de octubre.

Rodolfo y Carlos

25 de octubre	
8:00 am	Ir al laboratorio de lenguas, hacer la tarea de español
12:00 pm	Almorzar en la cafetería con Sonia y Carla
1:00 pm	Encontrarse con el profesor Santos
4:00 pm	Entrenamiento de fútbol en el estadio
8:00 pm	Estudiar en la biblioteca, preparar la clase de mañana

Profesor Santos

25 de octubre	
8:00 am	Llamar por teléfono al profesor Casas de Madrid
12:00 pm	Corregir las tareas de la clase de español
1:00 pm	Horas de oficina, hablar con Rodolfo y Carlos
4:00 pm	Recoger a los niños en el colegio
7:00 pm	Hacer ejercicio en el gimnasio

Modelo   A las ocho de la mañana, Roberto y Carlos irán al laboratorio
de lengua y harán la tarea de español. El profesor Santos llamará por teléfono al profesor Casas.

2 ¿Qué pasará? Después de leer las siguientes situaciones, indica qué puede estar ocurriendo. Recuerda que en español se usa el futuro para expresar probabilidad en el presente.

Modelo   Esta mañana tu carro no quiere arrancar (to start). Hay algo que no funciona.
La batería estará descargada.
El coche no tendrá gasolina.

1. María siempre llega a la clase de español puntualmente, pero la clase ya ha empezado y no ha llegado.
2. Carlos nunca falta a clase. Hoy no ha venido a la clase de español.
3. Sara y María son dos personas muy alegres y optimistas, pero hoy están muy tristes y no quieren hablar con nadie.
4. Susana tiene dolor de cabeza, le duele la garganta y siente mucho frío.
5. He invitado a Juan a venir al cine con nosotros, pero no quiere.

COMUNICACIÓN

3 Las próximas vacaciones ¿Cómo vas a pasar tus próximas vacaciones? ¿Piensas viajar? ¿Vas a pasar las vacaciones con tu familia o con tus amigos? Cuéntale a tu compañero/a los detalles de tus vacaciones, después él /ella te contará los suyos. Comenten con el resto de la clase los aspectos comunes de todas las respuestas.

4 Unos padres muy curiosos Hoy llamas a tus padres por teléfono para contarles que ya tienes planes para las próximas vacaciones de primavera: vas a viajar a Cozumel con unos amigos. Ellos no están muy contentos con la idea y te hacen muchas preguntas sobre las vacaciones. Quieren saber todos los detalles. Tu compañero/a hará el papel del padre o la madre y tú responderás a sus preguntas. Representen esta conversación para la clase.

Additional *Lengua* Activities

6.2 The conditional

PRÁCTICA

1 El futuro en el pasado Usa el condicional para expresar el pasado de las siguientes oraciones. Usa el pretérito o el imperfecto en las cláusulas principales. Sigue el modelo.

Modelo   Juan dice que llegará pronto.
            Juan dijo que llegaría pronto.

1. Los niños creen que irán de excursión el próximo viernes.
2. El profesor insiste en que el examen será muy fácil.
3. Carlos dice que lloverá mañana y que suspenderán el partido.
4. María nos cuenta que ella preparará el pastel para la fiesta del sábado.
5. El doctor afirma que Juan no tendrá dolores en la espalda.
6. Muchas personas creen que el problema de la capa de ozono se agravará en el futuro.
7. Los jugadores están seguros de que ganarán el próximo partido.
8. El abogado repite que ganará el juicio.

2 Bien educados Imagina que estás en las siguientes situaciones. ¿Cómo formularías una pregunta de manera educada? Escribe una pregunta apropiada para cada una de las situaciones.

1. Estás en un restaurante y te das cuenta de que no tienes servilleta.
2. Eres un turista en Barcelona y necesitas llegar a la *Sagrada Familia* pero no sabes cómo.
3. Quieres que tu profesor(a) te diga cuál es tu nota en esta clase.
4. Tienes un billete de $5 y necesitas monedas para hacer una llamada de teléfono.
5. Estás en la biblioteca y no puedes encontrar el libro que necesitas. Le pides ayuda al/a la bibliotecario/a.

COMUNICACIÓN

3 Adivinando el pasado Tú no has podido ir a clase porque no te sentías bien. Cuando tu compañero/a de cuarto regresa por la noche, te cuenta lo que ha pasado en la universidad. Tú tratas de adivinar lo que pasó. Recuerda que en español se usa el condicional para expresar probabilidad en el pasado. Hagan esta actividad en parejas y cambien los papeles a mitad de la actividad.

Modelo   E1: El profesor de español llegó tarde a clase hoy.

            E2: Tendría problemas con el carro.

1. La biblioteca estuvo cerrada el día entero.
2. Las notas del examen de biología fueron muy bajas.
3. En la cafetería de la universidad hacía mucho frío.
4. Tu compañero/a no quiso trabajar con su grupo de estudio.
5. El equipo de fútbol de la universidad perdió el partido.
6. El experimento de química no salió bien.

4 Personas famosas Elige una persona famosa y piensa qué harías hoy si tú fueras esa persona. Luego, en parejas, sin mencionar el nombre, dile a tu compañero/a lo que harías hoy. Recuerda que tú eres la persona famosa. Tu compañero/a intentará adivinar quién es esa persona famosa.

Modelo   E1: Hoy me levantaría temprano y después desayunaría con mi esposa.
            Por la mañana trabajaría en mi oficina y almorzaría con el presidente de Francia.
            Por la tarde asistiría a una sesión de la Cámara de Representantes. ¿Quién sería?

            E2: El presidente de los Estados Unidos

6.3 The past subjunctive

PRÁCTICA

1 Completar Completa los siguientes textos con la forma adecuada del imperfecto del subjuntivo de los verbos entre paréntesis.

Texto 1

Amalia es una estudiante de primer año. Al principio ella no creía que 1) _____ (ir) a gustarle la vida en la universidad. Dudaba que su compañera de cuarto 2) _____ (ser) simpática y tenía miedo de que no 3) _____ (poder) sacar buenas notas. Sus padres le decían que 4) _____ (estudiar) mucho y le aconsejaron que 5) _____ (participar) en las actividades de la universidad para conocer gente. Ella dudaba que ellos 6) _____ (tener) razón, pero el semestre fue excelente al final.

Texto 2

Cuando yo era más joven mis padres me mandaban que 7) _____ (limpiar) mi cuarto, que 8) _____ (estudiar) y que 9) _____ (ayudar) con las tareas de la casa. A mí no me gustaba y siempre les decía que me 10) _____ (dejar) en paz. Ahora entiendo que ellos querían que yo 11) _____ (aprender) y que no lo hacían para que yo 12) _____ (enojarse). Yo dudaba que ellos 13) _____ (hacer) esto por mí, pero ahora estoy segura de que sólo querían lo mejor para mí.

2 Oraciones sin terminar Completa las siguientes oraciones de manera lógica. Puede ser necesario usar el imperfecto del subjuntivo.

1. Yo dudaba que el huracán _____.
2. El profesor estaba seguro de que la inundación _____.
3. La madre hizo todo esto para que el relámpago _____.
4. Ellos buscaban a una persona que _____ el medio ambiente.
5. Era imposible que yo _____ la cumbre.
6. Durante el viaje conocí a alguien que _____ una catástrofe natural.
7. Sentí mucho que ustedes _____ la mariposa.
8. Nos prohibieron _____ el búfalo.

COMUNICACIÓN

3 Una conferencia Un activista de Green Peace ha dado recomendaciones para conservar el medio ambiente. Tú compañero/a de cuarto no pudo asistir. Ahora tú le cuentas lo que dijo el activista. Puedes usar los siguientes verbos y expresiones.

Modelo   El activista insistió en que recicláramos los plásticos y metales para no malgastar los recursos naturales.

aconsejar	estar seguro/a	recursos naturales
animales	insistir en	selva tropical
calentamiento global	materiales biodegradables	ser bueno
capa de ozono	proponer	ser malo

4 Opiniones y creencias ¿Cómo te imaginabas que sería la vida en la universidad? Cuéntale a tu compañero/a cuáles eran tus opiniones y cómo han cambiado ahora que ya llevas un tiempo en la universidad. Incluye algunos de los aspectos a continuación.

- La vida con un(a) compañero/a de cuarto
- Los amigos
- La vida social en la universidad
- El dinero para pagar todos los gastos
- Las clases
- Los profesores

Modelo   Yo dudaba que mi compañero/a de cuarto se llevara bien conmigo, pero ahora resulta que somos muy buenos/as amigos/as.

6.4 *Si* clauses with simple tenses

PRÁCTICA

1 La protección del medio ambiente Completa con la forma adecuada de los verbos entre paréntesis.

Uno de los problemas más serios hoy en día es la protección del medio ambiente. Nuestro planeta está amenazado y debemos hacer algo para solucionar este asunto. Si abusamos de los atomizadores (*sprays*), el agujero de la capa de ozono 1) _____ (seguir) aumentando. Si todos 2) _____ (tener) más cuidado con los productos que usamos, no tendríamos tantos problemas. Otro asunto es el del calentamiento del planeta. Si la tierra 3) _____ (continuar) calentándose, habrá problemas y los glaciares 4) _____ (derretirse) poco a poco. Este es un problema muy serio porque si 5) _____ (subir) el nivel del mar, algunas ciudades llegarán a desaparecer.

¿Qué podemos hacer para no malgastar los recursos naturales? Una posibilidad es el reciclaje de plásticos, metales y vidrios. Si recicláramos más, 6) _____ (poder) conservar nuestros recursos por más tiempo. También podemos ahorrar petróleo: si todos 7) _____ (usar) más el transporte público, la contaminación y el consumo de petróleo 8) _____ (descender) considerablemente. También debemos preocuparnos de los bosques y los animales. Si no 9) _____ (proteger) a las especies en peligro de extinción, necesariamente desaparecerán. Los bosques están en peligro también. Si no 10) _____ (haber) tantos incendios, habría muchos más árboles.

2 Completar Completa las siguientes oraciones de manera lógica. Usa tu imaginación.

1. Si no consumiéramos tanta energía, _____.
2. Estas vacaciones iré a la selva si _____.
3. Mis amigos reciclarían más si _____.
4. Mis papás cuidarían a tu mascota (*pet*) si _____.
5. Si todas las plantas fueran comestibles, _____.
6. Si pudiera luchar contra la extinción de una especie, yo _____.
7. Si hiciera buen tiempo este fin de semana, _____.
8. Si los dragones existieran, _____.
9. Compraré un carro nuevo si _____.
10. Si el/la profesor(a) de español no tuviera tanta paciencia, _____.

COMUNICACIÓN

3 ¿Cómo sería tu vida? Elige una de las situaciones de la siguiente lista y cuéntale a tu compañero/a cómo sería tu vida si tú estuvieras en esa situación.

- No eres estudiante.
- Heredas (*inherit*) una gran fortuna.
- Eres un actor o una actriz famoso/a.
- Tienes mucho dinero para viajar por todo el mundo.
- Tu familia se muda a un país de habla hispana.

Modelo   Si no fuera estudiante, ahora estaría trabajando. No conocería a mis amigos de la universidad y seguro que me arrepentiría en el futuro.

4 Los planes para el fin de semana Cuéntale a tu compañero/a lo que piensas hacer el próximo fin de semana. Usa **si** + presente del indicativo y el futuro. Sigue el modelo.

Modelo   Este fin de semana si llueve, me quedaré en casa todo el tiempo.
          Pero si hace buen tiempo, iré a leer al parque.

La economía y el trabajo

CONTEXTOS

PRÁCTICA

1 **¿Cierto o falso?** Decide si las siguientes frases son **ciertas** o **falsas**.

	cierto	falso
1. Si una compañía tiene problemas financieros se dice que sufre una crisis económica.	❏	❏
2. Una multinacional es una compañía que sólo tiene sucursales en un país.	❏	❏
3. Para conseguir un trabajo suele ser necesario enviar una solicitud.	❏	❏
4. Una persona que no ahorra mucho suele tener mucho dinero en su cuenta bancaria.	❏	❏
5. Si uno asciende en la empresa consigue un trabajo inferior.	❏	❏
6. La deuda es el dinero que alguien debe.	❏	❏

2 **El trabajo y las finanzas** Completa los siguientes párrafos con las palabras de la siguiente lista. No todas se usan.

Un futuro prometedor

contrato	ejecutivo	jubilación
currículum	entrevista de trabajo	multinacional
desempleo	gerente	sueldo mínimo

Juan empieza hoy a trabajar en una 1) _____ que tiene sucursales en muchos países. Juan se graduó de la universidad hace dos meses, y enseguida decidió enviar su 2) _____ y muy pronto lo llamaron para una 3) _____. A la semana siguiente le ofrecieron firmar un 4) _____. Iba a empezar a trabajar como ayudante del 5) _____. Él espera llegar a ser un alto 6) _____ de la empresa. Espera ganar mucho dinero y tener una 7) _____ excelente.

Problemas financieros

ahorrar	deuda	proyecto
ascenso	ganarse la vida	puesto
crisis económica	mano de obra	sueldo mínimo

María vive en un país que atraviesa una seria 8) _____. Ella se ha graduado de la universidad recientemente y necesita empezar a ganar dinero para empezar a pagar la 9) _____ que tiene. Ha solicitado muchos empleos, pero sólo le han ofrecido un 10) _____ de secretaria. Solamente le pagan el 11) _____ pero ella ha aceptado porque necesita empezar a 12) _____ cuanto antes. El problema es que hay mucha 13) _____ y muy pocos empleos.

COMUNICACIÓN

3 **Tu futuro** Cuéntale a tu compañero/a tus planes para cuando te gradúes de la universidad. ¿Qué tipo de trabajo vas a buscar? ¿Quieres buscar un trabajo en esta región del país o mudarte a otro estado? ¿Cuáles son tus expectativas laborales? ¿Crees que va a ser fácil? ¿Qué se necesita para tener éxito en ese tipo de trabajo?

4 **Un consejero en la universidad** Hay muchos estudiantes listos para entrar en el mercado laboral que necesitan ayuda. Imagina que eres un consejero/a de la universidad y tu compañero/a uno de estos estudiantes. Representen la conversación que tendrían. Debes darle consejos sobre cómo preparar un buen currículum, cómo comportarse en una entrevista de trabajo y qué hacer para tener éxito en un trabajo.

- José, un estudiante de finanzas que quiere trabajar en una multinacional
- Sara, una estudiante de derecho (*law student*) que quiere adquirir experiencia en una oficina de abogados
- Roberto, un estudiante de enfermería que quiere trabajar en un hospital
- Amelia, una estudiante de alemán que quiere trabajar como auxiliar de vuelo

Additional *Lengua* Activities

ESTRUCTURA

7.1 The neuter article *lo*

PRÁCTICA

1 Completar Completa las siguientes oraciones con **lo, lo que** o **qué**.

1. _____ peligroso de tener una tarjeta de crédito es que uno puede gastar demasiado dinero sin darse cuenta.
2. No me había dado cuenta de _____ difícil que es sacar una A en esta clase.
3. _____ quiero es encontrar un buen trabajo cuanto antes.
4. "_____ linda está María hoy" pensó Juan cuando la vio llegar a la fiesta.
5. Creo que _____ más importante es entregar las tareas a tiempo y estudiar todos los días.
6. Esto es todo _____ Juan quiere comprar para su fiesta.
7. Andrés vio el precio de los libros y pensó: "¡_____ caros!"
8. Es increíble _____ alto que es el interés de esta cuenta de ahorros.
9. _____ más me gusta de este banco es que los cajeros son muy amables.
10. ¡_____ tonta! Otra vez me olvidé las llaves de casa.

2 Positivo y negativo Escribe un aspecto positivo y otro negativo de cada una de las siguientes personas o cosas. Usa una expresión con **lo** como en el modelo.

- La universidad
- Mi compañero/a de cuarto
- El trabajo
- Mis padres
- Mi trabajo

Modelo   Lo mejor de la universidad es que hay estudiantes muy simpáticos, pero lo peor es que la matrícula cuesta mucho dinero.

COMUNICACIÓN

3 Diálogos En parejas, preparen una lista de seis situaciones o eventos que ustedes consideren extraordinarios o increíbles. Después, cada compañero/a deberá reaccionar a esa situación o ese evento. Expresen sus opiniones usando **lo** + adjetivo. Sigan el modelo.

Modelo   E1: El precio de la gasolina ha subido otra vez.
E2: Es increíble lo cara que está la gasolina. Voy a tener que dejar de usar el carro.

4 Un nuevo cliente Imagina que eres empleado de banco, y tu compañero/a un(a) estudiante que necesita abrir una cuenta. No sabe muy bien qué hacer para manejar bien sus finanzas y no tener problemas económicos. Tú le indicas todo lo que debe y no debe hacer.

Modelo   Lo más importante es que escribas todos tus gastos. Lo que no debes hacer es olvidarte de registrar los cheques que escribas.

7.2 Possessive adjectives and pronouns

PRÁCTICA

1 Posesivos Completa las oraciones con el adjetivo o pronombre posesivo adecuado, según se indica entre paréntesis.

1. _____ (de mí) abogado trabaja en las oficinas de una sucursal del Banco Zaragoza.

2. Las importaciones de esta empresa van bien. Sin embargo _____ (de nosotros) exportaciones presentan problemas.

3. La fábrica donde nosotros producimos carros está en México, pero _____ (de ustedes) está en China.

4. Yo tengo que llenar estos formularios antes de la entrevista, pero _____ (de ti) los tienes que llenar después.

5. Este año no pagaré impuestos tan altos, pero _____ (de ella) serán muy altos este año.

6. Mis hermanos ganan mucho dinero en sus trabajos, y por eso _____ (de ellos) ahorros en el banco son mucho mayores que los que tengo yo.

2 Cierta confusión Juana, Carla y Teresa viven juntas. Hoy han lavado la ropa y todo está mezclado (*mixed*). Completa el siguiente diálogo con el pronombre o adjetivo posesivo adecuado de acuerdo con la información de abajo.

Juana	Carla	Teresa
suéter azul	blusa roja	vestido verde
camisetas blancas	camisetas azules	camisetas verdes
jeans muy viejos	chinos beige	jeans nuevos

JUANA Toda la ropa está mezclada. Carla, ayúdame a separarla. ¿Estas camisetas blancas son 1)_____?

CARLA No, las 2) _____ son todas azules.

JUANA Entonces son las 3) _____.

CARLA Hay varios jeans, ¿cómo son los 4) _____?

JUANA Los 5) _____ son viejísimos.

CARLA Entonces éstos que son nuevos son los 6) _____.

JUANA ¿De quién son este vestido y esta blusa?

CARLA La blusa es 7) _____ y el vestido de Teresa.

JUANA 8) _____ suéter azul tiene una mancha. Tendré que volver a lavarlo.

COMUNICACIÓN

3 Comparaciones En parejas, entrevístense para averiguar sus opiniones sobre los temas de la lista. Después comparen la información y preparen una lista de lo que tienen y de lo que no tienen en común.

- Cómo son sus clases
- Cuál es su clase favorita
- Cuál es su grupo de música favorito
- Cómo es su apartamento/cuarto
- Cómo son sus amigos
- Cuál es su programa de televisión favorito

Modelo   Su grupo favorito es Dave Matthews Band, pero el mío es U2.
Los dos tenemos los mismos gustos en cuanto a clases. Nuestra clase favorita es español.

4 Más comparaciones En parejas, piensen cómo era la vida en los tiempos de sus bisabuelos (*great-grandparents*) y compárenla con la de ustedes ahora.

Modelo   Las casas de nuestros bisabuelos no eran muy cómodas, pero las nuestras hoy en día son muy cómodas.

7.3 Relative pronouns

PRÁCTICA

1 **Una visita al banco** Completa el siguiente párrafo con el pronombre relativo adecuado.

Hace poco que llegué a esta ciudad y por eso necesitaba ir al banco para abrir una cuenta. Ayer fui al banco
1) _____ está cerca de mi apartamento. La persona con 2) _____ hablé me
ayudó mucho. Yo soy una persona 3) _____ no sabe mucho de finanzas y por eso necesito
ayuda con los asuntos 4) _____ tienen que ver con el dinero.

Primero, le pregunté si debía abrir una cuenta corriente o una cuenta de ahorros. Me dijo que la mayoría de
clientes con 5) _____ ella trabaja tienen las dos cuentas. Las cuentas de ahorro,
6) _____ interés es del 2%, son buenas para las personas 7) _____ quieren
ahorrar un poco de dinero. Decidí seguir el consejo 8) _____ ella me dio y abrí las dos cuentas.
9) _____ pasa es que yo no tengo mucho dinero ahora, así que el balance
10) _____ tendré en la cuenta de ahorro será muy bajo.

Los cheques, por 11) _____ tuve que pagar 15 dólares, no llegarán hasta dentro de 15 días.
También me han dado una tarjeta de crédito y otra de débito, 12) _____ empezaré a usar hoy
mismo. Tengo que comprar muebles nuevos, por 13) _____ pagaré con las tarjetas.

El banco en 14) _____ he abierto mi cuenta es definitivamente un buen banco.

2 **Conexiones** Escribe oraciones completas usando elementos de las tres columnas y los pronombres
relativos necesarios.

Modelo   Cervantes, quien es un autor español, escribió *Don Quijote*.

Cervantes	Autor español	Escribir *Don Quijote*
Bill Gates	Tener mucho dinero	Ser el dueño de Microsoft
Madonna	Trabajar como actriz	Tener más éxito como cantante
El/la consejero/a	Yo hablar con él/ella hoy	Aconsejarme tomar otra clase de español
Mi mejor amigo	Vivir en _____	Venir a visitarme muy pronto
Mi novio/a	Yo llamar por teléfono anoche	Necesitar trabajar este fin de semana
Mi compañero/a de cuarto	Ser de Francia	Pasar las vacaciones con su familia

COMUNICACIÓN

3 **Adivinanzas** Piensa en una persona famosa y descríbesela a tu compañero/a para ver si él/ella puede adivinar de
quién se trata. Usa pronombres relativos en tu descripción.

Modelo   Es una mujer que es muy popular en el mundo de los deportes. Es muy alta y joven. Su hermana, con
quien ella practica un deporte, es también muy famosa. Su padre, quien es su entrenador, es un hombre
bastante polémico. Los torneos que ha ganado son muy importantes. La ropa que ella viste es bastante
llamativa. ¿Quién es?
Es Venus Williams.

4 **Encuesta** Encuentra entre tus compañeros de clase, aquellos que tengan las siguientes características.

- Alguien cuyos padres no son americanos
- Alguien que viajó al extranjero recientemente
- Alguien a quien le gusta jugar al golf
- Alguien a quien le gusta el cine en español
- Alguien que toma más clases este semestre
- Alguien que toma menos clases este semestre

Paso 1: Piensa en cómo formularías las preguntas para obtener esta información.
Paso 2: Entrevista a tus compañeros.
Paso 3: Presenta a la clase tus resultados.

7.4 Transitional expressions

PRÁCTICA

1 Textos incompletos Completa los siguientes textos con el conector adecuado de la lista.

Un día horrible

como	por un lado
después	primero
por lo tanto	sin embargo
por otro lado	también

Ayer fue un día horrible. 1) _____ mi alarma no sonó y 2) _____ me levanté tarde. Me duché y desayuné muy rápido, 3) _____ perdí el autobús y llegué tarde a la clase de la profesora Álvarez. 4) _____ tuve problemas en la clase del profesor Santos: 5) _____ salí de casa corriendo, me olvidé el ensayo que le debía entregar. 6) _____ de las clases fui a trabajar y afortunadamente todo fue bien. 7) _____ la parte académica no fue buena, pero 8) _____ la parte profesional fue excelente.

Planes para una fiesta

al final	mientras
antes de que	por eso
después de que	primero
luego	segundo

La semana que viene es el cumpleaños de mi compañero de cuarto y quiero darle una fiesta sorpresa. ¿Me pueden ayudar? Esto es lo que debemos hacer. 9) _____ es muy importante que guardemos el secreto. Juan no debe saber nada, 10) _____ deben tener mucho cuidado cuando hablen con él. 11) _____ debemos organizarnos muy bien para que todo salga perfectamente. 12) _____ Juan llegue a la fiesta, debemos tener todo listo: 13) _____ yo termino de preparar todo, alguien debe entretener a Juan. A las siete en punto, Juan llegará a la fiesta y todos lo sorprenderemos. 14) _____ lo felicitaremos y le daremos los regalos. 15) _____ Juan apagará las velas y cortará el pastel. 16) _____ la fiesta termine, espero que ustedes me ayuden a limpiar.

2 Transiciones lógicas Usa una expresión en cada oración para conectar las ideas de manera lógica.

1. Yo saco buenas notas. _____, Carlos saca malas notas.

2. Es muy importante cepillarse los dientes _____ comer.

3. A mí me gustó la película. _____, a María le pareció malísima.

4. _____ llovía, decidimos no ir a la playa.

5. No había mucha cola en el banco, _____ no tuve que esperar mucho.

COMUNICACIÓN

3 Las claves del éxito El centro de asesoramiento a estudiantes (*advising center*) está intentando elaborar unos folletos para ayudar a los estudiantes nuevos a tener éxito en sus clases. Para saber cuáles son las claves del éxito en los cursos de español, les han pedido a los estudiantes que ya han tomado clases de español que escriban un párrafo describiendo las claves para sacar una buena nota. Escribe tu descripción. Usa conectores en tu descripción, y compárala con la de tu compañero. ¿Coinciden en sus consejos?

4 Así fue el día de ayer Cuéntale a tu compañero/a cómo fue el día de ayer. Incluye conectores en tu descripción para indicar el orden cronológico de los eventos, para señalar contraste o para indicar causa y efecto.

La religión y la política

CONTEXTOS

PRÁCTICA

1 Definiciones Indica a qué palabras corresponden las siguientes definiciones.

1. Persona elegida para representar a los ciudadanos en alguna de las cámaras de representantes _____
2. Conjunto de fuerzas áreas, marítimas o terrestres de un determinado país _____
3. Grupo de personas de una raza, religión o cultura distinta a la de la mayoría de las personas en esa zona _____
4. Cada una de las personas que viven en un determinado país _____
5. Persona que se presenta a unas elecciones para poder ocupar un cargo público _____
6. Una persona que tiene fe y cree en la existencia de un ser superior _____
7. Persona que representa a un gobierno o un estado en un país extranjero _____
8. Lugar donde se juzga a las personas _____
9. Persona que tiene autoridad para juzgar y dictar sentencias _____
10. La persona que dirige el gobierno de una ciudad o un pueblo _____
11. Periodo de tiempo anterior a las elecciones donde los candidatos presentan sus respectivos programas _____
12. Sistema político de una nación _____

2 Emparejamiento Empareja las siguientes palabras con la definición más lógica.

_____ 1. dictadura	a. ser tratado/a de igual manera independiente del sexo, la religión, las ideas políticas
_____ 2. batalla	b. indicar la elección que uno hace durante unas elecciones
_____ 3. ministro	c. la persona que asiste regularmente a la iglesia u otro tipo de actividades religiosas
_____ 4. practicante	d. una forma de gobierno donde los ciudadanos no tienen derecho a elegir a sus representantes
_____ 5. discriminación	e. no creer en la existencia de Dios
_____ 6. derechos civiles	f. tratar a una persona de manera diferente a las personas de otro grupo
_____ 7. votar	g. una persona encargada de alguno de los departamentos del gobierno, por ejemplo, agricultura o sanidad
_____ 8. ateísmo	h. Lucha armada entre ejércitos, especialmente durante una guerra
	i. dar información personal, como nombre, dirección, etc., para figurar en una lista

COMUNICACIÓN

3 Elecciones a gobernador Imagina que en tu estado se van a celebrar elecciones para gobernador muy pronto. Imagina que eres un reportero/a de un periódico local y que debes entrevistar a uno de los candidatos a gobernador. Tu compañero/a hará el papel de gobernador(a).

Paso 1: El estudiante que va a hacer de gobernador(a) debe elaborar un pequeño programa electoral. El estudiante que hace el papel de reportero/a debe preparar las preguntas que va a formular.

Paso 2: Representen la entrevista.

Al terminar la actividad, escribe una lista de los temas tratados en orden de importancia. Compara tu lista con la de tus compañeros.

4 Un estudiante extranjero En parejas, imaginen que uno de ustedes es un estudiante de intercambio extranjero que no conoce bien el sistema electoral americano. En su país las elecciones se realizan de manera muy distinta. Un día ustedes dos están tomando un café en la cafetería de la universidad y él/ella quiere que le expliques cómo funciona el sistema aquí. Representen el diálogo.

ESTRUCTURA

8.1 The passive voice

PRÁCTICA

1 Ayer, hoy y mañana Escribe oraciones pasivas usando elementos de todas las columnas. Debes añadir artículos y preposiciones en algunos casos. Cuidado con el tiempo del verbo.

Modelo   La propuesta de ley fue rechazada por el senado ayer.

Ayer...

La propuesta de ley		rechazar	senado
El decreto		firmado	presidente
Los informes	ser	enviar	secretario
El gobernador		elegido	ciudadanos

Hoy...

Los programas		presentar	candidatos
El asunto	ser	debatir	parlamento
El acusado		interrogar	juez

Mañana...

La subida de precios		anunciar	ministro
El caso	ser	debatir	tribunal
El discurso		pronunciar	candidato a senador

2 La edición de mañana Imagina que trabajas para un periódico. Uno de tus colegas tenía que escribir los titulares (*headlines*) de la edición de mañana, pero no los terminó. Completa los titulares con la voz pasiva de cada verbo entre paréntesis.

1. El próximo presupuesto _____ (anunciar) mañana por el ministro de economía

2. Una nueva ley de inmigración _____ (debatir) muy pronto

3. Un nuevo récord de los 800 metros podría _____ (establecer) el domingo que viene

4. El nuevo film de Almodóvar _____ (estrenar) en Nueva York ayer

5. Todas las preguntas relevantes _____ (contestar) por el acusado en el próximo juicio

6. El ladrón de banco _____ (arrestar) anoche por dos agentes de la policía

7. Una nueva vacuna _____ (probar) en Japón ayer

COMUNICACIÓN

3 Periodistas Imagina que tú y tu compañero trabajan para un periódico local. Ustedes son los encargados de redactar los titulares para la edición de mañana. Tienen que escribir un titular para cada una de las siguientes secciones. Usen la voz pasiva con **ser**.

1. sección internacional
2. sección nacional
3. sección local
4. sección de cultura y espectáculos
5. sección deportiva

4 Una pequeña mentira Escribe tres oraciones usando la voz pasiva: dos deben ser verdad y una debe ser mentira. Leer tus oraciones al resto de la clase. Tus compañeros deben intentar descubrir cuál es la oración falsa.

8.2 Constructions with *se*

PRÁCTICA

1 Más titulares Vuelve a escribir los siguientes titulares usando el **se** pasivo en vez de la voz pasiva con **ser**. Cuidado con el tiempo del verbo, puesto que debes mantener el tiempo de la oración original.

Modelo   La noticia fue anunciada ayer.
         Se anunció la noticia ayer.

1. Los derechos civiles son violados sistemáticamente en algunos países
2. Las credenciales serán entregadas la próxima semana
3. La exposición podrá ser visitada en breve
4. Los discursos del presidente son escritos muy cuidadosamente
5. El alcalde no puede ser reelegido en las próximas elecciones
6. El escándalo fue descubierto ayer
7. La batalla fue ganada sin muchos esfuerzos
8. En ese momento, los panfletos eran enviados a los electores
9. El veredicto ha sido conocido hace muy poco tiempo
10. Los impuestos son pagados a tiempo

2 *Se* pasivo y *se* impersonal En las siguientes oraciones, elige la forma apropiada del verbo.

Se pasivo

1. Se <u>envía   envían</u> propaganda electoral por correo.
2. Se <u>estudia   estudian</u> varias propuestas para la reforma de la ley de empleo.
3. Se <u>enviará   enviarán</u> a un nuevo embajador a Guatemala.
4. Se <u>debatirá   debatirán</u> varias enmiendas en el Senado.
5. Se <u>eligió   eligieron</u> al nuevo gobernador la semana pasada.

Se impersonal

6. Se <u>cree   creen</u> que la crisis económica se solucionará pronto.
7. Se <u>estipuló   estipularon</u> que no se podía fumar en edificios públicos.
8. Se <u>vive   viven</u> bien en España.
9. Se <u>vio   vieron</u> claro que era necesario tomar medidas urgentes.
10. Se <u>prohíbe   prohíben</u> manejar a más de 120 km/hora.

COMUNICACIÓN

3 Lo que me ocurrió ayer Escribe una historia detallada de tu día. Si lo prefieres, puedes inventar todos los eventos o describir lo que realmente pasó. Debes incluir dos sucesos que te hayan ocurrido de manera involuntaria. Al terminar, el resto del grupo debe adivinar si es una historia real o ficticia.

4 Anuncios de trabajo Las siguientes personas e instituciones necesitan contratar personal. En parejas, escriban los anuncios de trabajos que estas empresas van a enviarle al periódico local. Recuerden que en estos casos es muy frecuente usar tanto el **se** impersonal como el **se** pasivo.

Modelo   Se buscan ingenieros industriales para empezar a trabajar inmediatamente. Se espera que los candidatos tengan experiencia previa y buenas cartas de recomendación. Se necesita tener carro propio y el servicio militar cumplido. Enviar currículum y solicitud a ...

1. El partido político *Progreso ahora* busca relacionistas públicos para trabajar en la campaña de su candidato a gobernador del estado.
2. El colegio *Cervantes* busca dos profesores de matemáticas.
3. La señora Solís busca una persona que pueda cuidar a sus niños por las tardes, después del colegio.

8.3 Past participles as adjectives

PRÁCTICA

1 Los resultados Indica los resultados de las siguientes acciones usando **estar** y el participio pasado.

Modelo   Juan compró los ingredientes para el pastel.
         Los ingredientes ya están comprados.

1. Los López abrieron la tienda muy temprano.
2. La secretaria envió las cartas recientemente.
3. El mecánico ya arregló nuestro carro.
4. La ropa que lavé ya se secó.
5. Carlos y Susana ya resolvieron el problema de física.
6. Ya les avisaron a las personas interesadas.
7. Los niños se prepararon para salir a jugar.
8. Hicieron un pastel para la fiesta.

2 Más participios Completa las siguientes oraciones con la forma apropiada del participio pasado del verbo entre paréntesis.

1. Los jugadores se sintieron _____ (decepcionar) porque no pudieron ganar el partido.
2. Las cartas estarán _____ (escribir) muy pronto. La secretaria está trabajando en ellas ahora mismo.
3. María quedó _____ (desolar) después de oír las noticias del accidente.
4. Cuando llegaron al veterinario, el perro ya estaba _____ (morir).
5. Todos pensaban que las elecciones ya estaban _____ (ganar), pero al final su candidato perdió por unos pocos votos.
6. Las niñas estaban _____ (aburrir) en casa y querían salir a la calle.
7. No es bueno dejar velas _____ (encender) pues se puede provocar un incendio fácilmente.
8. Actualmente el cuadro está _____ (exponer) en un museo en Alemania.

COMUNICACIÓN

3 ¿Cómo te sentías ayer? Explícale a tu compañero/a cómo te sentías en tres momentos distintos del día. ¿Por qué te sentías así? Usa participios pasados como adjetivos.

Modelo   Por la mañana me sentía muy cansada porque anoche dormí muy poco.

4 ¿Cómo se sienten? ¿Cómo se sienten las siguientes personas en estas situaciones? Escribe una oración explicando cómo se sentirá cada persona.

1. Los aficionados de un equipo de fútbol americano después de saber que su equipo jugará en el Super Bowl este año
2. Un(a) niño/a al abrir los regalos el día de Navidad
3. Una estudiante que acaba de saber que no aprobó el último examen de geografía
4. Un niño que está viendo una película de horror en la televisión
5. Un corredor del Maratón de Boston después de terminar la carrera

8.4 *Pero, sino, sino que, no sólo... sino, tampoco*

PRÁCTICA

1 Completar Completa las siguientes oraciones con una de las siguientes palabras.

> no sólo
> pero
> sino
> sino que
> tampoco

1. Las cartas no llegaron el miércoles _____ el jueves.

2. Mis amigos no quieren ir al cine esta noche y yo _____.

3. No me gusta conducir por la noche, _____ te llevaré a la fiesta en mi coche.

4. Carlos no me llamaba por teléfono, _____ me enviaba correos electrónicos con frecuencia.

5. Yo _____ esperaba aprobar el examen, _____ también sacar una A.

6. Mis amigos no pensaban votar en las próximas elecciones, _____ yo los convencí de que lo hicieran.

7. Ellos no votaron por ese candidato y yo _____.

8. Quiero aclarar que Juan no llegó temprano, _____ muy tarde.

2 Tus opiniones Termina las siguientes oraciones de forma lógica.

1. Mi compañero de cuarto no es _____ sino
_____.

2. Mis padres no querían que yo trabajara pero _____.

3. No sólo quiero _____ sino también
_____.

4. No pude ir al concierto sino que _____.

5. Mis compañeros no van a _____ y yo tampoco.

6. Creo que hoy va a llover pero _____ de todos modos.

COMUNICACIÓN

3 Una rueda de prensa Imagina que eres uno/a de los/las candidatos/as a gobernador de tu estado en las próximas elecciones. Hoy tienes una rueda de prensa (*press conference*) con los representantes de los medios de comunicación locales. En grupos de cuatro, deben representar esta rueda de prensa. Uno/a de ustedes es el/la candidato/a y los otros tres los representantes de los medios de comunicación. En sus respuestas, el/la candidato/a debe ser enfático/a y contrastar sus opiniones con las de la prensa, la cual en ocasiones malinterpreta los programas políticos.

4 Dos personas opuestas Imagina que tú y tu compañero/a son dos personas totalmente diferentes. Nunca están de acuerdo en nada. En esta actividad tu compañero/a va a hacer cinco afirmaciones y tú debes contradecir lo que él/ella dice. Después tú harás las afirmaciones y él/ella contradirá lo que tú afirmas.

E1: Creo que hoy hace un día estupendo.
E2: ¡Estás equivocado! No hace un día estupendo sino que hace mucho frío y no ha dejado de nevar en horas.

La cultura popular y los medios de comunicación

CONTEXTOS

PRÁCTICA

1 ¿Cierto o falso? Indica si las siguientes afirmaciones son **ciertas** o **falsas**. Corrige las falsas

	cierto	falso
1. Un televidente es una persona que escucha la radio.	❏	❏
2. Para enterarse de los chismes uno debe leer la prensa sensacionalista.	❏	❏
3. Si estoy viendo la televisión y no me gusta el programa, debo cambiar de emisora y buscar otro programa.	❏	❏
4. Si quiero enterarme de los resultados de los partidos de fútbol, debo ver la crónica deportiva.	❏	❏
5. La censura de los medios de comunicación es algo frecuente en los países donde hay una dictadura.	❏	❏
6. Los titulares de un periódico suelen aparecer en la página tres.	❏	❏

2 Medios de comunicación ¿Con qué medio de comunicación asocias las siguientes palabras? Algunas pueden aparecer en más de un medio.

banda sonora	largometraje	portada
canal	locutor	público
crónica de sociedad	oyente	subtítulos
emisora	pantalla	telenovela
función	parcialidad	titulares

Radio   Cine

_____   _____
_____   _____

Televisión   Prensa Escrita

_____   _____
_____   _____

COMUNICACIÓN

3 Encuesta Debes realizar una encuesta a 10 estudiantes de la clase de español para obtener la información que se te pide. Realiza las encuestas, analiza la información y presenta tus resultados a la clase.

¿Cuáles son las preferencias de la clase?

El periódico más leído _____   El actor favorito _____

El programa de televisión más visto_____   La actriz favorita _____

El canal de televisión preferido _____   El tipo de película preferido _____

4 Prensa escrita vs. prensa en Internet La mayoría de los periódicos tienen una edición escrita y una edición digital. ¿Crees que son similares? En grupos de tres, discutan los siguientes aspectos:

• Los anuncios. ¿Cuáles son sus características?
• El tipo de lectores. ¿Quiénes prefieren la edición escrita y quiénes prefieren leer en Internet?
• El formato y el contenido. ¿Cómo son?
• La actualidad. ¿Cuál de los dos tiene noticias más recientes?

Additional *Lengua* Activities

ESTRUCTURA

9.1 Infinitives

PRÁCTICA

1 ¿Qué verbo es? Completa las siguientes oraciones con la forma adecuada de los verbos de la siguiente lista. Fíjate en la preposición a la hora de escoger el verbo.

enseñar	pensar	servir	tener ganas
llegar	quedar	tardar	tratar

1. Juan y Pedro van a ir al cine. _____ en verse en la puerta del cine a las 8.30.

2. En las escuelas de interpretación _____ a ser actor de teatro o de cine.

3. Muchos actores _____ en hacerse famosos y millonarios.

4. Para que una película sea buena, el director debe _____ incluso en los detalles más pequeños.

5. Es bastante común que algunos actores _____ de dirigir películas.

2 Seleccionar En las siguientes oraciones escoge la forma adecuada del verbo.

1. Es necesario (incluir / incluyendo) _____ actores muy conocidos para que una película tenga éxito.

2. Creo que Oprah sabe cómo (hace / hacer) _____ buenas entrevistas.

3. (Ver / Viendo) _____ películas extranjeras es uno de mis pasatiempos favoritos.

4. Es necesario que los actores (ensayar / ensayen) _____ muy bien la escena.

5. (Trabajar / Trabajando) _____ con continuidad es muy difícil en el mundo del cine.

COMUNICACIÓN

3 Entrevista Imagina que tú y otros dos compañeros son estudiantes de una escuela de interpretación. Hoy los visita un(a) antiguo/a alumno/a que ya es un(a) actor/actriz de mucho éxito. Ustedes van a entrevistar a esta persona para tratar de descubrir cómo tener éxito. Usen los verbos y preposiciones del libro.

Modelo   E1: ¿Qué debemos hacer para conseguir asistir a un casting?
           Actor: Deben prestar mucha atención a todos los anuncios que salen.

4 Consultorio Trabajas para un periódico local y eres el encargado de responder a los lectores que escriben pidiendo consejo. Hoy tienes que responder a estas dos cartas. Incluye las perífrasis de infinitivo que aparecen en tu libro.

Hola:

Soy una chica joven y estoy a punto de graduarme de la universidad. Quiero ser locutora de radio, pero no sé por dónde empezar. ¿Qué crees que debo hacer primero? Por favor ayúdame.

Confundida

Hola:

Me llamo Ricardo y trabajo como ayudante de un director de cine. Él es muy exigente y no me trata muy bien. Yo estoy pensando en renunciar, pero no quiero perder esta oportunidad porque quiero llegar a ser director de cine. ¿Debo dejar el trabajo? Por favor, dime qué opinas.

Ricardo

9.2 Present perfect subjunctive

PRÁCTICA

1 Subjuntivo Completa las oraciones con la forma adecuada del verbo entre paréntesis: presente del subjuntivo o presente perfecto del subjuntivo.

1. Es muy importante que todo el vestuario (estar) _____ preparado para el ensayo general de mañana.
2. El director duda que el actor principal (estudiar) _____ el guión anoche.
3. Ojalá la película (tener) _____ muchísimo éxito cuando se estrene en Europa.
4. El locutor le dijo que él era el ganador, pero el oyente aún no puede creer que él (ganar) _____ el concurso.
5. El director siempre les pide a los actores y actrices que (llegar) _____ a tiempo al estudio de grabación.
6. Es poco probable que ya (salir) _____ el último CD de Miguel Bosé.
7. A mi padre no le gusta que (interrumpir) _____ las películas con un montón de anuncios.
8. El encargado del casting les dice a los actores que (esperar) _____ en el vestíbulo hasta que los llamen.
9. El crítico duda que esta película (tener) _____ éxito en Europa antes de llegar a los Estados Unidos.
10. La actriz niega que ella (salir) _____ con este actor el año pasado.

2 Completar Termina las siguientes oraciones de forma lógica usando verbos en presente del indicativo, presente del subjuntivo o presente perfecto del subjuntivo.

1. Dudo que mis padres _____ anoche.
2. No es posible que mis amigos _____ ayer.
3. Estoy seguro que muy pronto _____.
4. El profesor les dice a los estudiantes que _____.
5. No creo que ustedes ya _____.
6. Es necesario que nosotros _____ cuanto antes.
7. Pienso que las películas en español _____.
8. Es poco probable que ellos ya _____.

COMUNICACIÓN

3 Noticias increíbles Uno de ustedes dos va a inventar cuatro noticias increíbles. El otro tiene que reaccionar mostrando sorpresa o incredulidad. Puede ser necesario usar el presente perfecto de subjuntivo.

Modelo   E1: En California han conseguido que un mono hable español.
           E2: No me creo que hayan logrado eso. Es imposible que los monos hablen.

4 Deseos Debes formular seis deseos con **Ojalá**. Tres deseos deben ser sobre el presente o el futuro (debes usar presente del subjuntivo) y tres deseos deben ser sobre el pasado (debes usar presente perfecto del subjuntivo). Puedes formular deseos para ti y para otras personas.

Modelo   Ojalá mi cheque haya llegado ya, pues necesito el dinero cuanto antes.
           Ojalá mis padres disfruten de sus vacaciones en Aruba el mes que viene.

Additional *Lengua* Activities

9.3 Prepositions I

PRÁCTICA

1 **Un día horrible** Completa el siguiente texto con las preposiciones **a, hacia** y **con**.

Ayer tuve un día horrible. Casi prefiero no acordarme. Puse el despertador para que sonara
1) _____ las seis de la mañana pero me dormí y me levanté 2) _____ las 7.
Mi clase de español empezaba a las ocho así que iba a llegar tarde. El profesor es bastante estricto y siempre se
enoja 3) _____ los estudiantes que no llegan puntuales.
Mi día había comenzado mal e iba a seguir peor. Salí de casa y comencé 4) _____ correr
5) _____ la universidad. Cuando iba 6) _____ la mitad del camino, algo
terrible ocurrió. Una señora que estaba 7) _____ mi izquierda, no vio una farola y chocó con
ella. Fue un golpe tremendo. Fui 8) _____ ayudar 9) _____ la señora, que
estaba en el suelo. Tuve que levantarla 10) _____ mucho cuidado porque estaba mareada.
Cuando llegó la policía, yo comencé 11) _____ correr otra vez. Entré en clase
12) _____ las 8.30 y para entonces el profesor ya estaba enseñando
13) _____ los estudiantes 14) _____ usar algunas preposiciones en español.
De ahora en adelante necesito levantarme 15) _____ más rapidez para que no me pasen
estas cosas.

2 **Completar** Imagina que trabajas para una revista que está preparando su edición en español. Tú eres el
encargado de escribir los siguientes titulares y fragmentos de noticias. ¿Qué preposición necesita cada oración?

1. La filmación de la película nueva empezará _____ principios de noviembre.

2. Vieron al director cenando _____ la actriz principal.

3. El Señor Saura volverá _____ dirigir una película muy pronto.

4. El ensayo _____ vestuario comenzará hacia las 8 de la mañana.

5. El director y el productor se dirigen _____ Europa para estrenar la película allí.

6. Los maquilladores siempre trabajan _____ mucho cuidado.

COMUNICACIÓN

3 **Una película** Imagina que tú y tu compañero/a están escribiendo un guión para una película de acción. Hoy se
van a reunir con un posible productor al que le van a presentar la idea para su nueva película. Preparen el guión
que le van a presentar al productor. Después, el profesor les pedirá que presenten al resto de la clase su guión para
la película. Piensen en todos los detalles que van a incluir.

4 **Diario de un viaje** Imagina que estás de vacaciones en un país lejano. Hoy le escribes una carta a tu familia
contándole los detalles de los últimos días de tu viaje. Trata de incluir la mayor información posible. Debes incluir
información sobre el horario de las actividades, los lugares que has visitado, las actividades que has hecho y los
planes para el resto del viaje.

9.4 Expressing choice and negation

PRÁCTICA

1 **Oraciones** Escribe oraciones usando los elementos indicados y las conjunciones apropiadas. Puede ser necesario añadir artículos, preposiciones o pronombres.

Modelo   Juan / no querer / ver / película de James Bond / película de Austin Powers (ni...ni)
Juan no quiere ver ni la película de James Bond ni la película de Austin Powers.

1. Carlos / espera / trabajar en una película / dirigir una película / algún día (o...o)
2. Sara / desmentir el chisme / ayer / conocer a ese actor / salir con él (ni...ni)
3. Los actores / poder/ recibir un salario mensual / recibir un porcentaje de las ganancias de la película. (o...o)
4. Éstas / ser / tus opciones/ trabajar con ese director / renunciar a tu carrera de actriz. (o...o)
5. A mí / gustar la película / gustar los actores (ni...ni)

2 **Dos amigos** Carlos y Piedad son muy buenos amigos, pero son totalmente distintos. Carlos nunca se decide y siempre duda. Por el contrario, Piedad siempre sabe lo que quiere o no quiere. Escribe oraciones usando los elementos que se indican para describir a Carlos y a Piedad. Usa las conjunciones **o...o**, y **ni...ni**.

Modelo   Carlos no sabe si almorzar o temprano o tarde.
A Piedad no le gusta ni la música rock ni la música clásica. Creo que ni siquiera le gusta la música.

Carlos	Piedad
1. Almorzar temprano / almorzar tarde	5. Gustar la música rock / la música clásica
2. Asistir a la universidad / buscar un trabajo	6. Trabajar en una oficina / estudiar en la universidad
3. Salir con sus amigos / salir con su novia	7. El chocolate / los dulces
4. Ir al cine / ver una película en televisión	8. Llamar a su mamá / llamar a sus amigas

COMUNICACIÓN

3 **Tus dudas** Seguro que antes de empezar la universidad tenías dudas sobre qué hacer, qué clases tomar, etc. Escribe un párrafo para indicar tus dudas antes de empezar la universidad y las distintas opciones que tenías. Usa las conjunciones **o...o, ni...ni**.

Modelo   Antes de empezar en la universidad no sabía qué especialidad quería hacer: o geografía o geología, pero sabía que no me gustaban ni la química ni la física.

4 **La mejor película y la peor** Todos tenemos una película favorita y otra que no lo es. Piensa en la mejor película que hayas visto y en la peor. Establece comparaciones entre ambas, usando **o...o, ni...ni, ni siquiera**.

Modelo   La mejor película que he visto tenía o un actor famoso o mucha acción. La peor ni siquiera duró un mes en el cine.

Lección 10

La literatura y el arte

CONTEXTOS

PRÁCTICA

1 Definiciones Indica a qué palabras corresponden las siguientes definiciones.

1. El lugar donde trabaja un pintor.
2. Un tipo de pintura en la que el artista se pinta a sí mismo.
3. Otra palabra para indicar el final de una historia.
4. El lugar donde trabaja un escultor.
5. Un tipo de venta, donde los objetos se venden a la persona que ofrece el precio más alto.
6. Cada una de las partes en las que se divide un libro o una novela.
7. El trabajo preliminar que hace un pintor antes de pintar un cuadro.
8. La persona que cuenta una historia.
9. Un tipo de pintura en la que con frecuencia aparecen flores o frutas.
10. Un tipo de pintura que se hace sobre papel y con colores diluidos en agua.

2 Dos críticos El señor Vázquez es un crítico de pintura y escultura y el señor Antuña es un crítico literario. De las palabras de la lista, ¿cuáles usará el señor Vázquez y cuáles el señor Antuña? Algunas palabras pueden aparecer en las dos listas.

argumento	exposición	hojear
conservador	intrigante	óleo
contemporáneo	luminoso	ornamentado
ensayista	manuscrito	trazo
epopeya	obra de teatro	valioso

Sr. Vázquez

Sr. Antuña

COMUNICACIÓN

3 Gustos muy distintos En parejas, imaginen que a uno de ustedes le gusta el arte moderno y al otro el arte clásico. Primero deben pensar en por qué les gusta un tipo de arte y detestan el otro. Los dos están hablando de arte. Preparen un diálogo y represéntenlo delante de la clase.

4 Encuesta artística Busca compañeros/as que hayan hecho las siguientes cosas recientemente. Si los encuentras, pídeles que firmen en los espacios indicados. Antes de comenzar con la entrevista, piensa en las preguntas que vas a hacer.

	Firma
Alguien que ha leído una novela de detectives	
Alguien que ha visitado un museo	
Alguien a quien le gustan la pintura y la escultura	
Alguien a quien le gusta escribir poemas	
Alguien aficionado al teatro	
Alguien a quien le gustan las novelas románticas	
Alguien a quien le interesa la pintura contemporánea	
Alguien que ha leído los poemas de García Lorca	
Alguien a quien le gusta actuar	
Alguien a quien no le gusta asistir al teatro	

Addtional Lengua Activities

ESTRUCTURA

10.1 The future perfect and conditional perfect

PRÁCTICA

1 Probabilidad Hoy han ocurrido una serie de cosas y tú no sabes muy bien por qué, pero imaginas lo que pudo haber pasado. Escribe oraciones para indicar lo que pudo haber pasado usando el futuro perfecto y la información indicada.

Modelo   Hoy cancelaron la obra de teatro. (actriz principal / sentirse enferma)
La actriz principal se habrá sentido enferma.

1. El novelista no pudo llegar a la conferencia. (su avión / retrasarse)
2. El escultor decidió no vender la escultura. (ellos / no ofrecer bastante dinero)
3. El pintor estaba muy contento. (él / vender un cuadro)
4. La audiencia aplaudió mucho al final de la representación. (gustarles / la obra de teatro)
5. Ellas se marcharon antes de que terminara el concierto. (tener un problema)
6. Juan no quiso seguir leyendo la novela. (no interesarle el argumento)

2 Pues yo... Tú eres una persona muy crítica y casi nunca te gustan las pinturas o esculturas que ves o los libros que lees. Siempre dices por qué algo no te gusta y después añades cómo lo habrías hecho tú. Escribe cómo habrías hecho tú las siguientes cosas. Debes usar el condicional perfecto.

Modelo   El final de la novela es demasiado cómico.
Yo habría escrito un final mucho más trágico.

1. El pintor usó colores muy oscuros. Yo ...
2. La escultura es demasiado grande. Yo ...
3. Este cuadro no tiene demasiada luz. Yo ...
4. El argumento de la novela es demasiado complicado. Yo ...
5. No entiendo por qué el artista usó acuarelas. Yo ...

COMUNICACIÓN

3 Tus logros dentro de diez años ¿Cómo crees que será tu vida dentro de diez años? ¿Qué cosas habrás logrado para entonces? Cuéntale a un(a) compañero/a cinco cosas que habrás logrado dentro de diez años. Usa el futuro perfecto.

Modelo   Dentro de diez años creo que ya me habré casado y probablemente habré tenido un hijo.

4 En otra universidad Imagina que en vez de asistir a esta universidad hubieras escogido ir a otra universidad. ¿Qué cosas habrían ocurrido de manera diferente? Escribe cinco cosas que te habrían o no te habrían ocurrido si hoy fueras un estudiante en otra universidad. Debes usar el condicional perfecto.

Modelo   No habría conocido a mi mejor amigo y no me habría divertido tanto como aquí.

10.2 The past perfect subjunctive

PRÁCTICA

1 El concurso Completa el siguiente párrafo con la forma apropiada del presente perfecto del subjuntivo o el pluscuamperfecto del subjuntivo de los verbos indicados.

Mario es un pintor joven. Recientemente decidió presentar una de sus pinturas a un concurso. Hoy ha recibido una carta pero aún no la ha abierto porque dudaba que el jurado ya 1) _____ (decidir) quién es el ganador. Él estaba convencido de que no iba a ganar. Tenía dudas de que el jurado 2) _____ (fijarse) en su obra y, para él, era muy probable que ellos le 3) _____ (dar) el premio a otra obra. Ahora sólo espera que su cuadro no 4) _____ (recibir) malas críticas.

Después de pintar un rato, Mario abrió la carta y no podía creer que su cuadro 5) _____ (ser) el ganador. ¡Nunca lo 6) _____ (imaginar)! Las críticas han sido muy favorables y él no puede creer que todos 7) _____ (recibir) la obra de una forma tan positiva. Ahora debe seguir pintando para llegar a ser un pintor aún mejor.

2 Preocupados Termina las siguientes oraciones de forma lógica. Debes usar el pluscuamperfecto del subjuntivo.

1. El escultor tenía miedo de que sus esculturas ... _____ .
2. A la novelista le molestó que los críticos ... _____ .
3. La actriz temía que el público ... _____ .
4. El escritor no estaba seguro de que su obra ... _____ .
5. El ensayista dudaba que el manuscrito ... _____ .

COMUNICACIÓN

3 Antes Explícale a un(a) compañero/a cuáles eran tus temores, dudas y esperanzas antes de venir a la universidad. Recuerda que puede ser necesario usar el imperfecto del subjuntivo.

Vocabulario útil

Tener miedo	Sospechar
(No) dudar	Esperar
(No) creer	No estar seguro/a

Modelo Antes de venir a la universidad, tenía miedo de que mi compañero/a de cuarto y yo no nos lleváramos bien.

4 Deseos Formula cuatro deseos sobre eventos que han ocurrido en el pasado y que te gustaría que hubieran ocurrido de otro modo. Debes usar **ojalá** con pluscuamperfecto del subjuntivo.

Modelo Ojalá hubiera estudiado más para el último examen de español.

10.3 *Si* clauses with compound tenses

PRÁCTICA

1 Ser escritor Completa las oraciones con la forma adecuada del pluscuamperfecto del subjuntivo o del condicional perfecto.

Carlos terminó de escribir su primera novela no hace mucho tiempo. La envió a una editorial y hoy ha recibido el informe. No han aceptado su novela y ahora él está pensando en lo que hizo mal:

1. Si hubiera enviado el manuscrito a otra editorial, tal vez ellos me lo _____ (aceptar).
2. La novela _____ (ser) mejor recibida si hubiera escrito un final más romántico.
3. Si _____ (incluir) más personajes femeninos, les habría gustado más.
4. La editorial _____ (publicar) mi novela si yo hubiera sido un escritor más conocido.
5. La novela _____ (resultar) más amena si no hubiera incluido tantas descripciones.
6. Creo que me habrían ofrecido un contrato si yo _____ (escribir) la novela en inglés.
7. Hoy no _____ (ponerse) tan triste si no me hubieran enviado esta carta.

2 Todo habría sido diferente Termina las siguientes oraciones de forma lógica.

1. Si no hubiera ido a la subasta, ...
2. Habría tenido menos problemas con el contenido del poema si ...
3. Si hubiera sabido que había una exposición de pinturas de Picasso ...
4. Habría hecho un retrato de mi amiga si ...
5. Si hubiera invitado a mi padre a venir al teatro ...
6. Si hubiera visto las esculturas de la exposición ...

COMUNICACIÓN

3 El mundo al revés En parejas, imaginen que los siguientes eventos históricos no hubieran ocurrido. ¿Qué habría pasado? Sean imaginativos.

Eventos históricos	¿Qué habría pasado?
Colón llegó al Nuevo Mundo en 1492.	
Marco Polo viajó a China.	
El hombre llegó a la Luna en 1969.	
J. F. Kennedy fue asesinado en Dallas en 1963.	
Los Beatles tuvieron mucho éxito en el Reino Unido.	
Mozart escribió algunos conciertos excepcionales	

Modelo   Si Mozart no hubiera escrito conciertos excepcionales, no habríamos podido disfrutar de su música.

4 Una historia distinta Cuéntale a un(a) compañero/a algo que te haya ocurrido recientemente y, después, le cuentas qué habría ocurrido si te hubieras portado de forma distinta.

Modelo   El otro día llegué a casa y no había nadie. Mi novia me había dejado una nota diciéndome que me dejaba porque ya no me soportaba más. Se había llevado todas sus cosas y hasta algunos de mis discos compactos. Yo estoy destrozado porque la quería mucho. Creo que si hubiera sido más cariñoso con ella, no me habría dejado. También creo que si no hubiera pasado tanto tiempo viendo partidos de fútbol americano en la tele, ella se habría sentido menos sola.

10.4 How to say *to become*

PRÁCTICA

1 Historias Completa los siguientes párrafos con alguno de los verbos de la lista. Ten en cuenta el tiempo que debes usar en cada oración.

Ponerse
Volverse
Hacerse
Llegar a ser

Párrafo 1

Juan era un muchacho muy tímido al que le gustaba escribir poemas. Siempre 1) _____ muy contento cuando terminaba la tarea pronto y podía escribir. No salía con amigos y por eso 2) _____ una persona bastante solitaria, pero disfrutaba con este estilo de vida. Con el tiempo 3) _____ un poeta muy famoso y 4) _____ muy popular.

Párrafo 2

El pintor estaba bastante tranquilo, pero justo antes de que se inaugurara la exposición, 5) _____ nerviosísimo. Tenía miedo de que la exposición fuera un fracaso. Tan pronto como vio que a la gente le gustaban sus cuadros, 6) _____ muy contento. La exposición 7) _____ una de las mejores del año.

2 Traducciones Traduce las siguientes oraciones. Recuerda que el verbo *to become* se traduce de varias formas en español, dependiendo del significado.

1. After working very hard for a few years, Antonio has become a very successful sculptor.
2. When he found out that the reviews of his latest movie were not very good, he became very sad.
3. The young painter won the contest and he became very conceited.
4. Writers always say that it is very difficult to become a renowned writer.
5. Paula has just sold her first painting and she became incredibly happy.

COMUNICACIÓN

3 Una biografía En parejas, inventen la biografía de un(a) artista. Incluyan verbos como **ponerse, volverse, hacerse** y **llegar a ser**. El/la instructor(a) les pedirá a algunos de los estudiantes que lean su biografía al resto de la clase.

4 El futuro Imagina que tú tienes poderes especiales y puedes leer el futuro. Léele el futuro a tu compañero/a. Haz predicciones relacionadas con su carrera, su fortuna, los estudios, el amor y las amistades.

Modelo   Creo que vas a ponerte muy contento/a muy pronto porque vas a ganar mucho dinero en la lotería.
        Además llegarás a ser un(a) hombre/mujer de negocios muy famoso/a. Tendrás mucho éxito en la vida.

CONTEXTOS

PRÁCTICA

1 Definiciones Indica a qué palabra corresponden las siguientes definiciones.

1. Eliminar archivos o programas de un ordenador.
2. La ciencia que estudia los procesos químicos que ocurren en los seres vivos.
3. Objeto que gira en el espacio alrededor de un planeta.
4. Lo que hacen los aviones o los cohetes espaciales cuando llegan a su destino.
5. Lo que ocurre cuando un producto alcanza una determinada fecha y ya no es válido para su consumo o utilización.
6. Producir individuos genéticamente idénticos.
7. Tipo de teléfono que se puede usar en el coche o desde cualquier otro vehículo.
8. Transferir datos o programas de una computadora a otra usando la línea telefónica.
9. Parte de la célula que controla sus características físicas, el crecimiento y el desarrollo.
10. Objetos que pueden ser vistos en el espacio y cuyo origen se desconoce. Se cree que son de otro planeta.

2 Especialista en computadoras Completa el párrafo con las palabras adecuadas de la lista. Hay una que no se usa.

astronautas	superficie
capa de ozono	telescopio
informática	teoría
ingresar datos	transbordador

Leonardo es un especialista en 1)_____ y sabe muchísimo de computadoras. Se graduó hace poco de la universidad y actualmente trabaja para la NASA. Su trabajo consiste en 2) _____ en las computadoras que usan los 3) _____ mientras están en el espacio. El próximo mes la NASA enviará un nuevo 4) _____ al espacio. Quieren estudiar la 5) _____ de algunos planetas para apoyar la 6) _____ de que en el futuro será posible vivir en otros planetas. En esta misión también se tomarán fotos de la 7) _____ que ayuden a resolver el problema del agujero que hay allí.

COMUNICACIÓN

3 El uso de la computadora Explícale a tu compañero/a cómo usas tu computadora. En tu descripción debes incluir los aspectos a continuación.

- Qué tipo de computadora tienes (personal, portátil, etc.) y cuál te gustaría tener
- Cuánto tiempo pasas delante de la computadora
- Para qué la usas (para conectarte a Internet, para procesar textos, para jugar, para mandar correos electrónicos, etc.)
- Otra información relevante

4 Una misión espacial Hoy acaba de regresar a la Tierra la última expedición espacial de la NASA. Tú y tu compañero/a son los periodistas encargados de contar este viaje. Escriban un artículo contando todos los detalles del viaje. Sean creativos. Pueden incluir algunos de los aspectos a continuación en su artículo.

- La preparación para el viaje
- La misión que debían cumplir
- La vida en la nave espacial
- Lo que hicieron durante su estancia en el espacio
- El regreso a la tierra

11.1 Diminutives and augmentatives

PRÁCTICA

1 **Perspectiva diminutiva** Carlos siempre habla usando diminutivos. Completa sus descripciones con el diminutivo de la palabra entre paréntesis.

Ayer fui al 1) _____ (mercado) de antigüedades que hay muy 2) _____

(cerca) de mi 3) _____ (casa) y compré algunas 4) _____ (cosas) muy

valiosas. En el primer puesto un 5) _____ (hombre) muy simpático me aconsejó comprar un

6) _____ (libro) chino muy bonito. Cuando regresé a casa tenía mucho frío y me tomé un

7) _____ (café) para entrar en calor. Fue una mañana muy divertida.

2 **Opuestos** María y Ana son dos personas completamente distintas: lo que a María le parece grande a Ana le parece pequeño y vice versa. Completa la siguiente tabla con las afirmaciones de cada una.

María	Ana
Ésta es toda una cabezota.	Ésta es una cabecita.
En la parada hay un hombrecito.	En la parada hay un hombrón.
¿Conoces a esa mujerona?	
Leemos un librote para esta clase.	
	Carlos es muy jovencito.
	Espero ver a mi amorcito muy pronto.

COMUNICACIÓN

3 **Un cuento infantil** Es muy frecuente usar aumentativos y diminutivos en los cuentos infantiles. En parejas, escriban un cuento infantil. Pueden contar alguno de los cuentos tradicionales o inventarse uno. Incluyan el mayor número posible de aumentativos y diminutivos.

4 **Opiniones personales** Escribe cuatro oraciones —dos con un aumentativo y dos con un diminutivo— que expresen tu opinión sobre la existencia de los ovnis. Después léeselas a tu compañero/a, quien te dirá si está de acuerdo o no con tus opiniones. Luego él/ella te leerá sus oraciones.

11.2 *Pedir/preguntar* and *conocer/saber*

PRÁCTICA

1 Juan y la universidad Completa el siguiente párrafo con la forma adecuada de **saber** y **conocer**. Presta atención a los tiempos verbales.

Juan es un estudiante de primer año en la universidad y por eso todavía no 1) _____ muy bien el campus. Sólo 2) _____ dónde están su residencia y la cafetería. Ayer 3) _____ a su compañero de cuarto y le cayó bien, pero aún no 4) _____ mucho de él. Como no lleva mucho tiempo en la universidad aún no 5) _____ a mucha gente. Cree que en cuanto empiecen las clases 6) _____ a mucha gente.

Juan ya 7) _____ qué clases va a tomar este semestre, pero no 8) _____ si serán muy difíciles. Ayer 9) _____ al profesor de química y piensa que no tendrá problemas con esa clase.

2 Alejandra en su nuevo trabajo Completa el siguiente párrafo con la forma adecuada de **pedir, preguntar** y **preguntar por**. Presta atención a los tiempos verbales.

Alejandra es una licenciada en bioquímica y hoy es su primer día de trabajo en un laboratorio farmacéutico. No conocía muy bien el camino al laboratorio, y por eso tuvo que parar en una gasolinera para 1) _____ direcciones. Cuando finalmente llegó, en la recepción 2) _____ el doctor Santos, con quien ella va a trabajar. Ella le 3) _____ muchísimas cosas porque no sabe muy bien cómo funcionan las cosas allí. Él le respondió amablemente. Finalmente el doctor Santos le 4) _____ que comenzara a trabajar en un experimento. Después de trabajar varias horas, Alejandra 5) _____ si podía tener un rato de descanso. Todos fueron muy amables con ella y su primer día de trabajo fue todo un éxito.

COMUNICACIÓN

3 ¿Cuánto conoces a tus compañeros? En grupos de cuatro, van a compartir y obtener información sobre sus compañeros/as de clase.

Paso 1: Cada miembro del grupo pensará en una persona de la clase a la que describirá sin mencionar el nombre.
Paso 2: Los otros tres deben escuchar las descripciones y deben decir si saben o no saben quién es esa persona.
Paso 3: La persona que adivine (*guess*) debe decir el nombre de esa persona y si sabe algo de ella.

Modelo   E1: Es una persona alta y delgada y siempre participa mucho en clase. Suele sentarse en las primeras filas. Es una persona muy simpática y siempre me ayuda en la clase de español.

E2: Yo sé quién es. Es Kristen.

E1: ¿Conoces a Kristen?

E3: Yo sé que es de San Francisco y vive aquí desde hace dos años, pero no la conozco muy bien.

4 Entrevista Entrevista a distintos estudiantes en la clase hasta que encuentres a cinco personas diferentes que respondan afirmativamente a tus preguntas. Pídeles a las personas que responden afirmativamente, que firmen en los espacios indicados.

	Firma
Sabe tocar el piano	
Conoce a un actor famoso	
Conoció a su novio/a recientemente	
Sabe cómo se llama el rey de España	
Sabe cocinar tacos	

11.3 Prepositions II: *de, desde, en*

PRÁCTICA

1 **¿De, desde o en?** Completa las siguientes oraciones con **de**, **desde** o **en**.

1. El agujero _____ la capa de ozono es un problema muy serio.

2. Los científicos _____ los EE.UU. suelen participar en muchos congresos.

3. El joven investigador tuvo que realizar el experimento _____ nuevo.

4. _____ contra de lo que todos pensaban, el experimento no resultó.

5. El frasco _____ alcohol estaba vacío.

6. Se han realizado muchos descubrimientos _____ la época de Leonardo da Vinci.

7. _____ paso al laboratorio, la doctora Alonso compró algo para desayunar.

8. Los estudiantes _____ las últimas filas no podían oír bien al profesor.

9. Me tomó 45 minutos ir _____ el aeropuerto a casa.

10. El investigador puso los frascos _____ el refrigerador.

2 **Escribir** Escribe oraciones para ejemplificar los siguientes usos de las preposiciones **de** y **en**.

Origen	Mis padres son de Perú.
Descripción	_____
Material	_____
Contenido	_____
Lugar	_____
Posesión	_____

COMUNICACIÓN

3 **Adivinanzas geográficas** En grupos de cuatro, cada estudiante piensa en una ciudad y escribe una pequeña descripción de ese lugar. Luego les leerá su descripción a los compañeros, quienes tratarán de adivinar de qué lugar se trata.

Modelo E1: Es una ciudad de muchos habitantes. Está en la costa este de los EE.UU. Los edificios de esta ciudad son muy altos y hay un parque muy grande en el medio de la ciudad.

E2: Yo sé qué ciudad es. Es Nueva York.

4 **Pequeña biografía** En parejas, van a escribir la biografía de un científico muy importante. Imaginen todos los detalles de su biografía, desde su infancia hasta su éxito como científico. Sean creativos. Pueden incluir algunos de los detalles a continuación en la biografía.

- origen
- dónde vivió durante su infancia
- desde cuándo y hasta cuándo vivió allí
- descripción física
- dónde asistió a la universidad
- dónde trabajó
- descubrimientos más importantes

La historia y la civilización

CONTEXTOS

PRÁCTICA

1 Cierto o falso Indica si las siguientes oraciones son **ciertas** o **falsas**.

	cierto	falso
1. Una aldea es normalmente una zona urbana.	❏	❏
2. Los suburbios son las zonas que están a las afueras de la ciudad.	❏	❏
3. Si un pueblo pierde una guerra sufre una derrota.	❏	❏
4. Los países en vías de desarrollo tienen industrias muy avanzadas.	❏	❏
5. Muchos de los descubridores que viajaron con Colón eran españoles.	❏	❏
6. Indígenas son las personas que vivían en América Latina antes de la llegada de los conquistadores.	❏	❏
7. En una guerra civil luchan varios países.	❏	❏
8. Una década es un período de 12 años.	❏	❏

2 Emparejamiento Empareja las palabras de la columna de la izquierda con las definiciones de la columna de la derecha.

_____ 1. caudillo

_____ 2. siglo

_____ 3. coraje

_____ 4. colonia

_____ 5. esclavo

_____ 6. rendirse

_____ 7. barrio

_____ 8. mestizo

_____ 9. guerrero

_____ 10. pelear

a. Dejar de luchar y aceptar la derrota

b. Individuo con antepasados de distintas etnias

c. Lo necesario para hacer algo peligroso o difícil aunque uno sienta miedo

d. Luchar

e. Cada una de las zonas en las que se divide una ciudad

f. Una persona que está bajo el control de otra persona y que no es libre

g. Un país que está controlado por otro país más poderoso

h. La persona que lidera una tribu o un grupo de soldados

i. Soldado muy experimentado

j. Período de cien años

COMUNICACIÓN

3 El siglo XX En grupos de cuatro, piensen en los eventos más importantes que ocurrieron en el siglo XX. Deben incluir al menos seis acontecimientos y clasificarlos por orden de importancia. Después el/la profesor(a) les pedirá a los distintos grupos que lean su clasificación y luego, como clase, decidirán cuáles fueron los seis acontecimientos más importantes del siglo XX.

4 Los titulares En parejas, escriban seis titulares para un periódico. Tres titulares deben ser reales, es decir que deben tratar sobre las noticias actuales. Los otros tres deben ser titulares que a ustedes les gustaría que aparecieran en la prensa, o sea titulares ideales.

Additional *Lengua* Activities

12.1 Prepositions III: *entre, hasta, sin*

PRÁCTICA

1 **Momentos de la historia** Completa las siguientes oraciones con las preposiciones **entre, hasta** y **sin**.

1. Se desconocen muchas de las cosas que ocurrieron _____ los siglos I y III.
2. El caudillo tuvo que emplear a todos sus hombres, _____ a los soldados más inexpertos.
3. Costa Rica es uno de los pocos países _____ ejército del mundo.
4. Los árabes se quedaron en España _____ 1492.
5. Los marineros navegaron _____ el Cabo Finisterre.
6. _____ los historiadores hay interpretaciones muy diferentes de la historia.
7. El joven decidió alistarse en el ejército _____ pensarlo dos veces.
8. _____ los más optimistas se sorprendieron del rotundo éxito.

2 **Ayudando a Sonia** Sonia está leyendo un libro de historia escrito en inglés, pero su conocimiento del inglés no es muy bueno y por eso no entiende bien. Ayúdala a traducir las palabras subrayadas en las siguientes oraciones.

1. The warriors advanced as far as the city walls but the local army stopped them.
2. Among the indigenous people, some wanted to fight the invaders while others wanted to work with them.
3. They estimated that between 1000 and 1200 people had died in the battle.
4. Without hesitation, the leader asked his soldiers for advice.
5. Until the arrival of the Spanish little was known about the indigenous peoples of South America.

COMUNICACIÓN

3 **Adivinanzas** En grupos de tres, cada estudiante debe escribir una descripción de tres personas de la clase sin mencionar su nombre. Una vez que todos hayan terminado, compartan las descripciones y los demás deben intentar adivinar de quién se trata. Usen las preposiciones **entre, hasta** y **sin**.

Modelo   Esta persona se sienta siempre entre dos chicas. Le gusta sentarse cerca de la profesora, y a veces hasta se sienta en primera fila. Entre los demás estudiantes tiene fama de ser una persona muy inteligente y simpática.
      ¿Quién es?

4 **Autobiografía** Todos tenemos una biografía única e irrepetible. Ahora vas a escribir tu autobiografía.

Paso 1: Haz una lista de los eventos más importantes de tu vida y las fechas cuando ocurrieron.

Paso 2: Escribe un párrafo contando las cosas más importantes que te han ocurrido en tu vida. Usa las preposiciones **entre, hasta** y **sin**.

Paso 3: El/La profesor(a) les pedirá a algunos estudiantes que lean su autobiografía.

12.2 Summary of the indicative

PRÁCTICA

1 La narración histórica Para narrar algunos acontecimientos (*events*) históricos es frecuente emplear el presente del indicativo. Completa este pasaje usando el presente del indicativo de los verbos indicados.

Cuando los primeros conquistadores españoles 1) _____ (llegar) al Nuevo Mundo,
2) _____ (encontrarse) con numerosos problemas. La realidad del Nuevo Mundo
3) _____ (ser) muy distinta a la realidad que ellos 4) _____ (conocer) y
pronto 5) _____ (descubrir) que no 6) _____ (tener) las palabras necesarias
para designar esa nueva realidad. Para solucionar el problema, los españoles 7) _____ (decidir)
tomar prestadas palabras de las lenguas nativas con las que 8) _____ (encontrarse). Es por eso
que muchas de las palabras del español actual 9) _____ (proceder) del taíno, del náhuatl, o del
quechua.

2 La narración histórica, segunda parte Se usa el presente del indicativo para narrar acontecimientos históricos, pero también puede usarse tanto el pretérito como el imperfecto. Vuelve a completar el pasaje de la **Actividad 1** con el tiempo adecuado del pasado, ya sea el pretérito o el imperfecto.

COMUNICACIÓN

3 Pasado, presente y futuro En nuestra vida siempre hay acontecimientos que tienen una importancia especial. Cuéntale a un(a) compañero/a cuáles han sido los tres acontecimientos que han marcado tu pasado, los tres que están marcando tu presente y los tres acontecimientos que tú crees serán más importantes en tu futuro.

Paso 1: Escribe los tres acontecimientos pasados, después los presentes y finalmente los futuros.
Paso 2: Cuéntale a tu compañero/a esos acontecimientos importantes de tu vida.

4 Las noticias más importantes pasadas y futuras En grupos de cuatro, decidan cuáles han sido las tres noticias más importantes de los últimos 50 años. Piensen en otras tres noticias que sin duda ocurrirán en los próximos 50 años. Escriban estas noticias en forma de titulares (*headlines*).

12.3 Summary of the subjunctive

PRÁCTICA

1 **La clase de historia** Completa las siguientes oraciones con la forma adecuada del subjuntivo (presente, presente perfecto, imperfecto o pluscuamperfecto) o el infinitivo de los verbos entre paréntesis.

1. Los alumnos querían que el profesor les _____ (explicar) más sobre los incas.

2. A los chicos les gustaba _____ (escuchar) las historias de los conquistadores.

3. Dudaba que los españoles _____ (estar) interesados únicamente en el oro de los aztecas.

4. A los españoles les sorprendió que los aztecas _____ (construir) ciudades y monumentos tan sofisticados.

5. A algunas personas les parece sorprendente que el ser humano _____ (llegar) a la Luna.

6. Algunas personas dudan que el ser humano _____ (poder) vivir en otros planetas.

7. Antes de que los españoles _____ (llegar) a América, había algunas civilizaciones muy desarrolladas.

8. Será posible que algunos turistas _____ (viajar) al espacio muy pronto.

9. Carlos espera _____ (llegar) a ser astronauta algún día.

10. Era improbable que aquellas piedras _____ (ser) restos de una antigua civilización inca.

2 **Emparejamiento** Une las frases de la columna de la izquierda con las de la columna de la derecha.

_____ 1. Si el hombre no hubiera llegado a la Luna,

_____ 2. Será posible ir de vacaciones a otros planetas,

_____ 3. Si tuviera más tiempo,

_____ 4. Si descubres algo más sobre la civilización inca,

_____ 5. Si el muro de Berlín no hubiera caído,

_____ 6. Agotaremos las reservas del planeta,

_____ 7. Si JFK no hubiera sido asesinado,

_____ 8. Habría menos enfrentamientos en algunos países,

a. me gustaría leer sobre la historia de los mayas.

b. las dos Alemanias no se habrían unificado.

c. la historia reciente de los EE.UU. habría sido bastante distinta.

d. no habríamos podido aprender tanto sobre los planetas.

e. si no se toman medidas urgentes.

f. si se encuentra agua allí.

g. si no hubiera tanta pobreza.

h. dímelo.

COMUNICACIÓN

3 **Con el profesor de historia** El profesor de historia acaba de entregar las notas del último examen de historia y tú no has sacado muy buena nota. Decides ir a verlo durante sus horas de oficina para que te explique lo que has hecho mal y cómo deberías haber contestado algunas de las preguntas. Finalmente, le pides que te indique cómo estudiar para el próximo examen. En parejas, uno/a de ustedes hará el papel de profesor(a) y el/la otro/a el papel de estudiante. Usen el subjuntivo. Representen el diálogo delante de la clase.

4 **Inventos y descubrimientos** Algunos inventos y descubrimientos han sido esenciales para el desarrollo de la humanidad. En parejas, hagan una lista de los cinco inventos y descubrimientos más importantes para la humanidad. Después, escriban oraciones para decir qué habría ocurrido si tales inventos no se hubieran producido.

Modelo   Alexander Graham Bell inventó el teléfono.
             Si Alexander Graham Bell no hubiera inventado el teléfono, hoy las comunicaciones serían mucho más complicadas.

CONTEXTOS

PRÁCTICA

1 1. L 2. I; Carlos es muy antipático. 3. L 4. I;
Siempre están muy agobiados. 5. L 6. L 7. I;
Es una persona muy tacaña. 8. L 9. I; Los
alumnos seguros 10. L

2 1. discute; hace caso 2. sociables; Se sienten
3. cita a ciegas; se puso pesado; tiene ganas

COMUNICACIÓN

Answers will vary.

ESTRUCTURA

1.1 Nouns, articles, and adjectives

PRÁCTICA

1 1. un; un; la/una; la; la; un; las; una; la; unos;
la; la; unos 2. un; un; unos; El; un; un; el;
unos/los; un; las

2 Answers will vary.

COMUNICACIÓN

Answers will vary.

1.2 Present tense of regular and irregular verbs

PRÁCTICA

1 1. es 2. tengo 3. me levanto 4. desayunamos
5. acompaña 6. está 7. tengo 8. ir 9. digo
10. me pongo 11. Enseño 12. como
13. corrijo 14. regreso 15. practicamos
16. cenamos 17. se van 18. vemos 19. leo
20. me preparo

2 Answers will vary.

COMUNICACIÓN

Answers will vary.

1.3 Stem-changing verbs

PRÁCTICA

1 1. confiesan 2. cuelgo 3. sugiere 4. recuerdo
5. se siente 6. empieza 7. se muere
8. se visten 9. corrige 10. incluye

2 Answers will vary.

COMUNICACIÓN

Answers will vary.

1.4 *Ser* and *estar*

PRÁCTICA

1 1. estamos 2. es 3. estamos 4. ser 5. está
6. es 7. son 8. Es 9. estamos 10. es 11. está
12. estoy

2 Answers will vary.

COMUNICACIÓN

Answers will vary.

CONTEXTOS

PRÁCTICA

1. 1. gimnasio 2. entrada 3. entrenador
4. ajedrez 5. zoológico 6. brindar 7. cadenas
de televisión 8. hacer cola

2. Answers will vary

COMUNICACIÓN

Answers will vary.

ESTRUCTURA

2.1 Progressive forms

PRÁCTICA

1. Answers will vary.

2. **Suggested answers:** 1. Nosotros seguimos
tocando regularmente. 2. Poco a poco van
acostumbrándose. 3. Carlos lleva mucho
tiempo jugando al ajedrez. 4. Ana anda
buscando otro trabajo. 5. Answers will vary.

COMUNICACIÓN

Answers will vary.

2.2 Object pronouns

PRÁCTICA

1. 1. la 2. la 3. lo 4. se; la 5. lo 6. Te

2. 1. La vamos a comprar mañana./Vamos a
comprarla mañana 2. Nos lo prepara la
pastelería de la Plaza Mayor. 3. Sí, ya las
enviamos. 4. Lourdes y Sara los traen. 5. Sí,
vamos a decorarlo./Sí, lo vamos a decorar

COMUNICACIÓN

Answers will vary.

2.3 Reflexive verbs

PRÁCTICA

1. Answers will vary.

2. 1. se duermen 2. te acuerdas 3. nos mudamos
4. irme 5. se llevó 6. poner

COMUNICACIÓN

Answers will vary.

2.4 *Gustar* and similar verbs

PRÁCTICA

1. **Suggested answers:** 1. Me interesa mucho el
cine. 2. Me duele muchísimo la cabeza.
3. Pablo y Roberto me caen muy mal. 4. Nos
aburren las películas con subtítulos. 5. No me
gusta el boliche. 6. Sólo te quedan 10 dólares.
7. Le faltan tres monedas. 8. Me molesta la
música muy alta.

2. Answers will vary.

COMUNICACIÓN

Answers will vary.

CONTEXTOS

PRÁCTICA

1 1. la escoba 2. en efectivo 3. bostezar
4. quitar el polvo 5. pasar la aspiradora
6. el buzón 7. tocar el timbre 8. centro
comercial 9. soledad 10. apagar

2 **Suggested answers: Ana:** pagar en efectivo en
vez de usar la tarjeta de crédito **Carlos:** ir de
compras al supermercado **Sara:** hacer la
limpieza, barrer el piso, quitar el polvo a los
muebles, pasar la aspiradora **Pedro y María:** ir al
supermercado, cocinar algo especial, freír unas
papas deliciosas, preparar vegetales, etc.
Doña Julia: apagar todos los aparatos que
no está usando

COMUNICACIÓN

Answers will vary.

ESTRUCTURA

3.1 The preterite tense
PRÁCTICA

1 1. vinieron 2. me levanté 3. se acostó;
descubrió 4. llegaron 5. supe 6. decidió
7. olvidé; hizo 8. fueron

2 1. tuve 2. hizo 3. Fueron 4. asignaron
5. hice 6. barrí 7. quité 8. Anduvimos
9. fuimos 10. Fue

COMUNICACIÓN

Answers will vary.

3.2 The imperfect tense
PRÁCTICA

Answers will vary.

COMUNICACIÓN

Answers will vary.

3.3 The preterite and the imperfect
PRÁCTICA

1 Pretérito: El año pasado, Ayer por la noche, El
domingo pasado, El pasado agosto

Imperfecto: Todos los días, Siempre, Mientras,
Todas las tardes

2 1. quería 2. podía 3. conocía 4. supo
5. quería 6. pudo 7. sabía 8. quiso 9. pude
10. conoció

COMUNICACIÓN

Answers will vary.

3.4 Adverbs
PRÁCTICA

1 1. fácilmente 2. hábilmente 3. rápidamente
4. silenciosamente 5. frecuentemente
6. cuidadosamente

2 Answers will vary.

COMUNICACIÓN

Answers will vary.

CONTEXTOS

PRÁCTICA

1 1. embarcar 2. auxiliares de vuelo
3. temporada alta 4. completo 5. frontera
6. mesero 7. piloto 8. despedida
9. congestionamiento 10. aventurero

2 1. d 2. c 3. h 4. e 5. a 6. k 7. l 8. g
9. b 10. f

COMUNICACIÓN

Answers will vary.

ESTRUCTURA

4.1 Past participles and the present and past perfect tenses

PRÁCTICA

1 1. El paciente está muerto. 2. La tienda no está abierta los domingos. 3. El pasaporte está vencido. 4. Las composiciones ya están escritas. 5. Los problemas ya están resueltos.
6. Los libros ya están devueltos. 7. La vacuna ya está descubierta. 8. El vuelo ya está anunciado.

2 1. Juan y yo hemos visto un accidente. 2. Yo he hecho la tarea en la biblioteca. 3. Carlos le ha dicho la verdad a su novia. 4. María ha vuelto de su viaje recientemente. 5. Han encontrado la solución. 6. Hemos desembarcado en Palma de Mallorca. 7. Han oído las noticias. 8. Has renovado tu pasaporte. 9. Hemos escrito una postal a nuestros amigos. 10. Carlos ha puesto la mesa.

COMUNICACIÓN

Answers will vary.

4.2 *Por* and *para*

PRÁCTICA

1 1. por 2. para 3. para 4. para 5. por 6. por
7. para 8. por

2 1. Por 2. por 3. por 4. por 5. por 6. para
7. Por 8. por 9. para 10. por 11. para
12. por 13. Para 14. por

COMUNICACIÓN

Answers will vary.

4.3 Comparatives and superlatives

PRÁCTICA

1 Answers will vary.

2 1. Los diamantes son unas joyas carísimas.
2. El avión es un medio de transporte rapidísimo. 3. *Friends* es una serie de televisión divertidísima. 4. La bicicleta es un medio de transporte sanísimo. 5. La clase de español es facilísima. 6. El puente de Brooklyn es larguísimo. 7. Frankie Muniz es un actor jovencísimo. 8. Bill Gates es una persona riquísima.

COMUNICACIÓN

Answers will vary.

4.4 Present subjunctive

PRÁCTICA

1 1. te asegures 2. aceptan 3. te vacunes
4. pase 5. llevemos 6. se mueva 7. hay
8. prueben 9. durmamos 10. haga

2 Answers will vary.

COMUNICACIÓN

Answers will vary.

CONTEXTOS

PRÁCTICA

1 1. se desmayen 2. yeso 3. se puso 4. gripe
5. cuidarse 6. resfriado

2 1. Cierto 2. Falso 3. Cierto 4. Cierto
5. Falso 6. Cierto 7. Falso 8. Falso

COMUNICACIÓN

Answers will vary.

ESTRUCTURA

5.1 The subjunctive in noun clauses

PRÁCTICA

1 1. sufre 2. trabaja 3. se cuida 4. duerma
5. necesite 6. vigile 7. mantenga 8. tienes
9. te quedes 10. hables 11. hagas
12. te apliques 13. tienen 14. tomen
15. vigilen 16. necesiten 17. beban
18. coman 19. van

2 Answers will vary.

COMUNICACIÓN

Answers will vary.

5.2 The subjunctive in adjective clauses

PRÁCTICA

Answers will vary.

COMUNICACIÓN

Answers will vary.

5.3 The subjunctive in adverbial clauses

PRÁCTICA

1 1. aliviar 2. llegue 3. suba 4. pueda
5. se recupere 6. pasen 7. tenga 8. tengas
9. quieras 10. adelgazar

2 Answers will vary.

COMUNICACIÓN

Answers will vary.

5.4 Commands

PRÁCTICA

Answers will vary.

COMUNICACIÓN

Answers will vary.

CONTEXTOS

PRÁCTICA

1 1. f 2. d 3. c 4. a 5. b 6. g

2 1. semillas 2. bosque 3. cordillera 4. cumbre
5. el león 6. olas 7. bahía 8. costa 9. ríos
10. montaña 11. águila 12. reciclar 13. nido

COMUNICACIÓN

Answers will vary.

ESTRUCTURA

6.1 The future tense
PRÁCTICA

Answers will vary.

COMUNICACIÓN

Answers will vary.

6.2 The conditional
PRÁCTICA

1 1. Los niños creían que irían de excursión el próximo viernes. 2. El profesor insistía en que el examen sería muy fácil. 3. Carlos dijo que llovería mañana y que suspenderían el partido. 4. María nos contó que prepararía el pastel para la fiesta del sábado. 5. El doctor afirmó que Juan no tendría dolores en la espalda. 6. Muchas personas creían que el problema de la capa de ozono se agravaría en el futuro. 7. Los jugadores estaban seguros de que ganarían el próximo partido. 8. El abogado repitió/repetía que ganaría el juicio.

2 Answers will vary.

COMUNICACIÓN

Answers will vary.

6.3 The past subjunctive
PRÁCTICA

1 1. fuera 2. fuera 3. pudiera 4. estudiara
5. participara 6. tuvieran 7. limpiara
8. estudiara 9. ayudara 10. dejaran
11. aprendiera 12. me enojara
13. hicieran

2 Answers will vary.

COMUNICACIÓN

Answers will vary.

6.4 *Si* clauses with simple tenses
PRÁCTICA

1 1. seguirá 2. tuviéramos 3. continúa
4. se derretirán 5. sube 6. podríamos
7. usáramos 8. descenderían 9. protegemos
10. hubiera

2 Answers will vary.

COMUNICACIÓN

Answers will vary.

CONTEXTOS

PRÁCTICA

1 1. Cierto 2. Falso 3. Cierto 4. Falso
5. Falso 6. Cierto

2 1. multinacional 2. currículum 3. entrevista
de trabajo 4. contrato 5. gerente 6. ejecutivo
7. jubilación 8. crisis económica 9. deuda
10. puesto 11. sueldo mínimo 12. ganarse la
vida 13. mano de obra

COMUNICACIÓN

Answers will vary.

ESTRUCTURA

7.1 The neuter article *lo*
PRÁCTICA

1 1. Lo 2. lo 3. Lo que 4. Qué 5. lo 6. lo que
7. Qué 8. lo 9. Lo que 10. Qué.

2 Answers will vary.

COMUNICACIÓN

Answers will vary.

7.2 Possessive adjectives and pronouns
PRÁCTICA

1 1. Mi 2. nuestras 3. la suya 4. los tuyos
5. los suyos 6. sus

2 1. tuyas 2. mías 3. suyas 4. tuyos 5. míos
6. suyos 7. mía 8. Mi

COMUNICACIÓN

Answers will vary.

7.3 Relative pronouns
PRÁCTICA

1 1. que 2. quien/la que 3. que 4. que
5. quienes/los que 6. cuyo 7. que 8. que
9. Lo que 10. que 11. los que 12. que/las
cuales 13. los que 14. el que

2 Answers will vary.

COMUNICACIÓN

Answers will vary.

7.4 Transitional expressions
PRÁCTICA

1 1. Primero 2. por lo tanto 3. sin embargo
4. También 5. Como 6. Después 7. Por un
lado 8. por otro lado 9. Primero 10. por eso
11. Segundo 12. Antes de que 13. Mientras
14. Luego 15. Al final 16. Después de que

2 Possible answers: 1. Al contrario 2. después
de 3. Sin embargo 4. Dado que 5. así que

COMUNICACIÓN

Answers will vary.

CONTEXTOS

PRÁCTICA

1 1. diputado 2. ejército 3. minoría
4. ciudadano 5. candidato 6. creyente
7. embajador 8. tribunal 9. juez
10. alcalde(sa) 11. campaña electoral
12. régimen

2 1. d 2. h 3. g 4. c 5. f 6. a 7. b 8. e

COMUNICACIÓN

Answers will vary.

ESTRUCTURA

8.1 The passive voice
PRÁCTICA

1 Answers will vary.

2 1. será anunciado 2. será debatida 3. ser
establecido 4. fue estrenado 5. serán
contestadas 6. fue arrestado 7. fue probada

COMUNICACIÓN

Answers will vary.

8.2 Constructions with *se*
PRÁCTICA

1 1. Se violan los derechos civiles
sistemáticamente en algunos países
2. Se entregarán las credenciales la próxima
semana 3. Se podrá visitar la exposición en
breve 4. Se escriben los discursos del
presidente muy cuidadosamente 5. No se
puede reelegir al alcalde en las próximas
elecciones 6. Se descubrió el escándalo ayer
7. Se ganó la batalla sin muchos esfuerzos
8. En ese momento se enviaban los panfletos
a los electores 9. Se ha conocido el veredicto
hace muy poco tiempo 10. Se pagan los
impuestos a tiempo

2 1. envía 2. estudian 3. enviará 4. debatirán
5. eligió 6. cree 7. estipuló 8. vive 9. vio
10. prohíbe

COMUNICACIÓN

Answers will vary.

8.3 Past participles as adjectives
PRÁCTICA

1 1. La tienda ya está abierta. 2. Las cartas ya
están enviadas. 3. Nuestro carro ya está
arreglado. 4. La ropa ya está seca. 5. El
problema ya está resuelto. 6. Las personas
interesadas ya están avisadas. 7. Los niños ya
están preparados para salir. 8. El pastel ya
está hecho.

2 1. decepcionados 2. escritas 3. desolada
4. muerto 5. ganadas 6. aburridas
7. encendidas 8. expuesto

COMUNICACIÓN

Answers will vary.

8.4 *Pero, sino, sino que, no sólo... sino, tampoco*
PRÁCTICA

1 1. sino 2. tampoco 3. pero 4. sino que
5. no sólo; sino 6. pero 7. tampoco 8. sino

2 Answers will vary.

COMUNICACIÓN

Answers will vary.

CONTEXTOS

PRÁCTICA

1 1. Falso; un televidente es una persona que ve la televisión. 2. Cierto 3. Falso; si estoy viendo la televisión y no me gusta el programa, debo cambiar de canal y buscar otro programa. 4. Cierto 5. Cierto 6. Falso; los titulares de un periódico suelen aparecer en la portada.

2 Answers will vary. Possible Answers: **RADIO** emisora, oyente, locutor, parcialidad, público **CINE** banda sonora, largometraje, función, parcialidad, público, subtítulos **TELEVISIÓN** pantalla, canal, parcialidad, público, telenovela **PRENSA ESCRITA** parcialidad, portada, crónica de sociedad, público, titulares

COMUNICACIÓN

Answers will vary.

ESTRUCTURA

9.1 Infinitives

PRÁCTICA

1 1. Quedaron 2. enseñan 3. piensan 4. fijarse 5. tengan ganas

2 1. incluir 2. hacer 3. Ver 4. ensayen 5. Trabajar

COMUNICACIÓN

Answers will vary.

9.2 Present perfect subjunctive

PRÁCTICA

1 1. esté 2. haya estudiado 3. tenga 4. haya ganado 5. lleguen 6. haya salido 7. interrumpan 8. esperen 9. haya tenido 10. haya salido

2 Answers will vary.

COMUNICACIÓN

Answers will vary.

9.3 Prepositions I

PRÁCTICA

1 1. a 2. a 3. con 4. a 5. hacia 6. hacia 7. a 8. a 9. a 10. con 11. a 12. a 13. a 14. a 15. con

2 1. hacia 2. con 3. a 4. con 5. hacia 6. con

COMUNICACIÓN

Answers will vary.

9.4 Expressing choice and negation

PRÁCTICA

1 1. Carlos espera o trabajar en una película o dirigir una película algún día. 2. Sara desmintió el chisme ayer: ni conoce a ese actor ni salió con él. 3. Los actores pueden o recibir un salario mensual o recibir un porcentaje de las ganancias de la película. 4. Éstas son tus opciones: o trabajas con ese director o renuncias a tu carrera de actriz. 5. A mí, ni me gustó la película ni me gustaron los actores.

2 Answers will vary.

COMUNICACIÓN

Answers will vary.

CONTEXTOS

PRÁCTICA

1 1. estudio 2. autorretrato 3. desenlace
4. taller 5. subasta 6. capítulo 7. esbozo
8. narrador 9. naturaleza muerta 10. acuarela

2 Answers will vary.

COMUNICACIÓN

Answers will vary.

ESTRUCTURA

10.1 The future perfect and conditional perfect

PRÁCTICA

1 1. Se habrá retrasado su avión. 2. Ellos no le habrán ofrecido bastante dinero. 3. Él habrá vendido un cuadro. 4. Les habrá gustado la obra. 5. Habrán tenido un problema.
6. No le habrá interesado el argumento.

2 Answers will vary.

COMUNICACIÓN

Answers will vary.

10.2 The past perfect subjunctive

PRÁCTICA

1 1. hubiera decidido 2. se hubiera fijado
3. hubieran dado 4. haya recibido 5. hubiera sido 6. hubiera imaginado 7. hayan recibido

2 Answers will vary.

COMUNICACIÓN

Answers will vary.

10.3 *Si* clauses with compound tenses

PRÁCTICA

1 1. habrían aceptado 2. habría sido 3. hubiera incluido 4. habría publicado 5. habría resultado 6. hubiera escrito 7. me habría puesto

2 Answers will vary.

COMUNICACIÓN

Answers will vary.

10.4 How to say *to become*

PRÁCTICA

1 1. se ponía 2. se volvió 3. se hizo 4. llegó a ser 5. se puso 6. se puso 7. llegó a ser

2 1. Después de trabajar muy duro durante varios años, Antonio se ha hecho (ha llegado a ser) un escultor con mucho éxito. 2. Cuando descubrió que las reseñas de su última película no eran muy buenas, se puso muy triste.
3. El joven pintor ganó un concurso y se volvió muy engreído. 4. Los escritores dicen que es muy difícil llegar a ser un escritor famoso. 5. Paula acaba de vender su primer cuadro y se puso contentísima.

COMUNICACIÓN

Answers will vary.

CONTEXTOS

PRÁCTICA

1 1. borrar 2. bioquímica 3. satélite 4. aterrizar 5. caducar 6. clonar 7. teléfono celular 8. descargar 9. gen 10. ovnis

2 1. informática 2. ingresar datos 3. astronautas 4. transbordador 5. superficie 6. teoría 7. capa de ozono

COMUNICACIÓN

Answers will vary.

ESTRUCTURA

11.1 Diminutives and augmentatives

PRÁCTICA

1 1. mercadito 2. cerquita 3. casita 4. cositas 5. hombrecillo 6. librito 7. cafecito

2 Answers will vary.

COMUNICACIÓN

Answers will vary.

11.2 *Pedir/preguntar* and *conocer/saber*

PRÁCTICA

1 1. conoce 2. sabe 3. conoció 4. sabe 5. conoce 6. conocerá 7. sabe 8. sabe 9. conoció

2 1. pedir 2. preguntó por 3. preguntó 4. pidió 5. preguntó

COMUNICACIÓN

Answers will vary.

11.3 Prepositions II: *de, desde, en*

PRÁCTICA

1 1. de/en 2. de 3. de 4. En 5. de 6. desde 7. De 8. de 9. desde 10. en

2 Answers will vary.

COMUNICACIÓN

Answers will vary.

CONTEXTOS

PRÁCTICA

1 1. Falso 2. Cierto 3. Cierto 4. Falso
5. Cierto 6. Cierto 7. Falso 8. Falso

2 1. h 2. j 3. c 4. g 5. f 6. a 7. e 8. b
9. i 10. d

COMUNICACIÓN

Answers will vary.

ESTRUCTURA

12.1 Prepositions III: *entre, hasta, sin*
PRÁCTICA

1 1. entre 2. hasta 3. sin 4. hasta 5. hasta
6. Entre 7. sin 8. Hasta

2 1. hasta 2. Entre 3. entre 4. Sin 5. Hasta

COMUNICACIÓN

Answers will vary.

12.2 Summary of the indicative
PRÁCTICA

1 1. llegan 2. se encuentran 3. es 4. conocen
5. descubren 6. tienen 7. deciden 8. se
encuentran 9. proceden

2 1. llegaron 2. se encontraron 3. era
4. conocían 5. descubrieron 6. tenían
7. decidieron 8. se encontraban
9. procedieron

COMUNICACIÓN

Answers will vary.

12.3 Summary of the subjunctive
PRÁCTICA

1 1. explicara 2. escuchar 3. estuvieran
4. hubieran construido 5. haya llegado
6. pueda 7. llegaran 8. viajen 9. llegar
10. fueran

2 1. d 2. f 3. a 4. h 5. b 6. e 7. c 8. g

COMUNICACIÓN

Answers will vary.